형법상 착오론

법률의 착오와 사실의 착오의 차별적 취급 근거와 법적 효과에 관한 논고

Mistakes in Criminal Law

Exploring Mistake of Law and Mistake of Fact

형법상 착오론

법률의 착오와 사실의 착오의 차별적 취급 근거와 법적 효과에 관한 논고

안성조

景仁文化社

The Legal Odyssey for Mistakes in Criminal Law :
A Prolegomenon

인도의 베다(Veda)에는 무지로 인해 신의 법을 어긴 자가 법의 신으로 불리는 바루나(Varuna)에게 자비와 용서를 구하는 구절이 있다.[1] 고대인의 규범의식 속에 법에 대한 착오가 어떻게 다루어지고 있었는지 엿볼 수 있는 자료이다. 또한 네덜란드 에라스무스(Erasmus) 대학의 법사학자 Laurens C. Winkel의 연구에 따르면 법에 대한 인식 및 착오에 대한 언급은 호메로스(Homeros)의 대서사시 '오디세이(Odyssey)'에서도 찾아볼 수 있다고 한다.[2] 이처럼 착오의 문제는 고대사회의 문화와 규범 속에서도 중요한 주제의 하나로 다루어져 왔던 것으로 보인다.

우리에게 익숙한, 착오의 법적 효과와 관련해 잘 알려져 있는 전통적 법원칙의 하나로 "Error juris nocet, error facti non nocet"[3]이 있다. 이 원칙은 로마법대전의 학설휘찬(Digesta)에서 유래한 것으로서[4] 형법적으로는 "법률의 부지는 용서받을 수 없지만, 사실의 부지는 용서받을 수 있

---

1) RgVeda VII.89.5.
2) Laurens C. Winkel, Error juris nocet: Rechtsirrtum als der Problem der Rechtsordnung, Bd.I 'Rechtsirrtum in der griechischen Philosophie und im römischen Recht bis Justinian', 1984, 7면과 11-16면 참조.
3) 법률의 착오는 해가 되지만 사실의 착오는 해가 되지 않는다는 뜻이다.
4) PAULUS, Digesta 22.6.9 로마법대전의 라틴어 번역은 Theodor Mommsen & Paul Krueger & Alan Watson, The Digest of Justinian, Vol.(I ~IV), 1985의 영역본과 Samuel P.Scott, Corpus Juris Civilis, Vol.(I ~VII), 1973의 영역본 그리고 Carl Eduard Otto & Bruno Schilling & Carl Friedrich Ferdinand Sintenis, Corpus Juris Civilis, Bd.(I ~VII), 1833의 독역본을 참조했음을 밝혀둔다.

다"는 뜻으로 새겨지고 있다. 이처럼 법률의 착오와 사실의 착오를 다르게 취급한 로마법상 착오법리는 "법률은 명확할 수 있고 명확해야 하지만 사실에 대한 이해는 심지어 주의 깊은 자에게도 대부분 어긋나기 때문이다"[5]라는 사고방식에 근거하고 있었다. 이 원칙은 시대별로, 지역별로 여러 버전으로 해석되고 적용될 수 있겠지만, 다시 말해 법률의 착오에 대한 법적 효과와 사실의 착오에 대한 법적 효과를 과연 어떻게 구체적으로 달리 인정할 것인가에 대해서는 다양한 입법례와 법리가 존재할 수 있겠지만 그 밑바탕에 흐르는 공통된 생각은 "법률의 착오는 사실의 착오에 비해서 엄격하게 취급되어야 한다"는 것이다.

이를 잘 보여주는 증좌는 바로 법률의 착오에 대한 취급방식의 변천사이다. 법률의 착오를 가장 엄격하게 취급하는 방식은 법률의 착오를 형법상 범죄불성립사유, 즉 항변으로 인정하지 않는 것이다. 실제로 로마법이 바로 이러한 태도를 취하고 있었는데, 이와 같은 로마법의 태도는 중세 카논법(Canon Law)에도 일정부분 영향을 주었으며 독일 보통법 및 영미 법계의 커먼로(Common Law)상의 착오법리에도 전승되어[6] 독일 제국법원이 "형법상 법률의 착오는 고려되지 않는다"는 태도를, 그리고 영미법계의 판례가 비교적 최근까지도 "Ignorantia juris, quod quisque tenetur scire, neminem excusat"라는 원칙[7]을 고수할 수 있는 계기를 마련해 주었다.[8]

---

5) NERATIUS, Digesta 22.6.2

6) 커먼로(Common Law) 상의 동 원칙이 로마법에서 기원함에 대해서는 Edwin R. Keedy, Ignorance and Mistake in the Criminal Law, Harvard Law Review, December, 1908, 77면 참조.

7) 동 법원칙은 "법률은 만인이 알고 있는 것으로 인정되므로 이에 대한 착오는 누구에게도 항변이 되지 못한다"는 뜻이다. 동 원칙이 로마법상의 원칙임과 동시에 커먼로 상의 전통적 법리라는 설명으로는 William Blackstone, Commentaries on Laws of England, Vol.4, 1769, 27면 참조.

그러나 "법률의 부지는 용서받지 못한다"라는 전통적 법원칙은 19세기 말엽 독일민법전 제정기에 이르러 사법(私法)의 영역에서 흔들리기 시작하다가 형법의 영역에서는 1952년 독일연방대법원(Bundesgerichtshof)이 전원합의체판결에 의해 기존에 독일제국법원(Reichsgericht)이 취하고 있었던 전통적 법원칙을 수정하여 "극복할 수 없는(unüberwindlich) 금지착오(Verbotsirrtum)는 면책될 수 있다"는 새로운 법리를 구축하였고,9) 이는 1969년에 이르러 독일 신형법총칙에 조문화되었다.

그러나 독일보다 앞서 1853년 스위스연방형법 제11조가 법률의 착오를 면책사유로 인정한바 있고, 이후 1926년 구소련러시아공화국형법 제10조 및 1932년 폴란드형법 제20조 역시 그러한 입법례를 채택하였던바 대륙법계에서는 이미 19세기 중엽부터 법률의 착오에 대한 전통적 원칙으로부터 이탈하는 경향을 보이기 시작했다.10)

한편 커먼로 국가에서도 영국의 경우 19세기 초반인 1837년 Regina v. James, 8C.&P.131,173 E.R. 429(1837) 사건에서 이러한 전통적 법원칙에 대한 예외가 인정된 바 있고, 1933년 United States v. Murdock 사건에서 미연방대법원이 전통적 법원칙을 거부하고 조세범에 있어서 피고인에게 법률의 착오로 인한 항변을 인정하게 됨으로써11) 20세기에 이르러서는

---

8) 한국형법의 제정과정에 주도적 역할을 담당했던 엄상섭도 이러한 전통적 법원칙이 형법상으로도 받아들여졌음을 긍인하고 있었던 것으로 보인다. 그는 '우리 형법전에 나타난 형법 민주화의 조항'이라는 논문에서 "법을 모른다고 하여 처벌을 면할 수 없다는 것이 형법상의 원칙이거니와 이 원칙의 절대적인 적용만으로는 심히 가혹하여 행위자로서는 억울키 한량없는 경우가 있는 것이다"라고 전하고 있다. 동 논문의 소개로는 신동운·허일태, 효당 엄상섭 형법논집(이하 형법논집으로 표기), 75면 참조.

9) BGHSt, 2, 194, 209면 참조.

10) 이러한 입법례의 소개로는 Paul K. Ryu & Hellen Silving, Error Juris : A Comparative Study, Chicago Law Review, Spring 1957, 439~442면 참조.

법계(法系)를 막론하고 "법률의 부지는 용서받지 못한다"는 로마법에서 기원한 전통적 법원칙은 수정되어가는 추세에 있다.[12]

그럼에도 불구하고 법률의 착오가 사실의 착오에 비해 엄격하게 취급되어야 한다는 핵심적인 생각은 여전히 잘 유지되고 있는 것으로 보인다. 예컨대 한국과 독일의 형법에 의하면 법률의 착오는 원칙적으로 처벌되지만, 착오가 합리적인 경우, 즉 착오가 회피불가능한 경우 책임이 조각된다. 반면 사실의 착오는 원칙적으로 처벌되지 않지만, 착오가 회피가능하고 법률에 특별한 규정이 있는 경우에 한하여 과실범으로 처벌된다. 요컨대, 법률의 착오를 사실의 착오에 비해 엄격하게 취급하려는 생각은 현재까지 매우 잘 전승되고 있다고 볼 수 있다.

그러면 과연 어떠한 이유에서 법률의 착오는 사실의 착오와 다르게, 즉 보다 엄격하게 취급되어야 하는 것일까? 그러한 차별적 취급은 공정하고 정당한 것일까? 예를 들어 보자. 법률의 착오로 죄를 저질러 기소된 피고

---

11) 이에 대해서는 Michael L. Travers, Mistake of law in mala prohibita crimes, Chicago Law Review, Summer, 1995, 1303~1304면 참조 ; 동 판례의 소개와 상세한 분석으로는 John Strauss, Nonpayment of Taxes: When Ignorance of the Law is an Excuse, Akron Law Review, Winter/Spring, 1992, 614~617면 참조.

12) 금지착오에 대한 각국 입법례 및 판례태도의 소개로는, Hans-Heinrich Jescheck & Thomas Weigend, Lehrbuch des Strafrechts Allgemeiner Teil, 1996, 467~468면 참조. 동 문헌에 의하면 오스트리아, 스위스, 스페인, 포르투갈, 그리고 네덜란드의 금지착오 조문은 회피불가능한 금지착오에 빠진 경우는 책임을 조각한다는 점에 있어서 독일형법 제17조와 실질적으로 유사하다. 그런 반면, 프랑스는 독일과 유사한 명시적 조문이 있음에도 불구하고 최근까지도 판례가 'error juris nocet'이라는 전통적 법원칙을 고수하여 기껏해야 비형벌법규의 착오만을 형벌감경사유로 인정하는 태도를 취하고 있고, 이탈리아는 명문상으로는 금지착오가 고려되지 않는 것으로 규정하였으나 헌법재판소의 판결에 의해 회피불가능한 금지착오는 책임을 조각하는 것으로 보게 되었다. 나아가 영미법계의 사법실무는 일반적으로 금지착오를 그다지 고려하지 않는 태도를 보이고 있다는 점에서 독일과 차이점이 있다고 한다.

인과 그의 변호인은 착오가 회피가능한 것이었으므로 고의범으로 처벌되어야 한다는 검사의 주장에 대해서 다음과 같이 변론을 펼칠 수 있을 것이다.

"구성요건적 착오에 빠진 행위자뿐만 아니라 금지착오에 빠진 행위자도 고의범과는 명백히 차이가 있다. 왜냐하면 두 가지 착오 모두 스스로 인식하지 못한 채 법질서의 요구에 반항한 것일 뿐이고, 고의로 행위한 것이 아니라 기껏해야 과실로 행위한 것이기 때문이다. 금지착오가 구성요건착오보다 더 쉽게 회피할 수 있는 것은 아니다. 오히려 약간의 주의력만 기울여도 구성요건착오는 회피하거나 제거할 수 있는 반면 금지착오는 스스로의 힘으로가 아니라 법률전문가의 조언을 통해서만 제거될 수 있기 때문이다. 요컨대 금지착오에 빠져 행위하는 자가 구성요건착오에 빠져 행위하는 자보다 사회적으로 더 위험한 것은 아니다!"라고.

일견 호소력이 있어서 보이는 피고인의 주장은 과연 타당한 것일까? 본고는 이에 대한 명증한 해답을 제시해 보려는 시도이다. 이 책의 긴 논증은 다음과 같은 순서로 전개될 것이다.

첫째, 현대적 의미의 착오론의 원형이 형성되었다고 볼 수 있는 고대 그리스 착오론에서 법률의 착오와 사실의 착오가 어떻게 다루어졌는지 검토해 보고자 한다.

둘째, 고대 그리스 착오론이 "Error juris nocet, error facti non nocet"이라는 법원칙을 형성한 로마법에 어떠한 영향을 주었는지 검토해 보고자 한다.

셋째, 로마법의 착오론이 카논법에 어떻게 전승되었고, 중세 보통법에 카논법의 착오론이 어떠한 영향을 주었는지 살펴보고자 한다.

넷째, 로마법과 카논법이 독일의 착오론과 커먼로의 착오론에 어떠한 영향을 미쳤는지 논구해 보고자 한다.

다섯째, 현대 형법에서 법률의 착오와 사실의 착오, 특히 위법성 조각사유의 객관적 전제사실에 대한 착오가 어떻게 취급되고 있는지 검토해 보고자 한다.

여섯째, 이러한 고찰을 통해 구성요건적 사실에 대한 착오와 정당화 사정, 즉 위법성조각사유의 객관적 전제사실에 대한 착오를 어떤 일관된 관점에 의해 취급하는 것이 합당한지 입론해 보고자 한다.

본서는 필자의 박사학위논문인 '법률의 착오에 관한 연구'를 토대로 여기에 사실의 착오에 관한 후속연구를 유기적으로 덧붙여 새로운 주제의 책으로 펴낸 것이다. 따라서 법률의 착오에 관한 내용의 상당부분은 박사학위논문의 주된 골자 및 논지전개의 흐름과 거의 일치한다. 제1장부터 제3장까지의 내용이 그러하다. 다만, 새로 입수한 문헌들을 통해 본서의 주제에 부합되도록 상당부분 보완, 수정하였다. 예컨대 아리스토텔레의 니코마코스윤리학이나 로마법과 카논법 개소 일부에 대해서는 기존에 없던 새로운 정합적 해석을 덧붙였다. 또한 필요한 곳에 사실의 착오와 연관된 내용을 부기하였음을 밝혀둔다. 제1장부터 제3장까지 본서의 기술방식은 각 시대별로 법률의 착오의 취급방식에 관한 이론과 법리의 발전사를 고찰해 보면서 그에 상응하여 사실의 착오에 대해서는 어떠한 논의가 있었는지 검토하며 이를 법률의 착오에 관한 취급방식과 상호 비교하는 방식을 취하고 있다. 따라서 앞의 세 장에서는 법률의 착오를 중심으로 논의가 전개될 것이다. 제4장에서는 흔히 위법성조각사유의 객관적 전제사실에 대한 착오라고 일컬어지는 착오와 그 법적 효과에 대하여 비교법적으로 다루고 있다. '오상방위 법적 효과에 관한 비교법적 고찰'이라는 논문에 기초하고 있는 이 장에서는 각 학설과 법리의 장단점을 비교하면서 제 유형의 착오를 해결하는 통합이론의 필요성을 제기한다. 결론부인 제5장에서는 본고에서 다룬 법률의 착오와 사실의 착오에 관한 논의를 종

합, 정리하였고 그 시사점을 중성조각사유의 객관적 전제사실에 대한 착
오까지 아우를 수 있는 통합적인 착오론을 제시해 보았다. 이를 통해 제
유형의 형법상 착오를 해결할 수 있는 정합적이고 일관된 관점을 제시해
보고자 한다.

길지만, 흥미진진한, 착오론의 Legal Odyssey에 독자들을 초대한다.

2025년 9월
가을의 문턱에서
저 자

차 례

제1장

형법상 착오론의
역사적 형성

1. 고대 그리이스에서의 착오론

1.1 소크라테스와 플라톤의 착오론

착오와 관련된 책론의 역사를 살펴보면, 법률의 불인식에 대한 최초의 문제의식은 소크라테스 이전의 자연철학자인 헤라클레이토스에까지 거슬러 올라간다고 한다.[1]

소크라테스는 앎(Wissen)과 덕(Tugend)을 동일시하였으며 "인간은 누구나 자발적으로 그릇된 행위를 선택하지 않으며 그릇된 행위를 선택하는 것은 무지의 결과이다"라는 주장[2]을 개진하였던바, 이는 착오와 관련된 귀책론의 형성에 있어서, - 사실의 착오이든 법률의 착오이든 - 비이성적 충동으로 인해 그릇된 행동을 하지 않기 위해서는 정신적 긴장을 통해 부지에서 벗어나야 한다는 이론구성에 논의의 토대를 제공해 준 것으로 평가할 수 있다고 한다.[3]

플라톤의 대화편 중 하나인 '법률(Nomoi)'[4]을 보면 클라이니아스(Kleinias)

---

1) 이에 대한 상세한 논의로는 Laurens C. Winkel, Error juris nocet: Rechtsirrtum als der Problem der Rechtsordnung, Bd.I 'Rechtsirrtum in der griechischen Philosophie und im römischen Recht bis Justinian', 1984, 7면, 11~16면 참조.

2) 이에 대해서는 Plato, Protagoras, 357c~358e 참조. Protagoras의 영역본으로는 Plato Complete Works, Hackett Publishing Company, 1997(Jone M.Cooper 편집), 786~787면.

3) Laurens C. Winkel, 앞의 책, 19면. Winkel은 법률의 착오에 국한시켜 동 구절을 해석하고 있으나, 후술하는 아리스토텔레스의 착오론과 정합적으로 해석해 보면, 사실의 착오에 대해서도 유의미한 내용으로 볼 수 있을 것이다.

4) Plato, Nomoi 863a~863d 참조. Nomoi의 영역본으로는 Plato in Twelve Volumes,

와 아테네인의 대화에서 입법자가 '부지'를 어떻게 취급하는 것이 바람직한 것인지에 대한 언급이 나온다. 아테네인의 주장에 따르면 부지는 단순한 부지(simple ignorance)와 배가적(倍加的)인 부지(double ignorance)로 구분할 수 있다고 한다. 단순한 부지는 경미한 범죄로 취급되어야 하는 반면 배가적 부지는 단지 무지뿐만 아니라 자신의 지혜에 대한 과신(conceit)5)으로 인해 발생하는 부지, 다시 말해 자신이 전혀 알지 못하고 있는 것에 대해 정확히 다 알고 있는 것처럼 믿는 데서 발생하는 부지이기 때문에 만일 이러한 배가적인 부지가 권력이나 강력한 힘과 결부되면 중한 범죄의 원인으로 다루어져야 하고, 박약한 힘과 결부될 경우에는 어린이나 노인이 실수하는 정도의 범죄로 취급되어야 한다고 주장한다.

아테네인은 계속해서 입법자는 이러한 부지를 범죄로서 법률에 규정해야 하지만, 이에 대한 법률은 관용과 배려를 베풀 수 있도록 규정되어야 한다고 주장하며, 아테네인 주장에 클라이니아스도 찬성한다는 내용이 본 대화편에 수록되어 있다. 플라톤의 'Nomoi'에 있는 이상의 내용은, 법률의 착오와 관련, 후대에 이르러 단순한 부지(simple ignorance)와 적극적인 착오(positive mistake)를 구분하여 달리 취급할 수 있는 착오이론을 발전시키는데 있어서 중요한 단초를 제공해 주었다고 한다.6)

이상 고찰해 본 바에 따르면 고대 그리이스 문헌에서 착오의 취급에 관한 몇 가지 중요한 사고방식을 엿볼 수 있다. 첫째, 소크라테스로부터 사실의 착오가 행위를 비자발적으로 만든다는 점을 알 수 있다. 인간은 자

XI Laws, Harvard Univ. Press, 1996(R.G. Bury 역, 1928년 초판 발행), 233면과 Plato Complete Works, 앞의 책, 1521면.

5) 원문에는 'δόξη σοφίας'으로 되어 있으며, 'δόξη'는 '믿다, 생각하다, 상상하다'라는 뜻의 'δοκέω'의 명사형이고, 'σοφία(소피아)'는 '지혜'를 뜻한다. 'δόξη'는 문맥상 '과신(過信)'으로 번역하였다.

6) Laurens C. Winkel, 앞의 책, 20~21면 참조.

발적으로 그릇된 행동을 선택하지 않으며 그릇된 행동을 선택하는 것은 부지로 인해 행위의 자발성이 결여된 결과라는 것이다. 아울러 정신적 긴장을 다하지 못하여 사실의 착오에 빠져 그릇된 행위를 한다면 비난을 받게 된다는 생각을 엿볼 수 있는데, 이러한 해석은 법률의 착오에 대해서도 적용될 수 있을 것이다. 둘째, 법률의 착오와 관련해서 기본적으로 법률의 착오를 범죄로 취급해야 하지만 이에 대해서는 관용과 배려를 베풀 수 있다는 생각을 플라톤의 대화편에서 확인할 수 있다.

요컨대, 위에서 소개한 문헌으로부터 사실의 착오는 행위를 비자발적으로 만들지만, 정신적 긴장을 다하지 못하여 착오에 빠져 그릇된 행위를 한다면 비난을 받게 된다는 생각을 엿볼 수 있고, 법률의 착오는 기본적으로 엄격하게 취급되어야 하나 이에 대해서는 관용과 배려를 베풀 수 있다는 사고방식을 확인할 수 있다.

1.2 아리스토텔레스의 착오이론

그러나 무엇보다도 후대에 있어서 법률의 착오와 사실의 착오를 구별해 양자를 달리 취급하는 법리의 형성에 결정적인 기여를 한 그리이스 철학자는 아리스토텔레스였던 것으로 보인다.[7] 아리스토텔레스의 착오이론에서 가장 주목받는 업적은 법률의 착오와 사실의 착오를 구분한 것으로 평가되고 있다.[8] 그에 따르면 행위자가 개별적 행위정황을 인식하지 못

---

7) 아리스토텔레스의 착오이론과 로마법상의 착오법리의 유사성에 주목하여 그 상관성에 천착한 견해 및 학자들의 소개로는 Arthur Kaufmann, Die Parallelwertung in der Laiensphäre: Ein sprachphilosophischer Beitrag zur allgemeinen Verbrechenslehre, 1982, 4면; Laurens C. Winkel, 앞의 책, 22~34면 참조.
8) 이러한 평가로는 Hans Welzel, Naturrecht und materiale Gerechtigkeit, 4.Aufl. 1962,

한 경우에는 그의 행위는 자의(自意)에 반하는(involuntary) 것이 되고,[9) 모든 사람이 알고 있어야 하고 또 쉽게 알 수 있는 실정법규에 대한 부지는 처벌되어야 한다고 주장하였다.[10) 그리고 행위자의 부주의에서 비롯된 부지는 처벌된다고 한다. 왜냐하면 행위자는 스스로 주의를 기울여 착오를 회피할 능력(the power not to be ignorant)을 지니고 있기 때문이다.[11) 아리스토텔레스에게 '자발적 행위'란 "어떤 행위를 할지 말지가 자기 자신에게 달려있는 상황에서 행위자가 누구를 상대로, 무엇으로, 무엇을 위해 그 행위를 하는지 – 예를 들면 누구를 무엇으로, 무엇을 위해 때리는지 – 알면서 하는 행위를 의미한다.[12) 이는 개별적 행위정황을 명확히 인식하고 하는 행위를 뜻한다.

참고로 아리스토텔레스의 '자발성(voluntariness)' 개념은 오늘날 커먼로 형법이론에서도 거의 유사한 의미로 사용되고 있다. 즉, 자발적 행위란 '신체동작에 대한 의식적 통제'와 관련된다. 따라서 자발적 행위로 평가되기 위해서는 행위자가 자신의 의지로 특정한 신체동작을 행해야 하며, 그 동작을 인식하고 있어야 한다. 비자발적인 행위는 불법을 회피할 수 있는 육체적, 인식적, 의지적 능력이 결여된 행위를 뜻한다.[13) 비자발적인 행위로는 반사적 행동(reflexive action)과 경련(spasm), 발작(seizure)과 경

36면; Laurens C. Winkel, 앞의 책, 35면 참조.

9) Aristotle, Nicomachean Ethics, 1987(William David Ross 역, 1925년 초판발행), 51면, 1111a 참조.
10) Aristotle, 앞의 책, 1113b 참조.
11) Aristotle, 앞의 책, 1114a 참조.
12) Aristotle, 앞의 책, 1135a 참조.
13) Benjamin B. Sendor, Mistakes of Fact: A Study in the Structure of Criminal Conduct, 25 Wake Forest Law Review 707 (1990), at 742. Sendor는 책임이 없는(nonresponsible) 비자발적인 행위자를 처벌하는 것은 공정하지 않다고 한다. 요컨대, 자발성은 책임의 한 조건이자, 공정한 책임귀속의 한 조건이라고 한다.

기(convulsion), 그 밖에 행위자가 무의식중이거나 수면 중에 한 신체활동
이 포함된다. 일반적으로 커먼로에서는 행위의 자발성이 인정되지 않을
경우 범죄가 성립되지 않는다.[14]

　이상 검토한 바로부터 착오법리와 관련된 중요한 생각이 드러나는데,
개별적 행위정황에 대한 착오, 즉 구성요건적 사실에 대한 착오는 자의에
반하는 것이 되어 처벌해서는 안되고, 누구나 알고 있고 알 수 있는 법률
에 대한 착오는 처벌되어야 한다는 것이다. 즉 사실의 착오는 용서되지만,
법률의 착오는 용서받을 수 없다는 것이다. 아울러 아리스토텔레스에 따
르면 착오가 행위자의 부주의에서 기인한 경우에는 착오에 완전한 효과
를 부여하지 않고 처벌된다고 하는데, 이러한 입장이 과연 법률의 착오와
사실의 착오에 공통적으로 적용되는 것인지에 대해 해석상 논란의 여지
는 있을 것이다. 생각건대, 사실의 착오라고 하더라도 행위자의 부주의에
서 기인한다면 처벌되고, 법률의 착오는 대체로 행위자의 부주의에서 기
인하기 때문에 처벌된다는 뜻으로 해석할 수 있을 것이다. 바꾸어 말하면
법률의 착오의 경우에도 착오에 부주의가 없다면 일정한 관용을 베풀어
야 한다고 해석할 수 있다고 본다.

　또한 아리스토텔레스에 의하면 착오로 인한 행위는 모두 '자발적이지
않은(not voluntary)' 것이 되고, 그것이 고통과 후회를 초래하는 경우에는
'자의에 반하는(involuntary)' 행위가 된다고 한다. 예컨대 만일 착오자가
자신의 행위에 대해 후회하는 경우에는 부지가 개입하지 않았다면 그러
한 행위를 하지 않았을 것이기 때문에 그의 행위는 '자의에 반하는
(involuntary)' 것이 되지만 착오자가 자신의 행위에 대해 후회하지 않는
경우에는 그의 행위는 단지 '자발적이지 않은(not voluntary)' 것이 된다고
한다. 그리고 아리스토텔레스는 이처럼 착오에서 비롯된 행위를 '자의에

---

14) Joshua Dressler, Understanding Criminal Law (Carolina Academic Press, 2022), 87면.

반하는' 행위와 '자발적이지 않은' 행위로 구분해야 한다고 주장했다.[15) 생각건대 후회와 고통을 수반하는 착오의 경우에만 자의에 반하는 것이 된다는 의미는 만일 부지가 없었다면 그렇게 행동하지 않았을 것이기 때문이다. 환언하면 '부지의 부존재'와 '결과의 불발생' 간에 '조건관계'가 인정될 때 '비자발성'이 인정된다는 뜻으로 해석할 수 있을 것이다.

여기서도 착오와 관련된 매우 중요한 생각을 읽을 수 있는데, 착오에 의한 행위는 자발적이지 않은(not voluntary) 행위인 점은 분명하지만, 그렇다고 해서 곧바로 항변으로서의 법적 효과가 발생하는 것은 아니고, '착오의 부존재'와 '결과의 불발생' 간에 조건관계가 인정되는 것으로 평가될 경우에만 착오의 법적 효과를 인정할 수 있다는 것이다. 만일 착오에 빠지지 않더라도, 즉 온전하게 개별적 행위정황을 인식한 상태에서도 그 행위를 하였을 것으로 인정된다면, 그러한 착오는 '진정한 착오'로 인정되기 어렵고 따라서 자의에 반하는 것으로 평가할 수 없다는 것이다. 그리고 이러한 착오의 '진정성'을 판단할 수 있는 표지로서 아리스토텔레스는 자신의 행위에 대한 '고통'과 '후회'를 거시하고 있다. 항변으로서 법적 효과가 인정되는 착오는 사실에 대한 것이든 법률에 대한 것이든 '진정한 착오'일 것임은 분명하다. 그런데 이때 과연 착오의 '진정성'이 무엇을 의미하는가에 대해서 부연설명이 필요하다. 아리스토텔레스는 이에 대해 적실하게도 "착오가 없었더라면 그 행위를 하지 않았을 것"이라는 조건관계 기준을 제시하고 있는 것이다. 부연하자면, 사실에 대한 착오에 빠진 자라도 그것이 부진정할 경우에는 최소한 미필적인 고의는 있다고 평가할 수 있을 것이고, 따라서 사실을 명확하게 인식하고 있었더라도 역시 같은 행위를 하였을 것이기 때문에 그에게 착오의 효과를 부여할 수 없다. 예컨대, 타인의 재물을 내 것으로 오인한 경우라도 그것이 부진정하

---

15) Aristotle, 앞의 책, 1110b 참조.

다면, 타인의 것이라는 점에 대한 어느 정도의 의심 내지 미필의 고의는 있다고 평가할 수 있을 것이고, 따라서 이러한 경우에는 착오의 효과를 부여할 수 없다는 것이다.

요컨대, 착오에 항변의 효과를 부여하기 위해서는 착오의 진정성이 전제되어야 하고, 착오가 부주의에서 기인하지 않아야 완전한 항변으로 인정되어 무죄가 될 수 있다고 아리스토텔레스는 생각하고 있는 듯하다.

한편 착오로 인한 행위(acting by reason of ignorance)와 인식 없이 한 행위(acting in ignorance)는 다르다고 한다. 예컨대 음주나 분노로 인한 행위는 비록 인식 없이 한 행위이기는 하지만 착오의 결과로 행위하고 있는 것이 아니라 음주나 격노의 결과로 행위하고 있는 것이기 때문이다.[16]

이 부분에서는 음주나 분노는 착오의 항변을 인정할 수 없는 상태라는 점을 알 수 있는데, 이와 관련해 커먼로에서도 자발적 명정상태(voluntary intoxication)에 있는 행위자는 일정한 경우 사실의 착오 항변이 제한된다는 점을 참고할 수 있다.[17]

마찬가지로 아리스토텔레스에 따르면 행위자가 단지 인식이 없는 상태 (in ignorance)일 뿐만 아니라 착오로 인하여(from ignorance) 행위한 것이라면 그러한 착오는 용서되어야 하지만, 그의 행위가 착오가 아닌 격정 (passion)으로 인해 초래되어 인식 없이 이루어진 것이라면 그러한 착오는 용서될 수 없다고 한다.[18]

이상 소개한 아리스토텔레스의 착오이론을 정리하자면, 착오로 인한 행위가 자의에 반하는(involuntary) 것으로 평가되어 항변으로서의 효과를

---

16) Aristotle, 앞의 책, 1110b 참조.
17) Joshua Dressler, 앞의 책, 326면. 관련 판례로는 R v O'Grady [1987], R v Hatton [2005]
18) Aristotle, 앞의 책, 1136a 참조.

인정받기 다음과 같은 요건이 갖추어져야 한다. 첫째로 착오의 대상이 인식이 가능하고 용이한 법률에 대한 것이 아니라 개별적 행위정황에 관한 것이어야 한다. 둘째로 착오가 부주의에서 기인한 것이 아니어야 완전한 항변의 효과를 부여받는다. 만일 부주의에서 기인한 것이라면 그 착오는 처벌될 수 있다. 셋째로 착오가 진정한 것이어야만 항변의 효과가 발생한다. 즉 착오의 부존재와 결과의 불발생 간에 조건관계가 있어야 한다. 넷째로 착오가 행위자의 음주나 분노 또는 격정으로 인해 발생한 것이어서는 안 된다. 이러한 경우는 착오가 행위의 원인이 되는 것이 아니라 오히려 음주나 분노, 격정 등이 행위의 원인이 되기 때문이다. 요컨대, 사실에 대한 착오라고 하더라도 음주나 격노, 격정 등에서 비롯된 때에는 용서받을 수 없다는 것이다.

한편   아리스토텔레스는   직접적으로   회피가능성(avoidableness   ; vermeidbarkeit)이란 표현을 사용하고 있지는 않지만 그의 착오이론은 이미 착오(부지)의 회피가능성 여부에 따라 그러한 부지를 달리 취급해야 한다는 생각을 담고 있다고 평가할 수 있다.19) 특히 스튜어트(J. A. Stewart)는 아리스토텔레스의 착오이론을 정리하여 행위의 원인이 되는 부지, 즉 음주나 분노 등의 부주의가 개입되지 않은 부지, 그리고 개별적 행위정황에 대한 부지는 그러한 부지의 부존재와 결과의 불발생 간에 인과관계가 인정될 경우, 즉 결과에 대해 행위자가 후회를 하게 되는 경우라면 그 행위는 자의에 반하는 것이므로 소송에서 면책의 항변이 될 수 있다고 주장하였다. 요컨대 부지가 부주의(과실)로 인해 발생한 것이 아니고 그로 인해 발생한 결과에 대한 후회를 수반하며 그것이 개별적 행위

---

19) Aristotle, 앞의 책, 1114a 참조 ; Winkel도 니코마코스 윤리학을 논급함에 있어 회피가능한(vermeidbar) 착오라는 표현을 사용하고 있다. 이에 대해서는 Laurens C. Winkel, 앞의 책, 29면 참조.

정황에 대한 것일 경우 회피불가능한(unavoidable) 부지가 된다는 것이다.[20]

전술한 니코마코스 윤리학의 관련 개소들로부터 개별적 행위정황에 대한 부지는 그것이 회피불가능했던 경우에는 자의에 반하는 것으로서 항변이 된다는 결론을 도출할 수 있다.[21] 그러나 법률의 착오 역시 부주의로 발생한 것이 아니면 면책될 수 있는지는 명확히 도출되지 않는데, 스튜어트 역시 이에 대해서는 논급하지 않고 있는바, 동 의문점에 대해서는 이하에서 검토해 보기로 한다.[22]

1.3 니코마코스 윤리학에 있어서 착오의 취급

1.3.1 아리스토텔레스와 착오

아리스토텔레스의 저작들 중에서 특히 법률의 착오 및 사실의 착오와 직접적으로 관련된 문헌으로는 '니코마코스 윤리학(Ethica Nicomacheia)'의 '1110b'가 공통적으로 널리 인용되고 있다.[23] 전후 문맥까지 고려하기 위해 관련 개소(Ethica Nicomacheia 1110b 30~1111a 2)를 모두 소개하면 다음과 같다.

"τὸ δ'ἀκούσιν βούλεται λένεσθαι οὐκ εἴ τις ἀγνοεῖ τὰ συμφέροντα ·

---

20) 이에 대해서는 J.A. Stewart, Notes on the Nicomachean Ethics of Aristotle, Vol.1, 1999(1892년 초판 발행), 234~235면 참조.

21) Laurens C. Winkel, 앞의 책, 30면.

22) 이러한 문제의식으로는 Laurens C. Winkel, 앞의 책, 29면 참조.

23) Laurens C. Winkel, 앞의 책, 30면 이하 ; Hans Welzel, 앞의 책, 36면; Arthur Kaufmann, 앞의 글, 5면 참조.

οὐ γὰρ ἡ ἐν τῇ πραιρέσει ἄγνοια αἰτία τού ἀκουσίου ἀλλὰ τῆς μοχθη
ρίας, οὐδ' ἡ καθόλου (ψέγουται γὰρ διά γε ταύτην) ἀλλ' ἡ καθ' ἕκασ
τα, ἐν οἷς καί συγγνώμη·ὁ γὰρ τούτων τι ἀγνοων ἀκουσίως πράττει
[자신에게 유익한 것이 무엇인가에 대한 부지는 행위를 자의(自意)에 반하게
만드는 원인이 아니다. 선택상의 부지(πραιρέσει ἄγνοια)[24]는 행위를 자의
에 반하는 것으로 만들지 못하고 사악하게 만들 뿐이고, 마찬가지로 보편적
원리(καθόλου)[25]에 대한 부지 역시 행위를 자의에 반하게 만들지 못하며
(이러한 행위는 비난을 받게 된다) 다만 개별적인 것(καθ' ἕκαστα), 즉 행위
정황 및 행위와 관련된 대상에 대한 부지는 행위를 자의에 반하게 만드는 원
인이 된다. 이러한 정황에 대한 부지자는 자의에 반하여 행위하는 것이기 때
문에 이러한 부지는 연민과 용서를 받게 되는 것이다]"[26]

이와 관련 빈켈(Laurens C. Winkel)은 동 개소를 다음과 같이 독역하여
소개하고 있다.

"Der Begriff "unfreiwillig" sollte nicht benutzt werden, wenn jemand seine
Interessen nicht kennt, denn Unwissenheit bei der Entscheidung ist nicht
Ursache der Unfreiwilligkeit, sondern der Schlechtigkeit, und auch nicht
Unwissenheit in allgemeinen, denn für diese wird man getadelt, sondern
Unwissenheit über besondere Umstände, unter denen das Handeln geschieht
und auf die es sich bezieht. In diesen Umständen gibt es nämlich Mitleid und
Verzeihung, denn wer über sie, nämlich die konkreten Umstände, nicht
Bescheid weiß, handelt unfreiwillig[무엇이 자신에게 이익이 되는가에 대한 부

---

24) 'πραιρέσει'는 '선호하다, 의도하다'는 뜻의 'προαιρέσμαι'에서 파생한 것이며, 'ἄ
   γνοια'는 무지를 뜻한다.
25) 'καθόλου'는 '일반적으로(in general), 전적으로(at all)'의 뜻이다.
26) 그리스어 원문의 번역은 주로 옥스퍼드 대학의 도덕철학 교수인 David Ross (1877
   ~1971)의 번역을 참조하였다. 이에 대해서는 Aristotle, Nicomachean Ethics, 앞의
   책, 51면 참조.

지는 행위를 자의(自意)에 반하게 만드는 원인이 아니다. 결단에 있어서의 부지는 행위를 자의에 반하는 것으로 만들지 못하고 사악하게 만들 뿐이고, 마찬가지로 보편적 원리에 대한 부지 역시 행위를 자의에 반하게 만들지 못하는데, 왜냐하면 이러한 행위는 비난을 받기 때문이다. 반면 행위가 기초하고 있는 개별적 정황에 대한 부지는 행위를 자의에 반하게 만드는 원인이 된다. 이러한 경우 구체적 정황에 대해 알지 못하는 자는 자의에 반하여 행위한 것이기 때문에 동정과 용서를 불러오게 되는 것이다]"

위 언급한 개소의 내용에 따르자면 자신에게 유익한 것에 대한 부지나 선택 및 결단에 있어서의 부지와 보편적인 원리에 대한 부지는 행위를 자의에 반하는 것으로 만드는 원인이 되지 못한다고 기술하고 있다. 즉, 아리스토텔레스는 이러한 유형의 부지는 개별적 행위정황에 대한 부지와는 달리 취급되어야 한다고 보고 있는 것이다.

여기서 '자신에게 유익한 것에 대한 부지'와 '선택 및 결단에 있어서의 부지', 그리고 '보편적인 원리에 대한 부지'는 모두 다른 유형의 부지를 지칭하는 것이 아님에 유의해야 한다. 후술하는 아퀴나스의 주석에 따르면 맨 앞의 부지는 어떤 행위를 해야 하고 하지 말아야 하는지에 대한 부지, 즉 옳고 그름의 당위를 행함에 대한 부지를 뜻하는 것으로서 뒤이은 두 유형의 부지는 이러한 부지가 발생하는 두 가지 다른 유형의 부지를 지칭하는 것이다. 이 점은 동 개소의 바로 앞 구절을 참조해 보면 보다 분명해진다. 바로 앞 구절은 다음과 같다.

"모든 악인은 무엇을 하고 무엇을 하지 말아야 하는지에 대해 무지하고, 사람들은 그러한 무지 때문에 불의해지거나 일반적으로 악인이 된다."

위 구절을 보면 옳고 그름을 구별함에 있어서 부지로 인해 악한 행동을 선택하는 경우 그는 악인이 된다고 설명하고 있다. 그리고 뒤이어서 설명하는 두 가지 부지, 첫째 개별적 선택에 있어서의 부지로서 옳은 것과 그른 것 중에서 감각적 욕구나 충동에 의해 그른 행위를 선택하는 것이 있고 둘째, 보편적 원리에 대한 부지가 있다.

그런데 개별적 행위정황에 대한 부지란 형법적 의미에서 보면 사실의 착오에 해당됨을 쉽게 이해할 수 있는[27] 반면에 보편적 원리에 대한 부지 (ἄγνοια καθόλου)[28]가 보다 구체적으로 무엇을 의미하는지는 그다지 분명치 않다고 본다. 따라서 동 개소(Ethica Nicomacheia 1110b 30∼1111a 2)에 대한 이해를 명확히 하기 위해 니코마코스 윤리학에 대한 아퀴나스 (Thomas Aquinas, 1225∼1274)의 주석서를 살펴보자면 다음과 같다. 우선 동 주석서의 번역자인 리트징어(Litzinger)는 위 개소를 다음과 같이 영역하고 있다.

"When we speak of an action as involuntary we do not mean that a man is ignorant of what he ought to do. The ignorance that accompanies choice is not the cause of an involuntary but of sin. The same may be said of ignorance that is of a general nature because a person is blamed for such ignorance. But a person who is ignorant of particular conditions about which and on which human activity is exercised deserves mercy and pardon because he who is ignorant of any of these circumstances acts involuntarily(어떠한 행위가 자의에 반하는 것이라고 말할 때 우리는 어떤 행위를 해야 하는가에 대한 부지를 뜻하는 것은 아니다. 선택이 수반되는 부지는 자의에 반하는 행위의 원인이 아니라 죄악의 원인이다. 마찬가지로 보편적 성질에 대한 부지는 이에 해당되지 않는데, 왜냐하면 그러한 종류의 부지는 비난을 받게 되기 때문이다. 그러나 일정한 행위와 관련되어 있거나 그러한 행위가 기초하고 있는 특수한 조

---

27) 이러한 이해방식을 보여주는 대표자로서 Hans Welzel, Naturrecht und materiale Gerechtigkeit, 4.Aufl. 1962, 36면 참조.
28) Ross 교수는 이를 'ignorance of the universal'로 번역하고 있다.

건들에 대한 무지는 자비와 용서를 받을 만하다. 왜냐하면 그러한 상황에 대한 부지자는 자의에 반하여 행동하고 있기 때문이다)"[29]

Litzinger는 위 개소의 첫머리에서 로스(Ross)[30]가 'ignorant of what is to his advantage(자신에게 유익한 것이 무엇인가에 대해 모르는)'로, 그리고 Winkel이 'jemand seine Interessen nicht kennt(자신의 이익이 무엇인지 모르는 자)'라고 표현한 부분을 'ignorant of what he ought to do(자신이 어떠한 행위를 해야 하는지를 모르는)'로 번역하고 있음을 확인할 수 있다. 또한 옳고 그름에 대한 선택이 수반되는 부지뿐 아니라 보편적 성질에 대한 부지도 역시 행위를 자의에 반하는 것으로 만들지 못한다고 설명하고 있다. 아울러 Ross와 Winkel이 '보편적 원리'에 대한 부지라고 번역한 부분을 '보편적 성질(general nature)'에 대한 부지로 표현하고 있다. Litzinger와 Ross, 그리고 Winkel에 있어서 동 개소에 대한 번역상의 상위(相違)는 그다지 크지 않은 것으로 보이며 대체로 일치하고 있는 것으로 보인다.

그리고 아퀴나스는 동 개소에 대해 다음과 같은 주석을 달고 있다.

"Aristoteles는 부지를 대상(object of a person's ignorance)에 따라 두 종류로 구분하고 있다. 어떤 행위를 해야 하고 어떤 행위를 하지 말아야 하는가를 모르는(ignorant of what he ought to do or avoid) 자는 자의에 반하여 행위한 것이 아니다. 왜냐하면 이러한 종류의 부지는 이성적으로 행동하는 사람(a man with the use of reason)에게서는 발생하지 않으며 부주의(negligence)로 인해서 초래되기 때문이다. 그 이유는 사람은 누구나 자신이 어떤 행위를 해

---

29) St. Thomas Aquinas, Commentary on Aristotle's Nicomachean Ethics, C.I. Litzinger, O.P. 역, 1993, 135면.

30) Aristotle, Nicomachean Ethics, 앞의 책, 51면 참조.

야 하고 어떤 행위를 하지 말아야 하는가에 대하여 알기 위해 노력해야 할
의무가 있기 때문이다. 그러므로 행위자가 그러한 사항(어떤 행위를 해야 하
고 어떤 행위를 피해야 하는지)에 대해 부지한 경우에는 그의 행위는 자의에
반하는 것이 아니라 자발적인(voluntary) 것으로 평가받는다. 다시 말해 자신
이 어떻게 행동하는 것이 합당한 것인가에 대해 모르고 있는 자는 그 성격상
(by nature) 자의에 반하는 어떤 것을 희망하고 있지는 않다는 말이다. 이러한
부지는 두 가지 방식으로 발생한다. 하나는 개별적인 선택(particular choice)
과 관련된 것이다. 예를 들어 감각적 욕구(sensual desire)로 인해 간통죄를 범
해야겠다고 결심하는 경우이다. 다른 하나는 일반적인(in general) 것으로서
예컨대 간통은 언제나 합법적이라고 믿는 경우이다. 이와 같은 두 종류의 무
지는 모두 행하여진 것(what is done) 자체에 관련되며 따라서 자의에 반하는
것이 되지 못한다. 요컨대 선택이 수반되는(accompanying choice) 무지는(그
러한 선택 시에 행위자는 그 순간 악행을 범한다는 점을 인식하고 있다) 행
위를 자의에 반하게 만드는 원인이 되지 못하며 오히려 악덕과 죄악의 원인
이 된다. 마찬가지로 보편적 본성(general nature)에 대한 부지도 역시 행위를
자의에 반하는 원인이 되지 못한다. 왜냐하면 이러한 종류의 무지는 비난을
받기 때문이다. … 이러한 종류의 무지와 다른 것으로서 인간의 행위가 기초
하고 있는 조건에 대한 부지가 있다. 이러한 조건들 중 하나라도 모르고 있
는 자는 자의에 반하여 행동하고 있는 것이며 따라서 개별적 행위정황
(particular circumstances)에 대한 부지는 행위를 자의에 반하게 만드는 원인
이 된다"31)

아퀴나스는 동 개소(Ethica Nicomacheia 1110b 30〜1111a 2)에 대한 주
석을 통해 '선택 및 결단에 있어서의 부지'와 '보편적 원리 및 본성에 대
한 부지'라고 번역된 문구가 무엇을 의미하는가를 보다 구체적으로 명확
히 보여주고 있다.

우선 '선택 및 결단에 있어서의 부지'란 감각적 욕구로 인해 옳은 행위

---

31) St. Thomas Aquinas, 앞의 책, 136~137면 참조.

와 악한 행위 중에서 어느 것을 해야 하는지 모르고 악행을 범하는 경우를 의미함을 알 수 있다.

다음으로 '보편적 원리 및 본성에 대한 부지'란 곧 '법률에 대한 부지'를 뜻하는 표현임을 적시해 주고 있다.

요컨대 '선택 및 결단에 있어서의 부지'나 '법률의 부지'의 경우에는 감각적 욕구나 부주의로 인해서 올바른 결정을 내리지 못한 것일 뿐 결국 행위자 자신이 원하는 바를 추구하고 있는 것이기 때문에 자의에 반하는 결과를 희망하고 있다고 볼 수 없고, 따라서 자발적인 것으로 평가된다는 것이다. 이에 덧붙여 아퀴나스는 '법률의 부지'가 '선택 및 결단에 있어서의 부지'와 마찬가지로 이성적으로 행동하는 사람에게서는 발생하지 않으며 단지 부주의에서 비롯된 것이기 때문에 비난을 받아 마땅하다는 주해(註解)를 제시해 주고 있다. 아퀴나스의 이해방식에 따르면 법률의 착오에는 이미 '부주의'가 추정되고 있기 때문에 비난받아 마땅하다는 것이다.

앞서 논급한 바와 같이 아리스토텔레스에 따르면 자발적 행위란 어떤 행위를 할지 말지가 자기 자신에게 달려있는 상황에서 개별적 행위정황을 명확히 인식하고 하는 행위를 뜻한다. 반면에 강요나 무지에서 비롯된 행위는 비자발적인 것으로 여겨진다.[32] 그러므로 행위를 비자발적인 것으로 만드는 무지란 개별적 행위정황에 대한 착오, 즉 사실의 착오를 지칭한다.

법률의 부지에서 비롯된 행위는 개별적 행위정황에 착오를 일으킨 것은 아니기 때문에 행위자의 자의에 근거한 행위가 되는 것이고, 자발성의 측면에서 강요나 개별적 행위정황에 대한 착오와 같이 책임을 배제할 만한 근거를 찾기 어렵다는 것이 아리스토텔레스의 생각이다. 물론 설령 법을 알았더라면 그 행동을 하지 않았겠지만 이는 단지 처벌의 위협 때문일

---

32) Aristotle, 앞의 책, 1110a 참조.

것이므로 결국 타의에 의한 것이지 스스로 후회를 수반하기 때문은 아니다. 결론적으로 '자발성' 논변은 법률의 부지에 빠진 자의 책임을 배제시킬 수 있는 근거로 기능하지 못하며, 따라서 법률의 착오는 비난을 받게 된다고 한다.

물론 현대 형법의 관점에서 볼 때 다음과 같이 반문할 수 있다. 만일 행위자가 최선의 주의의무를 기울였음에도 불구하고 법률의 착오가 발생한 경우 그 착오는 회피불가능한(합리적인) 것이었고, 따라서 그 착오로 인해 적법하게 행위할 수 있었던 공정한 기회(fair opportunity)를 잃은 상황이 될 것이므로 그 행위자의 책임이 조각되는 것이 타당하다고 충분히 생각할 수 있다는 것이다. 이 점에 대해서는 후술하기로 한다.

1.3.2 'ἄγνοια καθόλου'의 해석과 회피불가능한 법률의 착오의 취급

이상 살펴본 바와 같이 위 개소(Ethica Nicomacheia 1110b 30∼1111a 2)에 언급되는 '보편적 원리에 대한 부지(ἄγνοια καθόλου)'는 아퀴나스의 주석에 따르면 '법률의 부지'를 뜻하는 것으로 새겨진다. 이와 관련 벨첼(Hans Welzel) 역시 동 개소를 전거로 삼으면서 자연법의 가장 보편적인 판단원리(die allgemeinsten Beurteilungsprinzipien des Naturrechts)에 대한 착오는 면책되지 않는다고 주장하였고[33] 카우프만(Arthur Kaufmann)은 Welzel의 동 견해를 인용하면서 자연법의 최고 원리(die obersten Prinzipien des Naturrechts)에 대한 착오는 행위자를 면책시키지 못한다고 이를 재해석한 바 있다.[34]

---

33) Hans Welzel, Naturrecht und materiale Gerechtigkeit, 4.Aufl. 1962, 36면.
34) 이에 대해서는 Arthur Kaufmann, 앞의 글, 5면 참조.

이처럼 다소간의 견해 차이가 있기는 하지만 'ἄγνοια καθόλου'를 '법률의 착오'로 해석하는 입장은 널리 받아들여지고 있는 견해로 보인다.[35] Winkel이 소개한 문헌에 따르면 Kenny[36]와 Loening[37] 등이 이러한 견해를 취하고 있다고 한다.[38]

그런데 보다 중요한 문제는 'ἄγνοια καθόλου'에 대한 해석상의 견해 차이보다는 과연 니코마코스 윤리학에 의하면 법률의 착오, 특히 회피불가능한 법률의 착오가 어떻게 취급되어야 하는가에 놓여 있다.[39]

아리스토텔레스에 따르면 전술한 개소(Ethica Nicomacheia 1110b 30~1111a 2)에서 살펴본 바와 같이 법률의 착오는 행위를 자의에 반하는 것으로 만들지 못하며 비난받아 마땅한 착오이다. 그 이유는 아퀴나스의 주석에 의하면 법률의 착오는 부주의에서 비롯된 것이기 때문이다. 따라서 법률의 착오는 일반적으로 용서받지 못하는 것으로 취급되어야 한다고 해석할 수 있다.

그러나 Welzel[40]과 Kaufmann[41]이 적절히 지적한 바 있듯이 법률의 착오는 용서받지 못한다는 원칙에도 예외가 인정되도록 해석할 여지가 있다. '니코마코스 윤리학 1113b'에 의하면 "모든 사람이 알고 있어야 하고 또 쉽게 알 수 있는 실정법규에 대한 부지는 처벌되어야 한다."[42] 그렇다

---

35) Laurens C. Winkel, 앞의 책, 30면.
36) A. Kenny, Phronesis XI, 1966, 173면.
37) R. Loening, Die Zurechnungslehre des Aristoteles (Geschichte der strafrechtlichen Zurechnungslehre I), Jena 1903 / Hildesheim 1967, 214면 이하.
38) Laurens C. Winkel, 앞의 책, 30면 주38), 31면 주43).
39) 아리스토텔레스에게서 '부지'와 '착오'의 개념구분은 찾아볼 수 없다. 따라서 니코마코스 윤리학에 있어 양자는 혼용 가능한 개념으로 보는 것이 옳다고 본다.
40) Hans Welzel, 앞의 책, 36면.
41) Arthur Kaufmann, 앞의 책, 4~5면.
42) Aristotle, 앞의 책, 1113b 참조.

면 보다 세부적이어서 알기 어려운 실정법규에 대한 부지는 달리 취급될 수 있다고 해석할 수도 있다고 본다.[43]

아리스토텔레스에 의하면 행위자의 부주의에서 비롯된 부지는 처벌된다고 한다. 왜냐하면 행위자는 스스로 주의를 기울여 부지를 회피할 능력을 지니고 있기 때문이다.[44] 그런데 이 경우 부주의로 인해 처벌될 수 있는 부지의 대상범위가 과연 개별적 행위정황에 관한 부지(사실의 착오)만인지 보편적 원리에 대한 부지(법률의 착오)만인지, 아니면 법률의 착오와 사실의 착오 모두 포함되는지가 해석상 문제된다. 이에 대해 Stewart의 견해에 따르면[45] 착오가 부주의에서 비롯된 것이 아닐 경우 회피불가능한 착오가 될 수 있고 따라서 법률의 착오 역시 회피불가능한 경우, 즉 부주의에서 비롯된 것이 아닌 경우 면책될 수 있다고 해석할 수 있다. 이와 반대로 만일 사실의 착오 역시 회피가능한 경우에는, 즉 부주의에서 비롯된 것이라면 처벌되어야 한다고 해석할 여지도 충분히 있다.[46]

이상의 해석과 관련하여 중점적으로 언급되는 개소를 소개하면 다음과 같다.

> Text 1 : 선택에 있어서의 부지는 행위를 자의에 반하게 만드는 원인이 되지 못하고 죄악의 원인이 될 뿐이고, 마찬가지로 보편적 원리에 대한 부지 역시 행위를 자의에 반하게 만드는 원인이 되지 못하는데, 왜냐하면 이러한 행위는 비난을 받기 때문이다. 반면 행위가 기초하고 있는 개별적 정황에 대한 부지는 행위를 자의에 반하게 만드는 원

---

43) Hans Welzel, 앞의 책, 36면 ; 같은 견해로는 J. Walter Jones, The Law and Legal Theory of the Greeks, 1956, 272면 참조.
44) Aristotle, 앞의 책, 1114a 참조.
45) J.A. Stewart, Notes on the Nicomachean Ethics of Aristotle, Vol.1, 1999(1892년 초판 발행), 234~235면 참조.
46) 이러한 해석의 가능성을 제기하는 견해로는 Laurens C. Winkel, 앞의 책, 32면 참조

인이 된다. 이러한 경우 구체적 정황에 대해 알지 못하는 자는 자의에 반하여 행위한 것이기 때문에 동정과 용서를 받게 된다(1110b~1111a).

Text 2 : 모든 사람이 알고 있어야 하고 또한 쉽게 알 수 있는 실정법규에 대한 부지는 처벌되어야 한다. 그리고 기타 행위자의 부주의에서 비롯된 부지는 처벌된다. 왜냐하면 행위자는 스스로 주의를 기울여 부지를 회피할 능력(the power not to be ignorant)을 지니고 있기 때문이다(1113b~1114a).

Winkel이 적절히 지적하였듯 위의 두 개소 Text 1과 Text 2를 통해서 과연 아리스토텔레스가 보편적 원리에 대한 부지(법률의 착오)는 항상 부주의에서 비롯된 것으로 보고 있는지(아퀴나스의 주석은 이러한 입장을 취하고 있다)와 개별적 행위정황에 대한 부지(사실의 착오)는 항상 자의에 반하는 것으로서 면책될 수 있는 부지로 보고 있는지는 불분명하다고 판단된다.[47]

Winkel에 따르면 Kirchmann[48]은 위 개소의 해석과 관련 도덕규칙(sittliche Regel)에 대한 부지는 부주의에서 비롯된 부지로, 그리고 사실적 정황(tatsächliche Umstände)에 대한 부지는 언제나 용서받을 수 있는 부지로 이해함으로써 귀책가능성은 오로지 법률의 착오 내지는 도덕규칙의 착오에만 국한되는 것으로 오인될 여지를 남겼다고 한다. Glück[49]은 아리스토텔레스에 의하면 법규는 인식하기 쉽고 따라서 법률의 착오는 항상 용서받을 수 없다고 주장하였지만, 이러한 해석론은 위 개소에 충실한 해석이라기보다는 오히려 후대의 로마법상의 법원칙, 즉 "법률의 착오는 해

---

47) Laurens C. Winkel, 앞의 책, 30면.
48) J.H. Kirchmann, Erläuterungen zur Nikomachischen Ethik, 1876, 46~49면.
49) C.F. von Glück, Erläutcrungen der Pandekten, 22-Ⅱ, 1821, 282면 이하.

가 되지만 사실의 착오는 해가 되지 않는다(error juris nocet, error facti non nocet)"는 착오법리에 비추어 아리스토텔레스를 이해한 것이며50) 따라서 전승의 시간적 선후관계가 전도된 시대착오적 해석이라고 Winkel은 비판한다.51)

이상 살펴본 바와 같이 아리스토텔레스는 법률의 착오와 사실의 착오를 구분한 점에 있어서는 후대의 착오론 전개과정에 있어서 중요한 업적을 남겼으나 회피불가능한 법률의 착오와 회피가능한 사실의 착오를 어떻게 취급할 것인가에 대해서는 확정적인 답을 제시해 주고 있지 않은 듯 보인다. 그리고 Winkel은 니코마코스 윤리학의 이러한 해석상의 불확실성은 다분히 의도적인 것이며 아리스토텔레스는 일부러 다양한 해석가능성을 남겨 둔 것으로 추측하고 있다.52)

요컨대 아리스토텔레스의 착오이론은 로마법에서처럼 법률의 착오와 사실의 착오의 효과를 엄격히 구분해 전자는 언제나 용서받을 수 없는 착오로, 그리고 후자는 항상 용서받을 수 있는53) 착오로 취급된다는 점을 확정적으로 지지해 주고 있지 않다고 판단된다.54)

본고의 입장은 앞서 언급한 바 있지만 결론적으로 사실의 착오라고 하더라도 그것이 회피가능한 경우라면 착오의 효과를 부여할 수 없고, 법률의 착오라고 하더라도 그것이 회피불가능한 경우라면 책임이 조각될 수 있다는 것이다. 이러한 맥락에서 앞서 살펴본 아리스토텔레스의 착오이론

---

50) Laurens C. Winkel, 앞의 책, 32면, 동면 주50).
51) Laurens C. Winkel, 앞의 책, 33면.
52) Laurens C. Winkel, 앞의 책, 30면, 34면 참조.
53) 그러나 로마법상 "법률의 부지는 해가 되지만 사실의 부지는 해가 되지 않는다"는 원칙에 예외가 없었던 것은 아니다. 사실의 부지라도 그것이 중과실에 의해 발생한 경우에는 행위자에게 유리하게 취급되지는 않는다는 예외가 인정되었다. 이에 대해서는 Digesta 22.6.9.2 참조.
54) Laurens C. Winkel, 앞의 책, 35면, 99면 참조.

은 본고의 논지에 부합되는 다양한 갈래의 논거와 시사점을 제공해 주고 있다고 평가할 수 있을 것이다.

1.4 아리스토텔레스의 착오론과 로마법

고대 그리이스의 착오론, 특히 아리스토텔레스의 착오론은 로마법에 어떠한 영향을 주었을까? 이는 매우 흥미로운 질문이다.

독일의 형법학자이자 법철학자인 Arthur Kaufmann은 아리스토텔레스의 착오론이 키케로(Marcus Tullius Cicero, 106〜43B.C.)를 통해 로마법에 전승되어 로마 법학자 Paulus에 의해서 "법률의 착오는 해가 되지만 사실의 착오는 해가 되지 않는다"는 로마법상의 전통적 법원칙이 형성된 것이라고 인상적인 분석을 제시한 바 있다.[55]

그러나 앞서 살펴본 바와 같이 "법률의 착오는 해가 되지만 사실의 착오는 해가 되지 않는다"는 법원칙은 아리스토텔레스에게 있어서 그다지 확정적인 형태로 제시되지 않았다. 오히려 법률의 착오도 회피불가능한 경우에는 고려될 수 있고, 사실의 착오도 회피가능한 경우에는 처벌되는 것으로 해석될 여지가 충분히 있었던 것이다. 그러므로 이 부분에 대한 Kaufmann의 주장은 객관적이라기보다는 특정한 해석을 반영한 것으로 보는 것이 공정하다고 보인다.

또한 Kaufmann은 키케로가 "자연법은 모든 사람의 가슴에 새겨진 생래적 이념이기 때문에 자연법을 모른다는 것은 부당하다"는 견해[56]를 취함

---

55) Arthur Kaufmann, 앞의 책, 5면 참조.
56) 이에 대해서는 Cicero / Niall Rudd 역, The Republic and The Law, 1998, 111면 참조.

으로써 결과적으로 "모든 사람이 알고 있어야 하고 또 쉽게 알 수 있는 실정법규에 대한 착오는 처벌되어야 한다"는 아리스토텔레스의 착오론을 로마법에 전승하여 전통적 법원칙을 형성하게 되었다고 주장하였던바[57] 이러한 Kaufmann의 주장에 대해서도 재고할 필요가 있다. 왜냐하면 이는 법률의 착오에 관한 키케로 입장에 대한 또 다른 해석과 일치하지 않기 때문이다. Winkel에 따르면 키케로는 여러 저서를 통해 법률의 착오를 고려해 주는 듯한 태도를 취하기도 하고 그 반대의 입장을 표명하기도 하는 바 따라서 그가 법률의 착오일반을 면책사유로 고려해 주고 있었는지 여부는 학자들 간에도 견해대립이 있으며 이에 대해 일반적인 결론을 도출하는 어렵다고 한다.[58] 오히려 그보다 Winkel은 키케로가 음주나 격정 또는 분노로 인한 행위자가 착오를 원용할 수는 없고 행위에 대한 책임을 저야 한다고 주장한 점에 있어서 아리스토텔레스 착오론을 부분적으로[59] 전승하고 있음에 주목할 뿐이다.[60]

다만 "만민법에 대한 착오는 용서받을 수 없다"는 착오법리가 만민법에 의해 로마제국을 통합시키는 역할을 하였다는 Kaufmann의 분석은[61] 로마법이 왜 그토록 법률의 착오를 엄격하게 취급하려고 했는가를 이해하는데 있어서 하나의 중요한 관점을 제시해 주고 있다는 점에서는 분명 주목할 만한 가치가 있다고 본다. 즉, 법률의 착오를 엄격히 취급하는 법리의 배경에는 정책적인 목적이 자리잡고 있었다는 것이다.

결론적으로 아리스토텔레스의 착오론이 로마법에 전승되어 "법률의 착

---

57) Arthur Kaufmann, 앞의 책, 5~6면 참조; Paulus의 견해에 대해서는 Digesta 22.6.9 참조.
58) Laurens C. Winkel, 앞의 책, 37~38면 참조.
59) Aristotle, 51면, 1110b 참조.
60) Laurens C. Winkel, 앞의 책, 39면 참조.
61) Arthur Kaufmann, 앞의 책, 5면 참조.

오는 해가 되지만 사실의 착오는 해가 되지 않는다"는 법원칙을 형성하게
되었다는 설명은 그다지 설득력이 없다고 본다. 니코마코스 윤리학에 나
타난 아리스토텔레스의 착오이론은 Kaufmann이 중점을 둔 측면보다는
오히려 다음과 같은 면에서 Labeo(Marcus Antistius Labeo, B.C.50년경~
A.D.18년경)에 의해 로마법에 전승되었다고 분석하는 것이 보다 정확할
것이다.

"모든 사람이 알고 있어야 하고 또 쉽게 알 수 있는 실정법규에 대한
착오는 처벌되어야 한다.62) 그리고 기타 사례에서도 행위자의 부주의에
서 비롯된 착오는 처벌된다. 왜냐하면 행위자는 스스로 부주의를 회피할
능력을 지니고 있기 때문이다63)"라는 아리스토텔레스의 착오론은 Digesta
22.6.9.3에서 로마 법학자 Labeo에 의해 다음과 같이 표현되고 있다.64)

Digesta 22.6.9.3. Sed juris ignorantiam non prodesse Labeo ita accipiendum
existimat, si juris consulti copiam haberet vel sua prudentia instructus sit, ut,
cui facile sit scire, ei detrimento sit juris ignorantia: quod raro accipiendum est
(그러나 Labeo는 법률의 부지는 해가 된다는 원칙은 다음과 같이 이해되어야
한다고 판단했다. 법률의 부지는 법률가의 자문을 얻을 수 있거나 또는 자신
의 분별력으로 쉽게 알 수 있는 자에게만 해가 된다. 그러나 이러한 Labeo의
견해는 드물게만 인정되어야 한다).

동 개소에 따르면 Labeo는 아리스토텔레스와 마찬가지로 스스로 주의
를 기울여 법률의 부지를 회피할 수 있는 자가 그러한 주의를 다하지 못
한 경우에만 처벌된다고 보고 있다. 그러나 Digesta 22.6.9.3은 이러한

---

62) Aristotle, 앞의 책, 1113b 참조.
63) Aristotle, 앞의 책, 1114a 참조.
64) Aristoteles의 니코마코스 윤리학이 로마법(Digesta 22.6.9.3)에 미친 영향에 대한
   상세한 논증으로는 Laurencs C. Winkel, 앞의 책, 68~76면 참조.

Labeo의 견해는 드물게만 인정되어야 한다고 지적함으로써 착오에 빠진 자의 부주의 여부와 관계없이 로마법은 법률의 착오를 엄격하게 취급하는 태도를 취하고 있음을 확인하게 된다.

　Labeo가 아리스토텔레스의 영향을 받았을 것이라는 추측은 여러 문헌에서 지지되고 있는 것으로 보인다. 우선 Winkel은 '인과관계(Kausalität)'에 관한 이해방식에 있어서 Labeo가 아리스토텔레스의 영향을 받았음을 보여주는 Nörr의 선행연구[65]를 소개한 바 있다. 그러나 Winkel은 Nörr의 선행연구는 니코마코스 윤리학의 영향과는 무관한 내용임을 지적하면서 자신의 견해로는 아리스토텔레스와 Labeo가 사용한 자구(字句)적 유사성에 비추어 볼 때 강요(Zwang)로 인한 행위의 효력을 논급하는 Digesta 4.2에서 '더욱 큰 해악에 대한 두려움(timor majoris mlitatis)'이라는 Labeo의 표현(Digesta 4.2.5)은 니코마코스 윤리학 1110a(Ethica Nicomacheia Ⅲ 1, 1110a 4∼5)의 영향을 받았을 것이라고 추측하고 있다.

　그리고 Bretone이나[66] Tondo의[67] 등의 최근 연구 성과도 법률의 착오에 대한 Labeo의 이론은 아리스토텔레스의 영향을 받았을 것이라는 Winkel 자신의 추측을 지지해 주고 있다고 소개하고 있다.[68] 그러나 Winkel은 로마 법률가에 대한 아리스토텔레스의 영향을 다루면서도 Kaufmann의 주장처럼 "법률의 부지는 해가 되지만 사실의 부지는 해가 되지 않는다"는 로마법상의 착오법리가 아리스토텔레스의 착오이론에서

---

65) 이에 대해서 Winkel은 D.Nörr의 'Kausalitätsprobleme im klassischen römischen Recht: ein theoretischer Versuch Labeos, Festschrift für Wieacker, 1978'의 115∼144면을 인용하고 있다.

66) 이에 대해서 Winkel은 M.Bretone의 'Technische e ideologie dei giuristi romani, 1982'의 173면 이하를 인용하고 있다.

67) 이에 대해서 Winkel은 S.Tondo의 'Note esegetiche sulla giurisprudenza romana, IVRA 30(1979)'의 34∼77면을 인용하고 있다.

68) Laurencs C. Winkel, 앞의 책, 76면.

기원하여 Paulus에 의해 전승된 것이라는 내용은 논급하고 있지 않다.[69]

1.5 고대 그리이스 착오론의 로마법에의 영향과 한계

앞서 살펴본 바대로 고대 그리이스의 착오론, 특히 아리스토텔레스의 착오이론은 로마법에 어느 정도 영향을 미친 것으로 보인다.[70] 단편적 예이기는 하지만 키케로나 Labeo에게서 바로 그러한 증좌를 찾아볼 수 있었다.

그러나 로마법에 대한 고대 그리이스의 착오이론, 특히 아리스토텔레스의 니코마코스 윤리학의 영향은 과대평가되어서는 안 된다고 본다. 대표적으로 Kaufmann은 "법률의 부지는 해가 되지만 사실의 부지는 해가 되지 않는다"는 로마 법학자 Paulus의 견해가 니코마코스 윤리학의 영향을 받은 것으로 보고 있지만 전술한 바대로 그러한 관점은 지나치게 단선적인 접근이라고 본다. 관련 개소에 대한 다양한 해석론적 견해차이를 공정하게 다루고 있지 못하기 때문이다.[71]

로마법이 법률의 착오와 사실의 착오를 구분하고 전자는 항상 용서받을 수 없는 착오로(물론 약간의 예외[72]가 있기는 했지만), 후자는 언제나

---

69) Laurencs C. Winkel, 앞의 책, 65~76면의 Kapitel Ⅲ. 'Bemerkungen zum Einfluss philosophischer Ideen auf die römischen Juristen und zur Überlieferungsgeschichte der Nikomachischen Ethik von Aristoteles' 참조.
70) 로마법에 대한 고대 그리이스 철학의 영향에 대한 보다 상세한 설명으로는, J. Walter Jones, The Law and Legal Theory of the Greeks, 1956, 313~315면 참조.
71) Winkel의 위 문헌은 고대 그리이스에서의 착오이론 및 로마법 개소에 대한 다양한 해석론을 역사적으로 풍부한 전거를 인용해 가며 다루고 있는 자료로서 이를 구하는데 있어서는 서울대학교 법과대학의 최병조 교수로부터 큰 도움을 받았다.
72) 예컨대 로마법상 부녀자, 군인, 미성년자 등의 착오는 일반인의 착오에 비해 관대

용서되는 착오로 달리 취급하려는 법리는 아리스토텔레스의 착오이론보다는 다소 엄격한, 로마의 독자적인 착오법리로 보인다.

그리고 로마법상 법률의 착오가 이처럼 엄격히 취급된 것은 Kaufmann 스스로도 논급한 바 있듯 (만민)법에 의한 로마제국의 통합이라는 보다 실천적인 측면과 결부시켜 이해하는 것이 타당할 것이라고 본다. Winkel 이 또 다른 문헌에서 지적한 바 있듯이 법률의 착오를 어떻게 취급할 것이냐의 문제는 이데올로기와 강력히 맞물려 있고, 그와 동시에 입법정책 (Gesetzgebungspolitik) 및 국가권력과 국민 상호 간의 관계와도 밀접하게 결부되어 있기 때문이다.[73]

생각건대 사실의 착오는 개별적 행위정황에 대한 착오로서 행위를 비자발적으로 만들기 때문에 법리적으로 분명 면책사유로 고려할 필요가 있지만, 법률의 착오는 개별적 행위정황에 대한 인식은 분명 존재하기 때문에 행위를 비자발적으로 만들지 못하고 따라서 법리적으로 반드시 고려할 필요는 없다는 사고방식이 자리잡고 있었기 때문이라고 추측된다. 즉, 이는 정책적으로 판단되어야 할 문제라는 것이다. 하지만 후술하듯이 회피불가능한 법률의 착오에 빠진 자는 불법을 회피할 수 있는 공정한 기회(fair opportunity)가 결여된 자라는 측면에서 법리적으로 책임판단에 고려될 수 있다고 본다.[74]

하게 취급되었다.

73) Laurens C. Winkel, Vorbemerkung zum Thema Rechtsirrtum in der mittelalterlichen Jurisprudenz, zugleich ein Thema aus der Geschichte der Rechtsideologie, IUS COMMUME, XIII, 1985, 69면.

74) 이 점에 관한 상세한 논의는 David O. Brink, Fair Opportunity and Responsibility (Oxford Univ. Press, 2021) 참조.

2. 구약성서와 탈무드에서 법률의 착오

한편 유기천 교수와 Hellen Silving 교수는 법률의 착오가 구약성서와 탈무드에서 어떻게 취급되었는가를 연구하여 소개한 바 있다.

두 교수의 설명에 따르면, 성경에는 법률의 부지나 착오에 대한 내용이 거의 언급되고 있지는 않지만 구약성서의 신명기(Deuteronomy, B.C.600년경)에는 인식이 없으면 고의가 없다는 내용이 발견되고, 레위기(Leviticus, B.C.500년경)에서는 속죄(atonement for sins)와 관련하여 착오나 부지로 인한 죄와 횡포한(high-handed) 죄를 구분하는바, 횡포한 방식으로 행동한 자는 신의 말씀을 무시한 자로 간주된다. 바로 이러한 점으로부터 신의 말씀(the word)을 몰랐던 자는 고의적인 죄를 범한 것이 아니라는 함의가 도출된다고 볼 수 있다고 한다.75) 이러한 해석에 기초해 유기천 교수와 Silving 교수는 성서에 있어서 착오나 부지로 인한 죄는 벌하지 않았던 것으로 본다.76)

Babylonian Thalmud(A.D.500년경)에서도 범행에 대한 법적 효과에 관한 사전 경고는 처벌의 필요조건이 된다고 기술하고 있다. 예를 들어 "만일 (행위자가) 그 범행을 목격한 두 사람에 의해 경고받지 않았더라면" 또는 "만일 경고자가 행위자로 하여금 사형선고를 받을 수 있다는 사실을 알리지 않았더라면" 등의 문구가 그것이다. 이와 같은 사전 경고의 요건은 벌금형에만 한정된 것은 아니었으며, 태형(flagellation)이나 구금형에도

---

75) 교회법 실무(kirchliche Praxis)는 분명 법률의 착오를 충분히 고려하는 원칙을 확립하고 있었다고 한다. 이에 대해서는 Otto Kahn, Der außerstrafrechtliche Rechtsirrtum, 1900, 13면 참조.
76) 성경에 나오는 법률의 부지(착오)에 대해서는 Paul K. Ryu & Hellen Silving, Error Juris : A Comparative Study, Chicago Law Review, Spring 1957, 424면 참조.

적용되었다. 유기천 교수와 Silving에 따르면 이처럼 사전경고의 요건은 위법성의 인식 없이는 범죄도 없다(no crime exist without consciousness of illegality)는 일반원칙의 하나였다고 한다.77)

　Thalmud의 입장을 정리해 보면, 행위자에게 법적 효과에 대하여 사전 경고가 처벌의 필요조건이었으므로 행위자에게 위법성의 인식이 있어야 범죄가 성립했던 것으로 보인다. 다시 말해 법률의 착오는 항변(defence)이 될 수 있었다는 뜻이다. 여기서 한 가지 중요한 생각을 엿볼 수 있는데, 어떤 행위를 할 경우 처벌받을 수 있다는 경고는 범죄성립의 중요한 요건이라는 것이다. 그리고 위법성의 인식이 없는 자는 바로 그러한 경고가 결여된 자이므로 용서받을 수 있다는 뜻으로 해석되며, 이로부터 처벌의 가능성에 대한 공정한 경고(fair warning), 다시 말해 불법을 회피할 수 있는 공정한 기회가 범죄성립의 한 요건이 될 수 있다는 당대의 규범적 사고방식을 엿볼 수 있다.

　공정한 경고 논변은 현대 형법이론에서도 찾아볼 수 있다. 예를 들어 옥스퍼드대학의 형법학자 Ashworth 교수에 의하면 현대형법의 원칙으로 범의의 원칙(principle of mens rea)이 있는데, 이는 행위자가 자신이 무엇을 하고 있는지, 그 결과가 무엇인지 알고 있는 경우에만 형사책임을 질 수 있다는 원칙이다. 동 원칙의 근거가 바로 '공정한 경고(fair warning)'인데, 행위의 결과에 대한 인식이 있는 경우에만 행위자는 공정한 경고를 받을 수 있고 그 결과를 자율적으로 선택한 것으로 볼 수 있기 때문이다.78) 독일형법에서는 이를 구성요건적 고의의 경고기능(Warnfunktion des Tatbestandsvorsatzes)이라고 일컫는다. 물론 현대 형법이론에서 다루는

---

77) Paul K. Ryu & Hellen Silving, 앞의 논문, 424~425면 참조.
78) Andrew Ashworth, Principles of Criminal Law (Oxford Univ. Press, 2009), at 75, 154-155.

공정한 경고 논변은 주로 사실의 착오와 관련해 의미가 있는 것이지만, 법률의 착오와 관련해서도 만일 행위자에게 위법성의 인식이 없는 경우이거나 국가가 시민들에게 법률의 공지의무를 충실히 다하지 못한 경우에 형벌을 부과하는 것은 불공정하다는 점에서 공통적으로 적용될 여지가 있다는 점에서79) 주목할 필요가 있을 것이다.

3. 로마법

일반적으로 로마법이란 로마의 법원(法源) — 로마법 문헌과 로마 황제들이 입법한 법령의 여러 단편들 — 의 집성(集成)을 말하며, 동로마황제 유스티니아누스에 의해 528년부터 534년에 걸쳐서 편찬되어 법률로서 효력을 부여받고, 중세에 이르러 로마법대전(Corpus Juris Civilis)라고 명명된 것을 말한다.80) 로마법은 일반적으로 사법체계로 널리 알려져 있으나 부분적으로 형사법적인 내용도 다루어지고 있는바 예컨대 "무고한 사람을 처벌하는 것보다는 범죄자를 놓아주는 것이 낫다"는 법언도 바로 로마법에 기원을 둔 것으로81) 잘 알려져 있다. 로마법대전은 크게 네 가지의 법령집 및 법률문헌으로 구성되어 있다.82)

---

79) *Ibid.*, at 219-220.
80) 이에 대해서는 Helmut Coing / 정종휴 역, 유럽에 있어서 로마법과 카논법의 계수, 법사학연구 제6집, 1981, 334면 참조.
81) ULPIANUS, Digesta 48.19.5.
82) 이에 대해서는 Amleto Giovanni Cicognani, Canon Law, 1934, 38~39면 ; 최병조, 로마법·민법논고, 1999, 6면 ; 박상기, 독일형법사, 1993, 15~36면 참조.

 ▫ 칙법휘찬(勅法彙纂 ; Codex, A.D.534년 11월 16일 간행) : Hadrian 황제부
   터 유스티니아누스 황제까지 공포된 법령모음집(12권)
 ▫ 학설휘찬(學說彙纂 ; Digesten, A.D.533년 12월 16일 간행) : 기원전 1세기
   부터 기원후 3세기까지의 법률가들의 법률문서 모음집(50권)
 ▫ 법학제요(法學提要 ; Insituionen, A.D.533년 11월 21일 간행) : Gaius가 만
   든 법학입문서(4권)
 ▫ 신칙법집(新勅法集 ; Novellae, A.D.535~565년 사이에 간행) : 유스티니아
   누스 황제의 칙법 모음집[83]

　"법률의 부지는 해가 되지만 사실의 부지는 해가 되지 않는다"는 법명
제, 즉 "Error juris nocet, error facti non nocet"라는 라틴 법언(法諺)은 로
마법대전의 학설휘찬(Digesta) 22.6.9 "Regula est iuris quidem ignorantiam
cuique nocere, facti vero ignorantiam non nocere(일반적인 원칙에 따르면
법률의 착오는 해가 되지만 사실의 착오는 해가 되지 않는다)"에서 유래한
것으로 평가받고 있으며, 로마법상의 이러한 법리가 형법의 적용에 있어서
도 원칙적으로 존중되었다는 점은 이탈리아 후기주석학파(Postglossatoren)
이래로 학자들 사이의 공통된 견해(communis opinio)였다고 한다.[84]
　이처럼 "법률의 착오는 행위자에게 해가 되지만, 사실의 착오는 해가
되지 않는다"는 법리의 근거는 "법률은 명확할 수 있고 또 명확해야 하지
만 사실에 대한 이해는 심지어 주의 깊은 자에게 있어서도 대부분 어긋나
기 때문"이며[85] 동시에 "법률은 누구나 생득적(生得的)으로 알고 있거나
자신보다 현명한 자에게 문의함으로써 알 수 있는 것이기 때문이다"[86]라
는 데 있었다. 그런데 로마법상 형성, 적용되어 왔던 이러한 전통적 법리

---

83) 칙법(勅法)이란 황제가 내린 법령을 말한다. 이에 대해서는 최병조, 앞의 책, 5면.
84) 이에 대해서는 Otto Kahn, Der außerstrafrechtliche Rechtsirrtum, 1900, 9면 참조.
85) NERATIUS, Digesta 22.6.2.
86) PAULUS. Digesta 37.1.10 참조.

가 로마 사법에만 적용되었던 원칙일 뿐 로마 형법에는 적용되지 않았기 때문에 동 원칙을 형법에 적용하는 것은 확대해석일 뿐 로마법적 기원을 두고 있지 않으며, 이러한 확대 해석은 법률의 착오에 대한 로마법 개소를 오해하여 계수한데서 비롯된 것이라는 반론이 1900년 전후에 대륙법계와 커먼로계 국가에서 각각 제기되었던바 이에 대한 검토가 필요하다.

3.1 지배적 견해

"법률의 부지는 해가된다"는 로마법상의 법원칙 "Error Juris nocet"이 로마법상 널리 인정된 법리였다는 근거는 일반적으로 "De Juris et Facti Ignorantia(법률의 착오와 사실의 착오에 관하여)"라는 제목을 달고 있는 Digesta 22.6의 여러 개소들에 대한 종합적 해석을 통해서 도출된 것이다. 대표적인 개소를 소개하면 다음과 같다.

> Digesta 22.6.1. Ignorantia vel facti vel juris est(부지에는 사실의 부지와 법률의 부지가 있다).
>
> Digesta 22.6.1.2. Si quis nesciat se cognatum esse, iterdum in jure, interdum in facto errat, nam si et liberum se esse et ex quibus natus sit sciat, jura autem cognationis habere se nesciat, in jure errat: at si quis (forte expositus) quorum parentium esset ignoret, fortasse et serviat alicui putans se servum esse, in facto magis quam in jure errat(어떤 사람이 혈족 관계임을 모르는 경우, 경우에 따라 법률의 착오를 혹은 사실의 착오를 범하고 있는 것이다. 예컨대 자신이 자유인이고 자신의 부모가 누구인지 알고 있음에도 그러한 혈족관계에서 발생하는 자신의 권리를 몰랐다면 이는 법률의 착오이다. 그러나─가령 유기되어─누가 부모인지 모르고, 자신이 노예라고 생각하고 타인 아래에서 일했

다면 이것은 법률의 착오라기보다는 사실의 착오를 범한 것이다).

Digesta 22.6.1.4. Idem dicemus, si ex asse heres institutus non putet se bonorum possessionem petere posse ante apertas tabulas: quod si nesciat esse tabulas, in facto errat[어떤 사람이 전(前) 재산의 상속인 으로 지정되었는데, 유서가 공개되기 전에 유산점유를 청구할 권리 가 자신에게 없다고 생각한 경우에도 이는 마찬가지로 법률의 착오 라고 말할 것이다. 그러나 유서가 있다는 것 자체를 모른 것은 사실 의 착오를 범한 것이다].

Digesta 22.6.2. In omni parte error in iure non eodem loco quo facti ignorantia haberi debebit, cum ius finitum et possit esse et debeat, facti interpretatio plerumque etiam prudentissimos fallat(법률의 착오는 어떤 경우든 사실의 착오와 동일시되어서는 안 된다. 왜냐하면 법률은 명 확할 수 있고 또 명확해야 하지만 사실에 대한 이해는 심지어 주의 깊은 자에게 있어서도 대부분 어긋나기 때문이다).

Digesta 22.6.3 Plurimum interest, utrum quis de alterius causa et facto non sciret an de iure suo ignorat(어떤 사람이 타인의 법적, 사실적 지위를 모르는 것과 자신의 권리를 모르는 것은 큰 차이가 있다).

Digesta 22.6.7. Juris ignorantia non prodest adquirere volentibus, suum vero petentibus non nocet(법률의 부지는 재산을 취득하고자 하는 사람에 게는 이익이 되지 않으나, 자신의 권리를 요구하는 사람에게 손해가 되지도 않는다).

Digesta 22.6.8. Error facti ne maribus quidem in damnis vel compendiis obest, iuris autem error nec feminis in compendiis prodest: ceterum omnibus iuris error in damnis amittendae rei suae non nocet(사실의 착오는 심 지어 남자에게 있어서 이익을 얻고자 한 경우 혹은 손해를 피하고자 한 경우에 있어서 해가 되지 않지만, 법률의 착오는 심지어 여자에게 있어서 이익을 얻고자 한 경우 득이 되지 않는다. 그러나 법률의 착 오는 자신의 재산의 상실을 피하고자 한 경우에는 모든 사람에게 해 가 되지는 않는다).

Digesta 22.6.9. Regula est iuris quidem ignorantiam cuique nocere, facti vero

ignorantiam non nocere(일반적인 원칙에 따르면 법률의 착오는 해가
되지만 사실의 착오는 해가 되지 않는다).

Digesta 22.6.9.3. Sed juris ignorantiam non prodesse Labeo ita accipiendum
existimat, si juris consulti copiam haberet vel sua prudentia instructus
sit, ut, cui facile sit scire, ei detrimento sit juris ignorantia: quod raro
accipiendum est(그러나 Labeo는 법률의 부지는 해가 된다는 원칙은
다음과 같이 이해되어야 한다고 판단했다. 법률의 부지는 법률가의
자문을 얻을 수 있거나 또는 자신의 분별력으로 쉽게 알 수 있는 자
에게만 해가 된다. 그러나 이러한 Labeo의 견해는 드물게만 인정되
어야 한다).

로마법상 법률의 착오론은 일반적으로 위의 개소들을 중심으로 전개되
어 왔던 것으로 보인다. 다만 위에 소개한 Digesta 이외의 로마법 대전, 예
컨대 Codex 등에서도 법률의 착오에 관한 내용들이 산견되기는 하지만
Digesta 22.6 만큼 체계적으로 상세하게 법률의 착오를 다루고 있는 개소
군은 없는 것으로 판단된다.

전술한 개소들을 종합하면 법률의 착오에 관해 다음과 같이 일반화된
결론을 도출할 수 있다. 즉 법률의 착오는 착오자에게 해가 되지만 사실
의 착오는 해가 되지 않는다.[87] 왜냐하면 법률은 명확할 수 있고 또 명확
해야 하지만 사실에 대한 이해는 심지어 가장 현명한 자에게 있어서도 대
부분 어긋나기 때문이다. 그리고 이와 같이 일반화된 법률의 착오론, 즉
"법률의 착오는 해가된다"는 법원칙은 비단 로마사법 분야에서뿐만 아니
라 형법의 영역에서도 적용되었다는 – 형법적으로는 "법률의 부지는 용서
받지 못한다"는 뜻으로 널리 새겨진다 – 견해가 전술한 바 있지만, 이탈리

---

87) 그러나 로마법상 "법률의 부지는 해가 되지만 사실의 부지는 해가 되지 않는다"는
원칙에도 예외가 있었다. 사실의 부지가 중과실에 의해 발생한 경우에는 행위자가
유리하게 취급되지 않는다. 이에 대해서는 Digesta 22.6.9.2 참조.

아 후기주석학파(Postglossatoren) 이래 학자들 간의 공통된 견해(communis opinio)였다고 한다.[88]

후기주석학파란 12세기 볼로냐 대학에서 '시민법대전(Corpus Juris Civilis)'에 대한 주석, 특히 법률의 완결성을 믿지 않고 비교적 자유로운 해석을 통하여 법을 연구했던 Irnerius(1055~1130)나 Accursius(1182~1260) 등으로 대표되는 전기주석학파에 대하여 14세기에 이르러 로마법의 실용화를 위해 법학의 체계화를 추진했던 학파로서 주해학파(Komentatoren)라고도 불리며, 그들은 지역적 효력범위의 한계를 벗어나 공통의 효력이 인정되고 영원한 정당성을 가질 수 있는 법에 대한 필요성에서 로마법과 교회법 등의 법의 통일화를 달성하기 위해 노력하였다.

후기주석학파들은 전기주석학파에 비해 이론보다는 법률자문의 경험을 토대로 하였고, 유스티니아누스 법전을 전 유럽의 공동의 법전(ius commune)으로 삼았으며 로마법이 아닌 유럽의 전통적인 관습을 자신들의 법학적 사고의 틀로 변형하였다. 시민법대전 그 자체보다는 주석서, 특히 Accursius의 '표준주석(Glossa ordinaria)'를 연구대상으로 삼았고, 15세기 이르러서는 법전의 완결성 및 정당성을 맹목적으로 신봉하는 경향으로 인해 다소의 경직성을 띠게 되었는데, 대표적인 학자로는 Bartolus de Saxoferrato(1314~1357)와 Baldus de Ubaldis(1327~1400 또는 1406) 등이 있다.[89]

---

88) 이에 대해서는 Gessler, Rechtsirrtum, Gerichtssaal, 1859 참조.
89) 이에 대해서는 박상기, 독일형법사, 1993, 67~68면 ; 오세혁, 법철학사, 2004, 88~89면 참조.

3.1.1 Savigny의 견해

Savigny는 "법률의 부지는 착오자에게 해가된다"는 법원칙은 단지 제한적으로만 옳은 원칙이라고 주장한다. 즉 논쟁이 되고 있는 법규이거나 특별 법규의 경우에는 그러한 법규에 대한 부지는 해가 되지 않는다고 한다. 왜냐하면 논쟁이 되고 있는 법규의 경우, 전문 법률가에게 의뢰하더라도 그 법률가 또한 대립하는 어느 학파에 속하고 있기 때문이고, 아울러 특별 법규의 인식은 종종 일반 법규보다 널리 알려져 있지 않고, 가까이 하기도 어렵기 때문이라고 한다.[90] 그러므로 "법률의 부지는 착오자에게 해가 된다"는 로마법상의 법원칙은 모든 개별적 사례에서 일반적으로 적용될 수 있는 원칙이 아니고 일반 법규 등 잘 알려진 법규에 대한 착오만이 착오자에게 해가 된다고 해석해야 한다고 Savigny는 자신의 착오론을 전개한다.

사비니는 자신의 저서 현대로마법체계에서 자신이 세운 착오이론을 범죄(Delikt)에 적용함에 있어서 다음과 같이 독특한 방식을 취하고 있음을 밝히고 있다. 우선 사비니는 각주에서 다음과 같은 용어정의를 하며 설명을 시작한다.

"나는 여기서 Delikt란 표현에 대해 다음과 같이 이해하고 있음을 약술코자 한다. Delikt란 표현은 공범죄(öffentlich Verbrechen; Crimen)는 물론 사범죄 (Privatdelikt)를 의미한다. 사범죄란 권리침해(Rechtsverletzung)이라고도 불리우며, 권리침해는 민사법상 actio quae poenae causa datur라는 독특한 효과를 가져온다. 사범죄는 actio quae poenae causa datur를 통해서 절도의 경우(furti actio) 벌금이, 그리고 doli actio의 경우는 순전히 손해배상만이, 그리고 강도 (bonorum raptorum)의 경우에는 벌금의 부과와 손해배상의 청구가 모두 가능

---

90) Friedrich Carl von Savigny, System des Heutigen Römischen Rechts, 1840, 32~33면.

하다. 공범죄와 사범죄에 있어서 착오의 취급은 전적으로 동일하기 때문에 양자를 함께 범죄(Delikt)란 용어 하나로 표현할 필요가 있다"[91]

Savigny에 따르면 "범죄개념에는 첫째, 단지 외부적 사건의 발생만으로 성립하는 것이 있으며, 따라서 이러한 범죄에 있어서는 행위자의 자유가 요구되기는 하지만 어디까지나 그 자유는 부수적인 것으로 여겨진다. 이러한 범죄에 있어서는 고의(Dolus)와 과실(Culpa)은 가별적이다. 둘째, 이러한 유형의 범죄와는 달리, 구성요건의 성립에 위법하게 행위하려는 의지(Rechtswidrige Wille) 외에 권리침해(Rechtsverletzung)의 인식이 요구되는 범죄가 있으며, 따라서 이러한 범죄에 있어서는 그러한 권리침해의 인식이 결여되면 범죄는 전혀 성립될 수 없다. 이러한 범죄에 있어서는 고의를 조각하는 착오가 정황에 따라서(durch Umstände) 정당화 되는가의 여부나 그 착오가 사실의 착오인지 법률의 착오인지 여부는 전혀 의미가 없다. 왜냐하면 고의란 어떠한 형태든 착오가 개입하면 존립할 수 없는 사실이기 때문이다"[92]

"그럼에도 불구하고 다음의 차이점에 주목해야 한다. 행위자가 형법법규를 알고는 있었지만 법률의 착오로 인하여 자기 행위의 가별적 성질에 관하여 오인했을 경우에는 전술한 원칙이 일반적으로 타당하다. 이와는 반대로 형법법규의 인식이 문제될 경우에는 형법법규의 인식은 모든 사람에게 요구되고 또 전제되는 것이기 때문에, 형법법규의 인식이 결여될 경우, 그러한 불인식이 고의와 가별성을 조각하지 못한다. 이러한 엄격함으로부터 일정한 계층의 사람들은 예외가 인정되어 법규를 인식하지 못하더라도 대체로 관대하게 취급되었다. 이러한 계층의 사람들에는 미성년자, 부녀자, 시골사람, 그리고 군인이 포함되었다. 그러나 이러한 계층의 사람들도 단지 보다 실정법적 성격을 지닌 형법법규(시민법 ; juris civilis)에 대한 착오에 있어서만 예외가 인정되었을 뿐, 자연적인 법감정으로 이해될 수 있는 형법법규(만민법 ; juris gentium)에 대한 착오에 있어서는 인정되지 않았다. 법률의 착오는 그 자체로서 행위의 가별성(strafbar Natur)에 대한 착오뿐만 아니라 형법법규에 대한

---

91) Friedrich Carl von Savigny, System des Heutigen Römischen Rechts, 1840, 388면 각주 (a) 참조.
92) Friedrich Carl von Savigny, 앞의 책, 388면.

착오와도 관련될 수 있기 때문에 법률의 착오라는 표현은 두 가지 의미를 지
닌다. 첫째로는 모든 고의범을 불성립시키는 착오이고, 둘째로는 전술한 예
외적 경우에 한해서 고의범을 불성립시키는 착오이다. 법률의 착오라는 표현
이 갖고 있는 이러한 이중적 의미로 인해 우리의 로마법 개소에 있어서 외견
상 많은 모순이 발생되는 것이다"93)

"이러한 원칙들은, 동 원칙들이 정립된 우리의 로마법 개소들 어디에서도 일
반적으로는 도출되지 않는다. 다만 동 원칙들은 다음의 개별적 적용에 있어
서 일부는 매우 확정적이고 명백하게 전제되기 때문에 정확하게 확정되지
못한 규정을 갖고 적용해야 하는 사례들에 있어서도 우리는 이러한 확정적
규정들을 적용할 수 있는 권한을 갖게 된다"94)

이상 소개한 Savigny의 착오론을 정리하자면, 그 성립에 권리침해의 인
식이 요구되는 범죄에 있어서 그것이 공범죄이든 사범죄이든 형법법규에
대한 착오는 용서될 수 없지만, (형법 외적 법규에 대한 착오에서 비롯된)
법률의 착오로 인하여 행위의 가벌성, 즉 권리침해 여부에 대해 오인한
경우는 언제나 고의를 조각시킴으로써 착오자를 면책시키게 된다는 것이
다. 예컨대 Savigny에 따르면 절도의 개념에는 위법하게 절취하려는 의사
외에 불법영득 의사가 포함되는바, 만일 행위자가 법률의 착오(형법 외적
법규의 착오)로 인하여 타인의 물건을 자기 소유물로 생각하게 되었다면,
자기의 소유로 오인하여 타인의 물건을 훔치는 것은 절도죄를 범하는 것
도, 또한 그 물건을 장물로 만드는 것도 아니라고 한다. 예를 들어 여자
노예에 대한 사용권한이 있는 자가 그 여자 노예의 자식에 대한 소유권도
갖고 있다고 오인한 경우가 그러하다. 이에 반해 절도에 대한 형법법규의
불인식은 만일 행위자가 전술한 계층의 사람에 속하더라도 절도는 이미

---

93) Friedrich Carl von Savigny, 앞의 책, 389면.
94) Friedrich Carl von Savigny, 앞의 책, 390면.

만민법에 의해 금지되는 범죄이기 때문에 용서받을 수 없다고 한다.[95] 마찬가지로 어떠한 물건을 자신의 것으로 오인하여 자력구제의 금지를 모르는 채(형법 외적 법규의 착오로 인해) 이를 강제로 빼앗은 자는 강도소송(actio vi bonorum raptorum)으로부터 자유롭다. 왜냐하면 여기에는 소유권 침해의 인식이 요구되기 때문이다.[96]

어쨌든 Savigny는 민사법적 요소가 강한 사범죄와 순수한 형사법적 요소가 강한 공범죄에 있어서 각 범죄에 대한 법률의 착오를 동일하게 취급한 점에서 로마 사법상의 법률의 착오에 대한 법리를 형법상의 법원칙으로 수용하는데 별다른 거부감이 없었다고 볼 수 있으며, 특히 형법 법규에 대한 부지는 만민법에 대한 부지로 보아 용서받을 수 없다고 본 점에 있어서는 분명 로마 사법상의 전통적 법원칙 즉 "법률의 부지는 해가 된다"는 법리가 형법상으로도 적용되었다는 입장에 서 있으며, 따라서 공통의 지배적 견해를 충실히 따르고 있는 학자로 분류할 수 있을 것이다.

한편 Savigny가 형법 법규가 아닌 행위의 가벌성에 대한 착오가 로마법상 고려된 자신의 입론을 뒷받침하기 위해 Digesta의 몇몇 개소(個所)를 전거로 제시하고 있는데, 동 개소들의 내용상 특징은 모두 행위의 가벌성에 대한 착오는 고의가 조각되어 착오자를 면책시키고, 비형법법규의 착오는 착오자에게 해가 되지 않는다는 내용을 담고 있는바, 동 개소의 라틴어 원문과 이해의 편의상 영역본[97]을 소개하자면 다음과 같다.[98]

Digesta 5.3.25.6 Scire ad se non pertinere, utrum is tantummodo videtur, qui

95) Friedrich Carl von Savigny, 앞의 책, 390~391면 참조.
96) Friedrich Carl von Savigny, 앞의 책, 391면 참조.
97) 이상의 개소들의 영역본으로는 S.P.Scott, A.M., Corpus Juris Civilis, 1922, Vol.(Ⅰ, Ⅱ)를 참조, 전재하였음.
98) 이에 대해서는 Friedrich Carl von Savigny, 앞의 책, 388면 이하 참조.

factum scit, an et is, qui in iure erravit? Putavit enim recte factum
testamentum, cum inutile erat, vel cum eum alius paecederet agntus,
sibi potius deferri. Et non puto hunc esse praedonem, qui dolo caret,
quamvis in iure erret.

Digest 5.3.25.6 With regard to the clause, "Who knows that the property does
not belong to them"; shall this be considered to apply to one who is
aware of the facts, or to one who made a mistake with reference to the
law? For he may have thought that a will was properly executed, when
it was void; or that he was entitled to the estate rather than some other
agnate who had preceded him. I do not think that anyone should be
classed as a plunderer who lacks fraudulent intent, even though he may
be mistaken with reference to the law.[99]

Digesta 2.6.5 Item si is, ad quem ancillae ususfructus pertinet, partum suum
esse credns vendiderit, aut donaverit, furtum non committit; furtum
enim sine affectu furandi non committitur

Digest 2.6.5 Again, if he to whom the usufruct of a female slave belongs,
believing her offspring to be his own, sells, or gives it away, he does
not commit theft, for a theft is not committed without the intention of
stealing.[100]

Digesta 4.2.1 Quia tamen ita competit haec actio, si dolo malo quisque
rapuerit: qui aliquo errore inductus suam rem esse et imprudens iuris
eo animo rapuit, quasi domino liceat rm suam etiam per vim auferre
possessoribus, absolvi debet. Cui scilicet conveniens est, nec furti

---

99) 유언이 무효임에도 불구하고 당해 유언이 효력이 있다고 오신한 자, 혹은 자신보
다 선순위의 유산 상속자가 있음에도 불구하고 자신이 유산을 상속할 권한이 있
다고 오신한 자는 그러한 법률의 착오에도 불구하고 약탈범(plunder)으로 취급되
어서는 안된다는 내용.

100) 여자 노예의 소유주가 그 노예의 자손까지도 자신의 소유라고 오신하여 그 자손
을 처분한 경우에 그 소유주에게는 절취의 의사가 없기 때문에 그는 절도범으로
취급되어서는 안 된다는 내용.

teneri eum, qui eodem hoc animo rapuit. Sed ne, cum talia excogitentur, inveniatur via, per quam raptores impune suam exerceant avaitiam, melius divalibus contitutionibus pro hac parte prospectus est, ut nemini liceat rem mobilem vel se moventem vi rapere, licet suam eandem rem existimet

Digest 4.2.1 However, as this action does not lie except against some one who has forcibly taken something with evil intent, but where a party through error, believing the property to be his, and ignorant of the law, carries it away by violence, being of the opinion that an owner is permitted to remove what is his own by force from those who have possession of the same, he should be acquitted; and; for the same reason, it is proper that he should not be liable for theft who took the property away by force while holding this belief.[101]

위의 사례들은 모두 Savigny가 제시한 구분방식대로, 행위의 가벌성에 대한 착오 및 형법 외적 법규, 여기서는 특히 민사법규에 대한 착오는 모두 행위자의 고의를 조각시킴으로써 범죄를 성립시키지 않는 것들이다. Savigny의 이와 같은 구분방식은 훗날 독일제국법원의 판례에 중요한 관점을 제시하였는데, 그것은 바로 형법상 법률의 착오를 형법 법규의 착오(strafrechtliche Irrtum)와 형법 외적 법규의 착오(nichtstrafrechtliche Irrtum)로 나누어 형법 법규의 착오는 Savigny의 구분방식에 따라서 고려되지 않는, 즉 용서할 수 없는 착오로 취급하는 법리를 낳게 된 것으로 평가받고 있다.[102]

---

101) 법률의 착오로 인하여 타인 점유의 물건에 대해 소유자는 이를 강제로 빼앗을 수 있다고 오신한 자와 또는 그러한 착오로 인해 타인의 물건을 훔친 자는 모두 책임이 없다는 내용.

102) 이에 대해서는 Otto Kahn, 앞의 책, 6~7면 참조; 물론 여기서 Savigny가 말한 형법의 착오(Irrtum über ein Strafgesetz)와 독일제국법원이 말하는 형벌법규의

이상 고찰한 Savigny의 로마법에 대한 해석은 기본적으로 법률의 착오의 취급방식에 관한 것이지만 결과적으로 사실의 착오에 대해서 어떤 법적 효과를 부여할 것인지에 대해서도 매우 중요하고 의미있는 주장을 펼치고 있다고 생각된다. 이를 정리하여 요약하면 다음과 같다.

첫째, 법률의 부지는 용서받지 못한다는 로마법상 법원칙은 형벌법규의 착오의 경우에만 적용되는 원칙이었다.

둘째, 비형벌법규에 대한 착오로 또는 사실에 대한 착오로 권리침해의 인식이 요구되는 범죄에 있어서 그러한 권리침해의 인식이 결여되면 범죄는 전혀 성립될 수 없는데 그 이유는 고의(Dolus)란 어떠한 형태든 착오가 개입하면 존립할 수 없는 사실이기 때문에 이와 같은 범죄에 있어서는 그 착오가 정황에 따라서 정당화 되는가의 여부나 그 착오가 사실의 착오인지 법률의 착오인지 여부는 무의미하다. 즉 비형벌법규에 대한 착오나 사실의 착오는 착오의 합리성 유무와 관계없이 고의를 조각시킨다고 밝힘으로써 사실의 착오가 해가 되지 않는 법적 논리를 보다 구체화해 주고 있다.

셋째, 법률의 착오와 관련된 로마법 해석에 모순이 생기는 것은 형벌법규의 착오와 비형벌법규의 착오를 구별하지 않고 해석하였기 때문에 발생하는 것이라고 분석해 주고 있다.

3.1.2 Mommsen의 견해

다음으로 Theodor Mommsen은 자신의 저서 로마형법(Römisches Strafrecht)에서 형법의 윤리적 근본성격이 형법을 인식하고 있는 자에게만 형법을

착오(strafrechtliche Irrtum)는 약간의 차이가 있을 것이지만 Otto Kahn은 그러한 차이점은 논의에 있어 중요치 않다고 한다.

적용할 수 있다는 전제로부터 도출된다는 명제를 부정하면서 범죄란 도
덕률(Sittengesetz)에 대한 위반이나 무시(Ignorierung)이고 형법은 바로 도
덕률을 토대로 하고 있다고 전제한 뒤 로마형법은 실정 형법법규에 대해
바로 이러한 윤리적 토대를 중요시했다고 주장한다.103) 즉 Mommsen에
의하면 로마형법은 형법의 적용에 있어서 형법전에 대한 수범자의 인식
여부가 아니라 도덕률에 대한 인식을 중요시했다는 것이다. 그러한 로마
법 개소로서 Codex 2.2.2와 Codex 5.6.1을 제시한다.

> Codex 2.2.2 The law is perfectly clear on the point that where the benefit of
> the Edict is not invoked, a patron or a patroness, their parents, their
> children, and also their heirs, even if they are strangers, cannot be
> summoned to court by their freedman, or the children of the latter; nor
> in a case of this kind can ignorance be alleged as an excuse, since in
> accordance with natural reason, honor is due to persons of this
> description. Therefore, when you acknowledge that you have summoned
> the son of your patron to court without previously obtaining the
> permission of the Governor, you will, in vain, ask to be exempted from
> the penalty prescribed by Perpetual Edict by virtue of a rescript which
> has been given you.104)
> Codex 5.6.1 The authority of the Decree of the Senate, by which marriage
> between a female ward and the son of her guardian is very properly
> forbidden, must not be evaded under the pretext of ignorance and want

---

103) Theodor Mommsen, Römisches Strafrecht, 1899, 92면 참조.
104) 피해방자(被解放者 ; freedman)는 자신의 보호자나 그 보호자의 직계 존비속 등을
   법정에 소환할 수 없음에도 불구하고 만일 보호자의 아들을 정무관(Governor)의
   허가 없이 법정에 소환한 경우에는 법률의 부지는 항변사유가 되지 못한다는 내
   용. 왜냐하면 그러한 금지법규는 보호인 등의 명예(honor)와 관련된 도덕률이기
   때문이다.

of experience.[105]

따라서 행위자가 구체적인 형법법규에 대한 착오로써 항변하여도 도덕률에 대한 위반이 입증되는 한, 그 행위자는 면책될 수 없었다는 것이다. 요컨대 Mommsen은 로마형법상 법률의 부지는 용서받지 못했다고 주장하며, 이러한 법리는 로마사법상의 전통적 법원칙 즉 "Error Juris nocet(법률의 부지는 해가된다)"이 형법에 적용되었기 때문이라고 분석해 낸다.[106] 결과적으로 Mommsen 역시 Savigny처럼 법률의 착오는 용서받지 못한다는 형법상의 전통적 원칙이 로마법에 기원을 두고 있다고 보고 있다.

3.1.3 Robinson의 견해

끝으로 영미권 학자의 견해로서 O.F. Robinson은 로마법상 모든 시민은 법률을 알고 있어야 할 의무가 있었기 때문에 사실의 부지는 용서되었지만 법률의 부지는 용서되지 않았다고 주장하면서 Digesta 39.4.16.5 를 소개하고 있다.[107] 대표적인 사례로서 근친상간(incest) 범죄와 관련해 법률의 부지로 항변을 할 수 있었던 예외적 계층으로 분류되는 부녀가 시민법(ius civile)상 규정된 친족의 범위를 몰랐을 경우에는 법률의 부지항변이 인정되었던 반면에 만민법(ius genium)상 금지된 근친상간의 경우에는 면책될 수 없었다는 사례를 소개하고 있다.[108]

---

105) 여성 피후견인과 후견인 아들의 결혼은 금지된다는 원로원 의결(Decree of the Senate)에 대해 경험의 부족이나 법률의 부지를 구실로 항변할 수 없다는 내용.
106) Theodor Mommsen, 앞의 책, 93면 참조.
107) 이에 대해서는 O.F.Robinson, The Criminal Law of Ancient Rome, 1995, 16면.
108) O.F.Robinson, 앞의 책, 56면.

Digesta 39.4.16.5 The Divine Hadrian decided that, although a person may allege ignorance, he will, nevertheless, be liable to the penalty of confiscation.[109]

3.2 "Error juris nocet"은 사법의 영역에만 적용되었다는 견해

3.2.1 Binding의 견해

우선 K. Binding은 그의 저서 Normen und ihre Übertretung 제3권(1918)에서 이 문제에 대해 로마법관련 사료를 풍부하게 인용해 가며 깊이 있고 설득력 있는 논증을 전개하였다.

그는 첫째, 법률의 착오와 사실의 착오의 구분에 대해 상론하기 위해 로마 법률가들이 애호하였던 사례는 주로 상속과 관련된 사례들이었던바, 여기에서 논의된 내용은 주로 상속에 관한 권리의 발생과 소멸에 대한 것들이었으므로 K. Binding은 이에 대한 착오는 법규나 사실에 대한 착오가 아니라 특정한 자신의 권리에 대한 착오였다고 주장한다.[110]

요컨대 이러한 경우의 착오는 자신의 권리에 대한 착오(error juris sui)였다는 것이다. 따서 자신의 권리에 대한 착오가 발생한 경우에는 착오의 효과가 발생하지 않고, 행위자에게 착오의 부담을 지우게 된다고 한다.[111]

---

109) 법률의 착오를 주장하더라도 몰수형의 책임을 면할 수 없다는 내용.
110) Karl Binding, Normen und ihre Übertretung, Band Ⅲ, 1918, 33~34면.
111) 왜냐하면 자신에게 이익을 주는 권리를 인식하지 못한 자는 그 권리를 행사할 수 없기 때문이다. 이에 대해서는 Karl Binding, Normen und ihre Übertretung, Band Ⅲ, 1908, 38면 참조.

또한 로마법상 법률의 착오(error juris)가 다루어진 사례에서 법률이란 일반 법규가 아니라 법적으로 행위자에게 주관적 권리를 부여하는 구체적 법규인 것이며, 전술한 상속의 사례에서 그러한 구체적 법규는 곧 상속권한에 관한 내용을 규정하는 집정관의 칙령상의 규정(Bestimmungen des prätorischen Ediktes)이라고 한다.[112] 요컨대 K. Binding은 로마법상 법률의 착오란 곧 자신의 권리에 대한 착오였다고 주장한다.

다음으로 K. Binding은 로마법상 법률의 착오와 사실의 착오를 차별적으로 취급하여, 법률의 착오에 면책적 효과가 부여되지 않은 근거는 단 하나의 목적, 즉 법규의 효력을 유지하기 위해서였다고 논증한 뒤[113] 이 때의 법규는 전적으로 사법법규(Privatrechtssätze)였다고 분석해 낸다.

다시 말해 로마법이 법률의 착오의 법리로써 법규의 효력을 보호하려고 했던 법규는 어디까지나 사법(私法)에 한정되었다는 것이다.[114] 왜냐하면 우선 로마법상 법률의 착오가 다루어졌던 사례군이 대부분 유산의 상속 등과 관련된 사법의 영역에 국한되어 있었고 로마법상 민사법적 개념들을 곧바로 형사법적 개념에 대응시킬 수는 없기 때문이라고 한다.

K. Binding에 의하면 로마사법상의 법률의 착오 개념, 즉 자신의 권리에 대한 착오(Irrtum über das jus suum)에 상응하는 형법상의 개념을 찾아볼 수 없다고 한다. 혹자는 자신의 권리 대신에 형법의 영역에서는 범죄(Delikt)를 저지르지 않을 자신의 법의무(subjektive Rechtspflicht, das Delikt zu unterlassen)란 개념을 도입하여 이에 대한 착오를 법률의 착오로 볼 수도 있지 않느냐는 생각을 가질 수 있겠지만 그것은 순전히 추상적으로 생각된 도그마틱적 발상에 불과하다고 지적한다.

---

112) Karl Binding, 앞의 책, 34~35면.
113) Karl Binding, 앞의 책, 38~52면.
114) Karl Binding, 앞의 책, 53면.

로마법의 법률용어에 관한 한 형법의 영역에서는 자신의 권리에 조응할 만한 상대적 용어가 존재하지 않았다고 한다. 그 이유는 로마법에서는 범죄란 오직 고의범죄만을 뜻하였고 이는 곧 법적대성의 실현이기 때문에 '살인의사 또는 절취의사' 등에 의한 범죄처럼 고의에 의한 법규의 침해가 문제되었던 것이지 그러한 범죄를 저지르지 않을 자신의 법의무의 침해가 문제되었던 것은 아니라는 것이다.115)

한 마디로 로마형법에 있어서는 이와 같은 자신의 법의무를 표현할 이유도, 용어도 없었기 때문에 로마법상의 자신의 권리라는 개념에 범죄를 저지르지 않을 자신의 법의무란 개념은 대응될 수 없었고, 따라서 자신의 권리에 대한 착오를 의미하는 법률의 착오는 로마사법상으로만 존립가능한 개념이었다고 일축한다.116) 그러므로 로마사법상의 전통적 법원칙인 "Error juris nocet"은 로마형법에는 적용되지 않았던 법원칙이라고 말한다.

　　일반적으로 Delikt는 사법상의 불법행위로 번역된다. 그러나 로마법에서는 민중소송(indicium publicum ; 형사소송)을 통해 형벌로 제재되는 공범죄(Crimen)와－예컨대 살인죄 등－국민소송(actio popularis ; 민사소송)을 통해 벌금 또는 손해배상으로 제재되는 사법상의 불법행위, －예컨대 사기죄 등－ 즉 사범죄(Delictum)가 엄격히 구분되지 않고 사용되어 오다가 후기에 이르러 Delictum은 사법상의 불법행위 개념으로 정착되었던바, 로마법적 의미의 Delikt는 범죄의 의미로도 불법행위의 의미로도 혼용되었던 개념이었다.117) 이는 특히 로마법이 사법을 중심으로 법발전이 이루어져 현대적 의미에서는 범죄에 해당하는 절도, 강도, 폭행과 상해 등 타인의 재산과 인격침해

---

115) 로마법시대에는 왕정기와 공화정기에도 과실범이 인정되지 않아 살인죄에 있어서도 고의범만이 형사처벌을 받고, 과실치사의 경우는 피살자의 친족에게 민사상의 손해배상만이 인정되었을 뿐이다.

116) Karl Binding, 앞의 책, 53~54면 참조.

117) 이에 대해서는 조규창, 로마형법, 1998, 12~19면 참조.

가 사법상의 불법행위(Delikt)로 구성되어서 가해자가 형벌이 아닌 벌금으로 제재되었던 점을 보면 쉽게 이해할 수 있다.[118] 다만 절도의 경우 피해자는 범인을 형사고소할 수도 있었고 민사상의 불법행위소송을 제기할 수도 있었는데 따라서 K. Binding이 이 부분에서 살인의사와 절취의사 등과 관련된 Delikt란 표현을 사용함에 있어서는 동 용어로써 사법상의 불법행위가 아닌 범죄를 뜻하고 있었다고 봄이 옳다.

끝으로 K. Binding은 로마법에 있어서 고의(dolus malus)나 중과실(culpa lata)은 법규위반성(Gesetzwidrigkeit) 내지 위법성(Rechtswidrigkeit)을 의미했기 때문에 위법성의 인식은 곧 고의의 성립요소였고, 따라서 그와 같은 위법성의 인식이 결여된 경우에는 범죄의 성립과 공형벌의 부과가 배제되었다고 주장한다. 요컨대 Binding에 의하면 형법의 영역에서는 "error juris nocet"라는 법원칙과 달리 법률의 착오는 항변이 되었다는 것이다.[119]

생각건대, 로마법에 대한 빈딩의 해석은 상당히 중요한 다양한 정보를 제공해 주고 있다.

우선, 로마법상 범죄는 곧 고의범죄만을 뜻하였음을 알 수 있다. 다시 말해 고의가 조각되면 과실범 성립의 여지를 남기지 않고 곧바로 범죄성립이 부정되어 무죄가 됨을 알 수 있다.

다음으로, 로마법상 고의는 곧 법규위반성 내지 위법성을 의미하였고 따라서 위법성의 인식은 고의의 성립요소였으며, 따라서 위법성의 인식이 결여된 경우 고의가 조각되어 결과적으로 범죄성립이 부정되었음을 추론해 볼 수 있다. 즉, 로마법에서 고의조각은 곧 완전한 항변의 효과, 즉 무죄의 결과를 발생시킨다는 것이다.

---

118) 현승종, 로마법, 1996, 818~873면.
119) Karl Binding, 앞의 책, 57면 참조.

3.2.2 Keedy의 견해

한편 K. Binding이 그의 저서 Normen und ihre Übertretung 제3권(1918)에서 위와 같은 주장했을 무렵과 비슷한 시기에 Edwin Keedy는 1908년 Harvard Law Review에서 K. Binding과 거의 동일한 주장을 전개한다.

우선 그는 영미법계에서 전통적 법원칙이 무비판적으로 엄격히 적용되어 왔던 점을 반성하면서 법언이 기초하고 있는 근거를 면밀히 탐구해 보고 그 적용의 한계를 새롭게 인식해야 할 필요성을 역설하면서 커먼로상의 오랜 법원칙이기도 한 "Ignorantia juris non excusat, ignorantia facti excusat"이 로마법에서 유래했다고 주장하는 Blackstone이나 Greenleaf의 지배적 견해에 근본적 의문을 제기한다.

왜냐하면 Digesta 22.6.9를 예로 들면서 그도 역시 K. Binding처럼 동 개소는 전체 맥락에서 보거나 동 개소에 예시된 예를 보더라도 로마법상 "Error juris nocet"라는 법리는 어디까지나 사법의 영역에서만 적용되었다는 것이다.[120]

K. Binding과 E. Keedy가 각 문헌에서 서로의 견해를 인용하고 있지는 않지만 비슷한 시기에 로마법에 대한 동일한 해석을 전개했다는 점에서는 대단히 주목할 만하다. 이러한 맥락에서의 비판은 이후에도 계속되었는데, L. Hall과 S. Seligman은 1941년에 Chicago Law Review에 기고한 논문에서 Blackstone이 "법률의 부지는 용서받지 못한다"는 전통적 법원칙이 로마법에 기원을 두고 있다고 본 것은 오류였다고 지적하기도 하였다.[121]

---

120) Edwin R. Keedy, Ignorance and Mistake in the Criminal Law, Harvard Law Review, December, 1908, 75~78면 참조.
121) L. Hall & S. Seligman, Mistake of Law, Chicago Law Review, 1941, 646면.

3.2.3 유기천 교수와 Hellen Silving 교수의 견해

이러한 비판의 연장선상에서 Paul K. Ryu & Hellen Silving 교수는 1957년 역시 Chicago Law Review에 기고한 "Error Juris" 논문에서 지배적 견해에 대한 Karl Binding의 반박논거를 적극적으로 지지하면서 "Error juris nocet, error facti non nocet"이라는 법언(法諺)에 대한 언어적 고찰(linguistic consideration)을 통해 동 법언이 로마형법에도 적용되었다는 주장에 대한 반박을 시도한다.

첫째로 'nocet'이라는 용어는 손해를 입힌다는 뜻을 지니는바, 만일 이를 형사피고인에 적용하여 직역하면 "형사피고인은 해를 입는다"는 어색한 표현이 될 뿐만 아니라 로마법상 동 용어가 형사피고인과 관련된 사안에서는 사용된 적이 없었다고 주장한다.

다음으로 'jus'란 용어는 법과 권리의 뜻을 모두 지니는 모호한 용어이기 때문에 로마인들이 법률의 착오를 나타내기 위해 법을 뜻하는 보다 명확한 용어인 'lex'를 놔두고 'jus'를 사용했을 리가 없다고 주장한다.[122]

그러나 무엇보다 Paul K. Ryu & Hellen Silving 교수는 법률의 부지는 행위자에게 해가 된다는 내용을 담고 있는 Digesta 22.6에 열거된 모든 사례들은 Digesta 22.6.2에 의해 제한적으로만 해석되어야 한다고 주장한다. 동 개소를 살펴보면 다음과 같다.

Digest 22.6.2 Error in law should not, in every instance, be considered to correspond with ignorance of the fact; since the law can, and should be definitely settled, but the interpretation of the fact very frequently deceives even the wisest men.[123]

---

122) Paul K. Ryu & Hellen Silving, 앞의 논문, 425면 참조.
123) 법률의 착오는 어떠한 경우에도 사실의 착오와 동일시될 수 없다. 왜냐하면 법률

즉, Paul K. Ryu & Hellen Silving 교수는 동 개소의 후단을 해석함에 있어서 그 취지가 "법률의 착오가 사실의 착오와 다르게 해석되어야 하는 이유"를 제시하고 있는 것이 아니라, 법률의 착오는 동 개소의 후단의 내용처럼 "법률이 명확할 수 있고, 명확해야 하는 한에서만 그 착오는 심지어 매우 명철한 자도 자주 하게 되는 사실의 착오와는 다르게 취급되어야 한다"는 취지로 새겨야 한다는 것이다. 요컨대 법률의 착오는 법률이 수범자에 의해 쉽게 확인될 수 있는 한에서만 용서될 수 없다고 해석해야 한다고 주장한다.124)

로마법과 관련된 유기천 교수의 견해에서 매우 중요한 부분이 있다면 법률의 착오는 행위자에게 해가 된다는 내용을 담고 있는 Digesta 22.6.2를 매우 독창적으로 해석하고 있다는 점일 것이다. 즉 이 단락은 법률의 착오가 사실의 착오와 달리 취급되어야 하는 일반적인 근거를 제시하고 있는 것이 아니며, 논란의 여지 없이 명확한 법률에 대한 착오의 경우에만 그것은 사실의 착오와 달리 용서받을 수 없는 착오로 취급되어야 한다는 취지로 새겨야 한다고 유기천 교수는 주장하고 있어서 주목할 필요가 있다고 생각된다. 왜냐하면 유 교수의 견해의 취지는 법률의 착오라도 항상 용서받을 수 없는 착오로 취급되는 것이 아니라 의미가 명확하지 않은 법률에 대해서는 심지어 가장 명철한 사람도 착오를 일으킬 수 있다는 뜻으로 새겨질 수 있고, 따라서 법률의 착오와 사실의 착오는 일반적인 수준에서 말하면 반드시 착오의 효과를 다르게 볼 근거가 없다는 뜻으로 새길 수 있기 때문이다. 후술하듯이 독일연방헌법재판소도 이와 유사한 취지의 판결을 한 바 있다.

은 명확할 수 있고 또한 명확해야 하지만, 사실에 대한 해석은 심지어 가장 명철한 자에게도 자주 어긋나기 때문이다.
124) Paul K. Ryu & Hellen Silving, 앞의 논문, 426면 참조.

3.3 지배적 견해와 이에 대한 반대 견해의 검토

이상 살펴본 바와 같이 로마법에 대한 해석이 달라질 수밖에 없는 이유는 우선 시민법 대전(Corpus Juris Civilis) 자체가 수세기에 걸친 여러 문헌들과 법령의 집성이기 때문에 내용적으로 상호 모순되는 개소들이 발생할 수 있기 때문일 것이라고 본다. 바로 이러한 이유에서 학자들마다 주목하는 개소에 따라서 주장하는 바가 조금씩 차이가 나기도 하는데, 이러한 견해를 간단히 소개하자면 다음과 같다.

예컨대 Voltera는 고전기 로마법에서는 법률의 착오는 언제나 용서받지 못했지만, 유스티니아누스 시대에는 만민법에 관련된 착오는 용서될 수 없었지만, 시민법에 관련된 착오는 용서받을 수 있었다고 주장하였고, De Martino는 반대로 고전기 법에 있어서는 법률의 착오가 인정되었지만 후대에 이르러서는 법률의 착오를 점차 엄격하게 다루게 되었다고 주장하였다.

Vocci 역시 만민법에 대한 착오와 시민법에 대한 착오를 구분한 점에 있어서는 Voltera와 견해를 같이 하면서도 그러한 구분법이 비단 유스티니아누스 시대뿐만 아니라 고전기 로마법에도 유효했다고 주장한 점에서는 차이를 보이고 있다.

또한 Plazzo는 형법적 법규에 대한 착오는 용서받을 수 없었지만 형법외적 법규에 대한 착오는 용서받을 수 있었다고 주장하였다. 반면 Guarino는 로마법의 전 시기에 걸쳐서 법률의 착오는 엄격히 다루어졌다고 주장했다고 한다.[125]

특히 형법적 문제들에 대한 로마법상의 일관된 관점을 정립한다는 것은 대단히 어렵다고도 볼 수 있는데 왜냐하면 로마법대전은 주로 사법상

---

125) 이상의 견해의 소개로는, Laurencs C. Winkel, 앞의 책, 119~120면 참조.

문제를 다룬 개소로 구성되어 있는 관계로 형법적 문제들에 대한 개소들은 비체계적이고 미완성된 형태로 산견(散見)되기 때문이다.126)

따라서 로마형법의 연구는 전적으로 로마사법과 관련된 개소들을 통해서 이루어질 수밖에 없었으며 그렇기 때문에 로마형법은 로마사법과의 관련하에 발전해 왔고 많은 개념이 원래는 민법적 의미에서 형법에 적용되어 온 것이기는 하지만 이로부터 모든 민법원칙이 형법에 적용가능하다고 섣불리 판단할 수는 없을 것이다.127)

로마법을 해석함에 있어서는 Otto Kahn이 적절히 지적하였듯이 몇몇 개소들로부터 일반적 법리를 도출하려는 오류를 경계할 필요가 있다고 본다. 이러한 성급한 일반화의 위험은 Savigny와 Binding 모두에게서 찾아 볼 수 있는데, 예컨대 Savigny가 형법외적 법률의 착오는 용서될 수 있었다는 자신의 주장을 입론하기 위해 내세운 Digesta 5.3.25.6과 반대로 Binding이 로마법상 "법률의 착오는 해가된다(Error juris nocet)"된다는 법리는 오로지 민사법의 영역에서만 적용되었다는 점을 입증하기 위해 내세운 개소 Digesta 22.6.7 ; 22.6.8을 비교해 보면 양 개소의 내용은 상호 모순을 일으키고 있음을 쉽게 확인할 수 있다.

> Digest 5.3.25.6 With regard to the clause, "Who knows that the property does not belong to them"; shall this be considered to apply to one who is aware of the facts, or to one who made a mistake with reference to the law? For he may have thought that a will was properly executed, when it was void; or that he was entitled to the estate rather than some other agnate who had preceded him. I do not think that anyone should be classed as a plunderer who lacks fraudulent intent, even though he may

---

126) Otto Kahn, 앞의 책, 8면 참조.
127) Otto Kahn, 앞의 책, 8~9면 참조.

be mistaken with reference to the law.[128]

Digest 22.6.7 Ignorance of the law is not advantageous to those who desire to acquire it, but it does not injure those who demand their rights.[129]

Digest 22.6.8 An error of fact does not, indeed, prejudice the rights of men where they seek to obtain property, or to avoid losing it; and ignorance of the law is no advantage, even to women, when they attempt to acquire it. A mistake in law, however, does not injure any person in an attempt to avoid the loss of property.[130]

Savigny가 제시한 개소에서는 형법외적 법규(동 개소에서는 민사법규)에 대한 착오가 용서받을 수 있는 반면에 Binding이 내세운 개소에서는 권리의 획득과 상실에 관한 민사법규에 대한 착오가 용서되지 않아, 착오자에게 불리한 것으로 취급되고 있기 때문이다.

Otto Kahn 역시 Digesta 5.3.25.6과 Digesta 22.6.7이 이와 같은 맥락에서 모순될 수 있음을 지적하면서 Savigny가 형법외적 법률의 착오는 로마법상 용서될 수 있었다는 점을 입론하기 위해 제시하였던 Digesta 5.3.25.6은 제한적으로만 해석되어야 한다고 주장한다.[131]

이처럼 로마법상 착오법리에 대한 해석의 어려움도 불구하고 몇 가지 결론이 도출될 수 있다고 본다. 우선 첫째로 K. Binding은 "법률의 부지는 용서받지 못한다"는 전통적 법원칙이 로마사법에만 적용되어왔다고 주장

---

128) 유언이 무효임에도 불구하고 당해 유언이 효력이 있다고 오신한 자, 혹은 자신보다 선순위의 유산 상속자가 있음에도 불구하고 자신이 유산을 상속할 권한이 있다고 오신한 자는 그러한 법률의 착오에도 불구하고 도둑(plunder)으로 취급되어서는 안 된다는 내용.

129) 법률의 착오는 권리를 획득하려는 자에게는 해가 된다는 내용.

130) 법률의 착오는, 심지어 여성의 경우에도, 재산을 획득하려고 하는 자에게는 해가 된다는 내용.

131) Otto Kahn, 앞의 책, 10면 참조.

했지만, T. Mommsen이 제시한 개소들은 분명 형법적인 사례에서 동 법
원칙이 적용되고 있음을 보여준다.

> Codex 2.2.2 The law is perfectly clear on the point that where the benefit of
> the Edict is not invoked, a patron or a patroness, their parents, their
> children, and also their heirs, even if they are strangers, cannot be
> summoned to court by their freedom, or the children of the latter; nor
> in a case of this kind can ignorance be alleged as an excuse, since in
> accordance with natural reason, honor is due to persons of this
> description. Therefore, when you acknowledge that you have summoned
> the son of your patron to court without previously obtaining the
> permission of the Governor, you will, in vain, ask to be exempted from
> the penalty prescribed by Perptual Edict by virtue of a rescript which
> has been given you.[132)
>
> Codex 5.6.1 The authority of the Decree of the Senate, by which marriage
> between a female ward and the son of her guardian is very properly
> forbidden, must not be evaded under the pretext of ignorance and want
> of experience.[133)

따라서 K. Binding의 견해는 분명 설득력이 있기는 하지만 역시 재고될
필요성이 있다고 보며 이러한 평가는 E. Keedy를 비롯해 이후 비슷한 주
장을 전개했던 모든 견해에 대해서 공통적이다.[134)

---

132) 피해방자(被解放者 ; freedman)는 자신의 보호자나 그 보호자의 직계 존비속 등
을 법정에 소환할 수 없음에도 불구하고 만일 보호자의 아들을 정무관(Governor)
의 허가 없이 법정에 소환한 경우에는 법률의 부지는 항변사유가 되지 못한다는
내용. 왜냐하면 그러한 금지법규는 보호인 등의 명예(honor)와 관련된 도덕률이
기 때문이다.

133) 여성 피후견인과 후견인 아들의 결혼은 금지된다는 원로원 의결(Decree of the
Senate)에 대해 경험의 부족이나 법률의 부지를 구실로 항변할 수 없다는 내용.

다음으로 Paul K. Ryu & Hellen Silving의 견해를 살펴보건대, 두 교수는 언어적 고찰을 통해 "Error juris nocet"이란 표현이 로마법상 형사사례에는 사용된 전례가 없다고 주장한다. 그러나 동 표현이 형사사례에서는 사용되지 않았다는 사실로부터 동 표현이 담고 있는 법리가 형사사례에 사용되지 않았다는 결론을 도출하는 것은 부당하다고 보지 않을 수 없다.135) 또한 Digesta 22.6.2를 법률의 착오가 용서받을 수 없는 경우를 제한하는 개소로 해석하는 것은, 동 개소가 일반적으로는 법률의 착오가 용서받을 수 없는 근거를 제시하는 것으로 새겨지고 있다는 점에서136) 상당히 자의적인 해석이라는 비판을 면치 못할 것으로 보인다.

"Error juris nocet"이라는 법원칙이 비단 로마사법에만이 아니라 로마형법 상으로도 인정되는 원칙이었다는 것이 이탈리아 후기주석학파(Post-glossatoren) 이래 공통된 견해(communis opinio)였다고 한다.137) 공통된 견해(communis opinio)란 유럽대륙의 로마법의 계수기에 있어서 의심스러

---

134) 이처럼 로마법상 "Error juris nocet"이란 Maxim이 형법에도 적용되었다는 지배적 견해에 대한 K. Bindng의 논박은 T. Mommsen 이나 Pernice 등의 견해와는 대립되는 주장이었다. 이에 대해서는 Otto Kahn, 앞의 책, 9면 참조. 뿐만 아니라 T. Mommen의 Römisches Strafrecht에 대한 비평서로 출간된 James Leich Strachan Davidson의 "Problems of the Roman Criminal Law"에서도 이 부분에 대한 T. Mommsen의 견해에 대해서는 반박하고 있지 않는 것으로 미루어 간접적이지만 Davidson 역시 지배적 견해에 찬동하고 있었던 것으로 보인다. 이에 대해서 James Leich Strachan Davidson, Problems of the Roman Criminal Law, 1912 Vol.(Ⅰ, Ⅱ)참조.

135) 예컨대 T. Mommsen이 제시한 Codex 2.2.2와 Codex 5.6.1은 분명 형법적 사례에서도 "법률의 부지(착오)는 용서받지 못한다"는 전통적 법원칙이 적용되었음을 보여준다.

136) 대표적으로 최병조, 로마법 강의, 1999, 367면 참조 ; William Blackstone, Commentaries on The Laws of England, Vol.4. 1769, 27면 ; John Austin, Lectures on Jurisprudence—The Student Edition—, 1880, 238면.

137) Otto Kahn, 앞의 책, 9면.

운 문제가 있을 때 법원이 따르도록 되어 있는 학자들의 공통견해, 이른바 학자들 간의 통설 및 다수설을 의미한다.[138] 그렇기 때문에 로마법상의 전통적 법원칙은 분명 학자들뿐만 아니라 실무에 있어서도 영향력을 행사해 왔음이 분명하다고 본다.

이처럼 지배적 견해에 대한 K. Binding 등의 반박논거는 충분히 설득력 있는 논거를 제시해 주지는 못했다는 평가로서 전통적 법원칙의 로마법적 기원(Roman Origin) 문제에 대한 소결론에 갈음코자 한다.

"법률의 부지는 용서받지 못한다"는 전통적 법원칙이 과연 로마법에 기원을 두고 있느냐의 문제는 순수한 학술적 의미 이상의 가치를 지니고 있다. 왜냐하면 법관 또는 법학자가 법률을 해석하거나 논증함에 있어서 로마법적 전거를 원용함으로써 자신의 판단에 확신을 가질 수 있기 때문이다.[139]

그렇기 때문에 Karl Binding과 Edwin Keedy는 동 법원칙이 로마법적 기원을 갖는다는 법학계의 통념을 무너뜨리기 위해 비슷한 시기에 비슷한 논거를 통해 반론을 제기하게 되었던 것으로 보인다. 그러므로 이 문제와 관련하여 지배적 견해가 여전히 타당하다는 것으로 본고의 입장을 정리하면서 논의를 계속해 나가기로 한다.

---

138) 이에 대해서는 Helmut Coing / 정종휴 역, 앞의 논문, 348면.

139) 이러한 사례의 소개로는 William Bennett Munro, The Genesis of Roman Law in America, Harvard Law Review, June, 1909, 579면 ; 법적 논증에 로마법적 전거를 활용하는 대표적 예로는 D.P. Van Der Merwe, The Cumulative Effect of Partial Excuse and Error Juris-Ntuli and De Blom Revisited, The South African Law Journal, 1982, 431면 참조.

4. 카논법(Canon Law)

4.1 카논법에서 법률의 착오와 사실의 착오

Winkel에 의하면 Athanasios와 Gregor von Nazianz 그리고 Johannes Chrysostomos와 같은 카논법학자들은 "법률의 부지는 용서받지 못한다"는 로마법상의 전통적 법원칙이 원칙적으로 카논법에도 적용된다는 견해를 취했다고 한다.140) 즉, 카논법상으로도 "법률의 부지는 용서받지 못한다"는 전통적 법원칙이 규범력을 지니고 있었던 것이다.

이에 대해 Cicognani 대주교(Archbishop)는 카논법은 로마법(특히 Digesta 22.6)과는 달리 특정 법률, 예컨대 무효법 또는 무효화법에 대한 부지를 제외한 기타 법률에 대한 부지는 그것이 만일 비난가능성이 없다면 그러한 법률의 효력으로부터 배제시켜 준다고 주장한다. 즉, 카논법은 로마법에 비해 법률의 착오에 대해 상대적으로 관대한 입장을 취하고 있었다는 것이다.141)

한편 "법률의 부지는 용서받지 못한다"는 전통적 법원칙은 카논법에 대한 해석과 관련 새로운 양상의 견해대립을 낳게 된다. Arthur Kaufmann에 따르면 독일연방대법원의 설립 이전 독일제국법원이 취해왔던 법리, 즉 "형벌법규의 부지는 용서받지 못하지만 비형벌법규의 부지는 사실의 부지와 동일시되어 고의를 조각한다"는 착오법리는 카논법에 기원을 두

---

140) Laurens C. Winkel, Vorbemerkung zum Thema Rechtsirrtum in der mittelalterlichen Jurisprudenz, zugleich ein Thema aus der Geschichte der Rechtsideologie, IUS COMMUME, XIII, 1985, 72면 참조.
141) Amleto Giovanni Cicognani, Canon Law, 1934, 597면 ; Otto Kahn도 이러한 견해를 취한다. Otto Kahn, 앞의 책, 15면 참조.

고 있다고 한다.142) 그러나 Otto Kahn은 이와 같은 독일제국법원의 착오
법리는 로마법은 물론 카논법에서도 찾아볼 수 없는 법리라고 입론한 바
있다.143)

　논의의 초점을 다소 축소시켜 이해하여 보자면 이러한 견해대립은 "형
벌법규의 부지는 용서받지 못한다"는 착오법리가 카논법에 근거하고 있
는가의 문제로 귀착된다고 볼 수 있을 것이다. 이하 본고에서는 이러한
문제의식하에 과연 로마법상의 착오법리와 카논법상의 착오법리는 어떻
게 다르며 또 "형벌법규의 착오는 용서받지 못한다"는 착오법리가 카논법
적 기원을 갖고 있는가에 대해서 검토해 보기로 한다.

4.2 카논법의 의의

　일반적으로 카논법(jus canonicum)으로 널리 지칭되는 교회법(law of
the church)은 로마 교황(the Supreme Pontiff) 등 교회 당국의 입법 담당자
에 의해 만들어진 법의 총체를 말한다. 카논법은 협의로는 로마 교황에
의해 제정된 모든 법을 의미하지만, 광의로는 주교(Bishops)나 기타 하위
입법 담당자에 의해 성안된 법까지도 지칭하는 개념이다.144)

　카논법은 세속적인 시민법 및 로마황제의 법과 구분된다는 뜻에서 종
교법(religious law), 신성법(jus sacrum), 신법(jus divinum), 교황법(jus
pontificium) 그리고 교회법(jus ecclesiasticum)등으로 명명(命名)되기도 한

---

142) 이에 대해 Arthur Kaufmann, Die Parallelwertung in der Laiensphäre: Ein
　　 sprachphilosophischer Beitrag zur allgemeinen Verbrechenslehre, 1982, 6면 참조.
143) 이에 대해서는 Otto Kahn, Otto Kahn, Der außerstrafrechtliche Rechtsirrtum, 1900,
　　 13~14면.
144) 이에 대해서는 Amleto Giovanni Cicognani, Canon Law, 1934, 43면.

다.145) 특히 카논법(canon law)이란 명칭은 동법이 카논(canon)들을 집대성한 법전이기 때문에 붙여진 것이다. 라틴어인 카논(canon)은 규칙 혹은 법규를 뜻하는 그리스어 'καγωχ'에서 유래한 단어로서146) 원래는 '곧은 막대기(straight rod)'를 뜻하였다.147) 카논이 규칙 혹은 법규로 불리는 이유는 카논은 행위자를 올바르게 인도하여 타락에 빠지지 않게 만들어 주고 아울러 올바른 삶을 위한 규칙 및 법규를 제시해 주기 때문이라고 한다.148) 카논법이 세속법과 구분되어 사용되기 시작한 것은 유스티니아누스 황제에 의해서였으며, 교회법(ecclesiastical law)을 카논법으로 명명하기 시작한 학자는 1140년경 볼로냐 대학의 수도승이었던 Gratian이었다고 전해진다.149)

카논법은 초기에는 수도원 생활을 하는 수도자들의 생활규칙으로서의 수도원법(lex monastica)에서 발전하여 성서의 규범, 교부들의 규범 및 교회의 법령 등으로 형성된 법체계로서 시민법(jus civile)으로 통칭되던 세속법이 처음에는 관습법으로 훗날 국가에 의해 제정되었듯이, 교회법 역시 초기에는 교회내의 관습법이었으나 점차 공의회(公議會)의 결정과 같이 교회에 의하여 성문의 형태로 제정되었다. 카논법은 비록 신앙생활에 관한 교회내의 법이지만 세속생활과 관련된 영역, 특히 혼인 및 친족제도와 유언 및 소송 등에 있어서 근대법의 발전에도 영향을 미친 것으로 평가되고 있다.150)

---

145) Amleto Giovanni Cicognani, 앞의 책, 40~42면 참조.
146) 이에 대해서는 Gratian, The Treatise on Laws with the Ordinary Gloss translated by Augustine Thompson, O.P. & James Gordley, 1993, 10면 참조.
147) Amleto Giovanni Cicognani, 앞의 책, 42면
148) Gratian, 앞의 책, 10면.
149) Amleto Giovanni Cicognani, 앞의 책, 42면.
150) 이러한 설명으로는 오세혁, 법철학사, 2004, 87~88면 ; 박상기, 독일 형법사, 1993, 130~131면 참조.

카논법은 중세에 수차례의 편찬을 통해 체계화되었는데 우선 1140년에 Gratian은 기원후부터 그때까지 제정된 모든 교회 법규와 법령집을 과학적으로 집대성하여 3985조에 이르는 방대한 양의 그라시아노 법령집(Decretum Gratiani)을 편찬하였다. 이후 그레고리오 13세는 그레고리오 9세의 칙령집과 요한 22세의 법령집 등을 모두 집대성하여 1580년에 카논법대전(Corpus Iuris Canonici)을 편찬하였다.

현대적 의미의 체계적인 카논법전은 교황 비오 10세에서 시작되어 교황 베네딕토 15세 때에 완성되었는데 동 법전은 그라시아노 법령집, 카논법 대전 그리고 트리엔트 공의회의 법령들 및 그 후의 교회법령을 총정리한 것으로서 1917년 반포되어 1918년부터 발효되었다. 동 법전은 교황 요한 23세에 의해 개정작업이 진행되어 교황 요한 바오로 2세 때인 1983년에 반포되어 현재에 이르고 있다. 현행 카논법전은 총 7권 1752개조로 되어있다.[151)

중세유럽의 법은 카논법과 로마법으로 구성되어 있었으며 양자는 상호보완적인 기능을 담당하여 교회 재판소는 로마법을 보충적으로 적용하였고, 반면에 일반 재판소에서도 카논법을 적용하였다. 특히 독일에서는 14, 15세기경에 로마법과 카논법, 그리고 게르만법적 내용들로 이루어진 보통법(gemeines Rechts ; jus commune)이 등장하여 이 법은 각 지방에서 적용되던 지역법에 보충적으로 적용되었다.[152)

---

151) 이상의 카논법전의 역사에 대해서는 정진석 주교, 교회법 총칙, 교회법 해설 제1권, 1997, 22~24면 참조.

152) 박상기, 앞의 책, 131면; 박상기 교수는 jus commune에 대하여 우리나라에서는 이를 '보통법'이라고 부르고 있으나 지역을 초월하여 적용되는 법이라는 의미에서 '일반법'이 보다 적절한 번역이라고 한다.

4.3 카논법과 로마법의 관계

　로마법은 그 보편적 특성으로 인해 전인류 공통의 법(common law of mankind)으로 받아들여졌었기 때문에 카논법 역시 제한적이기는 하지만 로마법으로부터 큰 영향을 받을 수밖에 없었다. 즉 카논법은 교회의 초창기 무렵부터 신법(divine law)과 모순되지 않는 범위 내에서 로마법의 원리들을 수용하면서도 종교와 관련된 로마 황제의 칙령이나 법령 등은 받아들이지 않았는데, 왜냐하면 교회는 로마 황제를 고위 성직자로 인정하지 않았기 때문이었다.[153] 요컨대 교회법은 일반적으로 로마법을 계승 발전시킨 것으로 로마법의 기초 위에 구축된 법으로 이해되고 있다.[154]

　특히 A.D.6~11세기경에는 교회와 여러 교회법 문헌 및 이론은 로마법적 전통을 전승시키는데 있어서 중요한 역할을 하였는데, 이는 로마법상 법률의 착오 법리의 경우에도 마찬가지였다고 한다.[155] 이처럼 법률의 착오에 대한 로마법상의 전통적 법원칙은 카논법을 통해 후대에 전승되어 갔던 것이다.[156]

　그렇지만 로마법과 다르게 카논법에서는 법률의 착오를 충분히 고려하는 입장을 취하였다고 한다. 카논법은 구법에서부터 만일 행위자가 소홀이나 태만 없이 착오에 빠져 행위 했다면 그를 교정벌(censure)에 처할 수 없다고 규정하고 있었다.[157] 그리고 카논법상의 법원칙(Canonist Doctrine)

---

153) 이에 대해서는 Amleto Giovanni Cicognani, 앞의 책, 47~48면 참조.

154) 이에 대해서는 Helmut Coing / 정종휴 역, 앞의 글, 339면 참조.

155) Laurens C. Winkel, 앞의 책(주68), 72면 참조.

156) 카논법이 용어나 법리 측면에서 교부철학 및 스콜라철학(Christian philosophy)과 결부된 로마법의 영향을 받았다는 견해로는 Paul K. Ryu & Hellen Silving, 앞의 논문, 428면 주38).

157) Paul K. Ryu & Hellen Silving, 앞의 논문, 427면; 여기서 '구법'이란 1917년 이전의 카논법을 지칭한다.

은 누구도 비난가능성이 없다면 처벌받지 않는다는 근거 하에 위 규정을 모든 형사법규에 확대시켰다고 한다.[158] 다만 카논법에서 법률의 착오가 고려된 것은 주로 명문의 법규를 통해서라기보다는 형성된 관습법과 교회법 실무상의 지배적 원칙이 그러했기 때문이다.[159]

범죄와 관련해서 카논법은 Thomas Aquinas의 가르침을 따르고 있다고 한다. 즉 만약 명령이 행위자에게 도달하지 않았다면 그 명령(precept)은 행위자에게 의무를 부과할 수 없으며 이는 곧 그 누구도 만일 명령의 내용에 대한 인식이 없다면 그에 구속받을 수 없다는 것이다. 이처럼 카논법 하에서는 법규에 대한 인식은 고의(dolus)의 요소로 간주되었다. 따라서 법률의 부지나 착오는, 만일 그것이 비난가능하지 않다면, 범행을 자의에 반하는(involuntary) 것으로 만든다.[160] 이 부분은 아리스토텔레스의 이론과 차이를 보이고 있는데, 아리스토텔레스는 법률의 착오는 자발성이 인정되고 따라서 비난가능하다고 보고 있기 때문이다. 하지만 고의설의 입장에서는 개별적 행위정황이나 위법성이 모두 고의의 인식대상에 해당하므로 이에 대한 인식이 결여되면 고의가 온전히 성립되지 못한다는 점에서 범행을 비자발적으로 만든다고 볼 수 있을 것이다.

4.4 카논법이 보통법(jus commune)에 미친 영향

보통법(jus commune)이란 12세기부터 15세기에 이르기까지 이탈리아의 볼로냐 대학을 중심으로 로마법학자들과 카논법학자들이 유스티니아누스

---

158) Paul K. Ryu & Hellen Silving, 앞의 논문, 427면.
159) Otto Kahn, 앞의 책, 13면.
160) Paul K. Ryu & Hellen Silving, 앞의 논문, 427~428면 참조.

의 로마법대전과 그라시안의 교회법령집(Decreta Gratiani)에 대한 주석을 통해 법을 연구하는 과정에서 발간된 전·후기 주석학파들의 저작들을 기초로 하여 형성된 전 유럽 공동의 법을 말한다.

이처럼 로마 시민법과 카논법으로 이루어진 보통법은 당시에 일반적으로 유럽에서 적용되는 법이었다. 그리고 보통법에 대한 연구는 로마법에서 발달되지 않았거나 적용될 수 없는 것으로 생각되던 형사법 등의 분야에 대한 개념을 형성하는데 도움이 되었다.

로마법은 형사법의 영역에서는 상대적으로 발달이 미미했기 때문에 보통법상의 형사법에 관한 내용은 주로 카논법의 영향을 받은 것으로 평가되고 있다. 카논법은 비단 형사법뿐만 아니라 가족법과 상속법, 그리고 절차법의 영역에서 주로 보통법에 영향을 주었다고 한다.[161]

따라서 카논법에 대한 연구는 중세 이후 유럽의 보통법 시대에 있어서의 형법의 발달과정을 구명하는데 큰 의의가 있을 것으로 판단된다. 이는 특히 법률의 착오와 관련해서도 Gunther Arzt가 지적한 바 있듯이 현행 독일형법 제17조의 회피가능성(vermeidbarkeit)이란 개념은 직접적으로 카논법에서 유래한 개념이라는 점을 고려하면[162] 단편적이기는 하지만 지지될 수 있는 입론이라 하겠다.

---

161) 이상의 내용은, John Henry Merryman, The Civil Law Tradition: An Introduction to the legal Systems of western Europe and Latin America, 2nd. Ed., 1985, 6~13면 참조.

162) Gunther Arzt, Ignorance or Mistake of Law, The American Journal of Comparative Law, Vol.24, 1976(가을호), 646면 참조.

4.5 카논법과 아퀴나스

4.5.1 아퀴나스의 착오이론

카논법은 범죄와 관련하여 아퀴나스의 가르침을 수용하고 있다.163) 일반적으로 아퀴나스는 아리스토텔레스로부터 많은 영향을 받은 학자로 평가되고 있다.164) 따라서 아퀴나스와 아리스토텔레스의 착오이론을 비교해 가면서 검토해 보는 것은 큰 의미가 있다고 본다. 이하에서는 아퀴나스의 대표적 저작인 신학대전(Summa Theologica, 1266~1273)에 나타난 문답을 중심으로 그의 착오이론을 살펴보기로 한다.

아퀴나스에 의하면 부지는 죄악의 원인이 될 수 있다. 왜냐하면 죄악을 금지하여 인간을 올바른 방향으로 인도하는 이성(reason)은 지식(knowledge)에 의해 완전해지는데 부지는 바로 이성을 완성시키는 지식의 고갈(privation of knowledge)을 뜻하기 때문이다. 그리고 부지(ignorance)는 무지(nescience)와는 다르다. 부지란 우리가 알아야 할 의무가 있는 사물에 대한 인식의 결여를 뜻하는 반면 무지는 우리가 알아야 할 의무가 없는 낯선 사물에 대한 지식의 결여를 뜻하기 때문이다. 그렇기 때문에 부주의(negligence)로 인해 자신이 알아야 할 의무가 있는 것을 모르는 자는 죄를 범하는 것이다. 반면에 자신의 능력으로 알 수 없는 것을 모르는 자는 죄책을 지지 않는다. 그리고 그러한 부지를 회피불가능한(invincible) 부지라고 부른다. 왜냐하면 이때에는 열심히 알려고 노력하여도 부지는 극복될 수 없기 때문이다.165)

---

163) Paul K. Ryu & Hellen Silving, 앞의 논문, 427면.

164) 이에 대해서는 Hans Welzel, 앞의 책, 57면 이하 참조.

165) 이상의 내용에 대해서는 Thomas Aquinas, Summa Theologica, II-1, Qu.76, Art.2, 1990(Laurence Shapcote 역, 1952년 초판발행), Encyclopaedia Britannica, 142면

　요컨대 회피불가능한 부지는 우리의 힘으로 부지를 극복할 수 없기 때문에 자의에 반하는 부지가 된다. 따라서 회피불가능한 부지는 죄가 아니다. 이와 다르게 우리가 알아야 할 의무가 있는 사물에 대한 회피가능한 부지는 죄가 되고 반면에 우리가 알아야 할 의무가 없는 사물에 대한 회피가능한 무지는 죄가 안 된다.166) 아퀴나스는 행위를 자발적이지 않은 (not voluntary) 것으로 만드는 원인이 되는 부지와 자의에 반하는 (involuntary) 것으로 만드는 원인이 되는 부지의 구분방식에 있어서 기본적으로 아리스토텔레스의 착오이론을 충실히 따르고 있는 것으로 보인다.167) 그러나 그의 착오이론에서는 법률의 착오와 개별적 행위정황에 대한 착오를 다르게 취급하려는 의도는 찾아볼 수 없으며168) 오로지 부지의 회피가능성 여부에 따라서 처벌여부를 판단하고 있는 것으로 보인다. 사실의 착오에 대해서도 법률의 착오와 마찬가지로 회피가능성 유무에 따라서 처벌 여부를 결정하는 태도를 취하고 있었다는 것이다.

　끝으로 아퀴나스의 착오이론에서 특기할만한 사항으로는 고의적 부지 (purposely ignorance)라는 개념을 도입하고 있다는 점이다. 그에 따르면 보다 자유롭게 죄악을 범하기 위해 의도적으로 무지에 빠지는 사람, 예를 들어 열심히 알려고 노력하지 않음으로써 무지에 빠지거나, 음주 등을 통해 고의적으로 만취하거나 사물변별능력을 상실하려는 사람이 바로 이러한 경우에 해당한다. 그리고 고의적 부지는 행위의 자발성을 감소시키기

참조.

166) Thomas Aquinas, Summa Theologica, II-1, Qu.76, Art.2, 앞의 책, 142면.

167) Thomas Aquinas, Summa Theologica, II-1, Qu.76, Art.3, 앞의 책, 143면.

168) Thomas Aquinas, Summa Theologica, II-1, Qu.76, Art.1, 앞의 책, 141면 ; 반면 Aquinas에게서도 Aristoteles처럼 법률의 착오와 개별적 행위정황의 착오라는 구분방식이 있었다고 보는 견해로는 Thomas Aquinas, Summa Theologica—A concise Translation, 1989(Timothy McDermott 편역), 197면 참조.

때문에 죄를 경감시키게 된다고 한다.169)

4.5.2 '회피가능성(Vermeidbarkeit)' 개념의 유래

Arthur Kaufmann은 현행 독일형법 제17조의 '회피가능성'이란 개념은 아퀴나스의 착오이론에서 유래한 것이라고 밝힌 바 있다.170) 그리고 Gunter Arzt 역시 독일 신형법 제17조가 채택하고 있는 '회피가능성(vermeidbarkeit)' 개념은 극복가능성(vinciblity ; conquerability) 개념과 동일한 개념이며 이는 카논법(canon law)에서 유래한 것이라고 소개한 바 있다.171) 이는 또한 현행 프랑스 형법 제122-3조172)에서도 채택되고 있는 법문이다.

이하 법률의 착오에 관한 카논법 조문의 검토 부분에서 살펴보겠지만 회피가능성이란 개념은 카논법 조문에는 명시적으로는 채택되고 있지는 않다. 다만 카논법에 대한 여러 주석서에서 회피가능한 착오 내지는 회피 불가능한 착오라는 구분방식을 사용하고 있을 뿐이다. 그러므로 회피가능성이란 법문은 카논법 보다는 아퀴나스의 착오이론에서 유래한 개념으로 보는 것이 옳다고 본다.

다만 고대 그리이스 철학에서의 착오이론의 전개과정에서 언급한 바 있지만 동 개념은 비록 직접적이지는 않지만 이미 아리스토텔레스의 착오이론에서 도출해 낼 수 있는 개념이다. 아리스토텔레스는 니코마코스

---

169) Thomas Aquinas, Summa Theologica, II-1, Qu.76, Art.4, 앞의 책, 144면.

170) 이에 대해서는 Arthur Kaufmann, Die Parallelwertung in der Laiensphäre: Ein sprachphilosophischer Beitrag zur allgemeinen Verbrechenslehre, 1982, 7면 참조.

171) Gunther Arzt, Ignorance or Mistake of Law, The American Journal of Comparative Law, Vol.24, 1976, 646면 참조.

172) 프랑스 형법 제122-3조[법률의 착오] : 불가피한 법률의 착오에 의해 적법하게 행위할 수 있는 것으로 믿었음을 증명하는 자는 형사책임을 지지 아니한다.

윤리학에서 "스스로 주의를 기울여 무지를 회피할 능력(the power not to be ignorant)"이란 표현을 사용하고 있기 때문이다.[173]

요컨대 착오의 '회피가능성' 내지는 '회피불가능성'이란 개념은 멀리는 고대 희랍철학의 전통, 특히 아리스토텔레스의 니코마코스 윤리학에서 유래하였고, 보다 직접적으로는 St. Thomas Aquinas의 착오이론에서 도입되어 카논법에 뿌리내렸던 'vincible error'란 개념에 기원을 두고 있다고 볼 수 있을 것이다. 이러한 맥락에서 동 개념은 고대 희랍철학과 기독교 및 카논법이라는 지극히 서구적인 전통하에서 형성되어 온 개념이라고 규정지을 수 있다고 생각된다.

요컨대, 보통법상 형사법에 관한 내용은 주로 카논법의 영향을 받은 것으로 평가되며, 카논법은 아퀴나스의 착오이론을 따르고 있었는데, 그는 사실의 착오와 법률의 착오를 차별적으로 취급해 법적 효과에 차등을 두지 않았고, 오로지 회피가능성 유무에 따라서 처벌 여부를 결정하도록 하였다.

4.6 법률의 착오에 관한 카논법 조문의 검토 (1917년 카논법을 기준으로)

4.6.1 Canon 16(Ignorance of the law)

1. No ignorance of invalidating or disqualifying laws excuses from their observance, unless the law expressly declares otherwise(무효법 또는 무자격법에 대한 부지는 그러한 법률의 효력을 저지하지 못하며 다만 다른 명

---

173) Aristotle, 앞의 책, 60면, 1114a 참조.

문 규정이 있으면 그러하지 아니하다).

2. Ignorance or error, as a rule, is not presumed when it concerns the law or
its penalty, or one's own act, or when it concerns the generally known acts
of third persons; concerning the acts of third persons which are not
generally known, ignorance is presumed until the contrary is proved(일반적
으로 부지나 착오는 법률이나 형벌, 또는 본인에 관한 행위나 타인에 관한
공연한 행위에 관해서는 추정되지 않지만, 타인의 은밀한 행위에 관해서
는 반증이 있을 때까지 추정된다).174)

무효법(invalidiating law ; lex irritans)이란 특정한 행위에 대하여 법률상
그 행위를 무효로 하는 법률을 말한다. 그리고 무자격법(incapacitating law ;
lex inhabitans)이란 자연적으로는 유효하게 행위를 할 수 있는 사람이지만
법률행위를 할 자격을 인정하지 않음으로써 그 사람이 행한 행위를 무효
로 하는 법률을 일컫는다.175)

카논법 제11조는 법문에 명시적으로 행위의 무효와 사람의 무자격을
규정한 경우에만 그러한 효력이 발생한다고 규정하고 있는데 이는 무효
나 무자격은 그 효과에 있어서 중대한 결과를 가져오기 때문이다. 즉, 무
효나 무자격은 추정되지 아니하며 법률에 명시된 경우에만 효력을 갖는
다고 한다.176)

카논법 제16조 1항은 법률의 착오 일반에 관한 조문이 아니다. 동 조항
은 오직 무효법 또는 무자격법에 대한 부지에 한해서는 그러한 법률의 효

---

174) Canon 16의 영역은 전술한 Cicognani의 번역이 명료하기 때문에 Cicognani의 문
헌을 인용하기로 한다. Amleto Giovanni Cicognani, 앞의 책, 592면 참조.
175) 이상의 개념 정의에 대해서는 정진석 주교, 교회법 총칙, 교회법 해설 제1권,
1997, 87면 참조.
176) 이러한 주석으로는 Stanislaus Woywod, A practical Commentary on the Code of
Cannon Law, 1952, 8면 참조.

과를 저지하지는 못한다는 점을 명문화하고 있는 조항이다. 이와 같은 특별조항을 두고 있는 이유는 동 조항이 공공의 이익, 다시 말해 행위자의 의사와 무관하게 특정한 행위의 유효성을 보장하는데 그 입안의 취지가 있기 때문이라고 한다.177) 이러한 법은 영미법계의 엄격책임(strict liability) 범죄를 연상시킨다. 아래의 속죄벌도 이와 유사한 법적 효과가 발생한다.

따라서 예컨대 결혼에 관한 절대적 무효법(diriment impediments of matrimony) 대한 부지는 설령 그러한 부지가 비난가능하지 않은 경우일지라도 도덕적으로는 면책될 수 있지만, 공공의 이익을 위해 무효의 효과를 저지할 수는 없으며, 이는 무효법 및 무자격법의 효과는 행위자의 의사가 아니라 전적으로 입법자의 의사에 좌우되기 때문이라고 한다.178)

카논법 제16조 2항은 법률 및 형벌, 그리고 본인의 사실 및 타인의 공연한 사실에 대한 부지 또는 착오는 추정되지 않는다는 점을 명시하고 있다. 부지 또는 착오가 추정되지 않는 이유에 대하여 Woywod는 누구나 법률을 알고 있는 것으로 추정되기 때문이라고 설명하며179) Cicognani는 누구나 불명료한 상황에 있어서도 어떤 사태가 발생할 가능성이 가장 높은가에 대해서 대체로 인식하고 있기 때문이라고 한다.180)

Cicognani에 따르면 카논법은 로마법(특히 Digesta 22.6)과는 달리 카논법 제16조 1항에 규정된 무효법 또는 무효화법에 대한 부지를 제외한 기타 법률에 대한 부지는 만일 비난가능성이 없다면 그러한 법률의 효력으로부터 배제시켜 준다고 한다. 이러한 맥락에서 카논법 제16조 2항으로부터 도출되는 법률의 인식에 대한 추정은 로마법에서처럼 절대적인 추정

---

177) Amleto Giovanni Cicognani, 앞의 책, 593면 참조.
178) Amleto Giovanni Cicognani, 앞의 책, 594면.
179) Stanislaus Woywod, 앞의 책, 11면.
180) Amleto Giovanni Cicognani, 앞의 책, 596면.

이 아니라 단순한 추정(mere presumption of law)에 불과하다고 한다.[181]

대부분의 시민법(Civil Law) 법전에서는 사회적 필요성에서 법률의 부지는 면책되지 못한다고 규정하고 있으며 로마의 Cassation 최고법원은 1882년 10월 7일 법률의 인식에 대한 추정은 절대적 추정(absolute presumption)이라고 판시한 바 있다고 한다.[182]

Cicognani의 주석에 따르면 동 조항의 형벌(penalty)이란 형벌의 존재여부 자체를 몰랐을 경우에는 형벌법규에 대한 부지가 되고, 만일 형벌이 관련 법규에 결부되어 있음을 몰랐을 경우에는 바로 그러한 사실에 대한 부지가 된다고 한다.[183] 그의 주석에 비추어 보건대 카논법에 규정된 penalty는 형벌 법규의 의미로도 법률과 형벌의 결부사실이란 의미로도 사용되고 있는 것으로 판단된다.

또한 Cicognani 대주교(Archbishop)에 의하면 부지(ignorance)란 극복할 수 있는(vincible) 부지와 극복할 수 없는(invincible) 부지로 나뉘며, 극복할 수 있는 부지란 그러한 부지가 소홀(crass)이나 태만(supine)에서 초래된 경우를 말한다고 설명한다. 요컨대 부지는 행위자가 그것을 제거하기 위한 노력을 기울였지만 그러한 노력이 불충분했던 경우에 극복할 수 있는 부지가 된다는 것이다.[184] 그리고 착오는 부지(ignorance)에서 초래되기 때문에 착오와 부지는 동일하게 취급된다고 한다.[185]

동 조문은 현행 카논법(1983년 개정 카논법)에서는 내용상의 변화없이 제15조에 다음과 같이 편입되었다.

---

181) Amleto Giovanni Cicognani, 앞의 책, 597면.
182) Amleto Giovanni Cicognani, 앞의 책, 597면.
183) Amleto Giovanni Cicognani, 앞의 책, 595면 참조.
184) Amleto Giovanni Cicognani, 앞의 책, 592~593면 참조.
185) Amleto Giovanni Cicognani, 앞의 책, 595면.

Canon 15

1. Unkentnis oder Irrtum hinsichtlich irritierender oder inhabilitierender Gesetze behindern nicht deren Wirkung, wenn nicht etwas anderes ausdrücklich festgesetzt ist(무효법 또는 무자격법에 대한 부지는 그러한 법률의 효력을 저지하지 못하며 다만 다른 명문 규정이 있으면 그러하지 아니하다).

2. Unkentnis oder Irrtum hinsichtlich eines Gesetzes, einer Strafe, einer eigenen Tat oder einer offenkundigen fremden Tat werden nicht vermutt; hinsichtlich einer nicht offenkundigen fremden Tat werden sie vermutet, bis das Gegenteil bewiesen wird(법률이나 형벌, 또는 본인에 관한 행위나 타인에 관한 공연한 행위에 관한 부지나 착오는 추정되지 않지만, 타인의 은밀한 행위에 관해서는 반증이 있을 때까지 추정된다).[186]

4.6.2 Canon 988

Ignorance of irregularities which arise either from crime or from defect, and ignorance of impediments does not prevent one from incurring them(범죄 혹은 결함에서 비롯된 무자격에 관한 부지와 장애에 관한 부지는 면책되지 아니한다).[187]

무자격(irregularity)이란 신품성사(神品聖事)를 받는 것이 금지되는 영구적 장애를 말하고 단순 장애(impediment)란 신품성사를 받는 것이 금지되는 일시적 장애를 뜻한다.[188]

구카논법(1917년 이전의 카논법)에 대한 주석자들은 결함(defect)에서 비롯된 무자격에 대한 부지는 면책되지 않는다는데 견해가 일치되어 있

---

186) 동 조문의 독역본은 IOANNES PAULUS PP. II / Winfried Aymans외 10인 역, Codex des Kanonischen Rechts, 1983, 7면 참조.

187) 동 조문의 영역본은 Stanislaus Woywod, 앞의 책614면 참조.

188) 정진석 주교, 교회의 성사법, 교회법 해설 제7권, 1997, 516면.

었던 반면에 범죄에서 비롯된 무자격에 대한 부지의 면책 여부에 관해서
는 학자들 간에 견해가 대립되어 있었다고 한다.[189] 그러나 1917년 카논
법 제988조는 범죄에서 비롯된 무자격에 대한 부지를 면책사유로 인정하
지 않는 태도를 취하고 있다.

동 조문은 현행 카논법에서는 제1045조에 다음과 같이 규정되어 있다.

Canon 1045
Unkentnis von Irreularitäten und Hindernissen befreit nicht von ihnen(무자격과
장애에 대한 부지는 이를 면제하지 아니한다).[190]

4.6.3 Canon 2199

The imputability of an offense depends on the evil will(dolus) of the
delinquent, or on the extent to which his ignorance of the violated law or his
omission of proper diligence was culpable. Wherefore, all causes which
increase, diminish or destroy the evil will or culpability, automatically increase,
diminish or destroy the imputability of the offense(범행의 귀책가능성은 범법
자의 악의유무와 당해 법규에 대한 부지와 부주의의 비난가능성 정도에 좌
우된다. 따라서 악의 또는 비난가능성을 증대시키거나 감소 또는 조각시키는
모든 사유는 자연히 당해 범행의 귀책가능성을 증대시키거나 감소 또는 조
각시킨다).[191]

카논법상 행위와 위법성의 인식(knowledge of law) 그리고 자유의지는

---

189) 이러한 주석으로는 Stanislaus Woywod, 앞의 책, 614면 참조.
190) 동 조문의 독역본은 IOANNES PAULUS PP. Ⅱ / Winfried Aymans외 10인 역,
앞의 책, 465면.
191) 동 조문의 영역본은 Stanislaus Woywod, 앞의 책, 450면 참조.

범죄의 주요 구성요소이다. 따라서 만일 행위자에게 위법성의 인식이 없거나 행위자가 법률을 알지 못한데 대하여 비난할 수 없거나, 또는 행위자에게 범법행위를 하는데 대한 자유의지가 없다면 악의(evil will or malice)는 존재하지 않게 된다.[192]

동 조문과 카논법 제2202조는 현행 카논법 제1323조 2항과 1324조 1항의 9에 규정되어 있다. 현행 카논법 제1323조 2항과 1324조 1항의 9는 아래에서 소개하기로 한다.

4.6.4 Canon 2202(Ignorance of the Law)

The vilolation of a law of which one was ignorant is entirely non-imputable, if the ignorance was inculpable; if it was culpable, the liability varies in proportion to the culpability of the ignorance. Ignorance of the penalty only does not destroy liability, but it mitigates it somewhat. What is said of ignorance, applies also to inadvertence and error(만일 부지가 비난가능하지 않다면, 법률의 부지는 완전히 면책된다. 만일 부지가 비난가능하다면, 책임은 부지의 비난가능성 정도에 따라서 상이하게 결정된다. 형벌법규의 부지는 책임을 조각하지 못한다. 그러나 형벌법규의 부지는 책임을 다소 감경시킨다. 부지에 관한 규정은 착오나 부주의에도 적용된다).[193]

카논법 제2202조는 동법 제16조 및 제2229조와 비교해 볼 때 법률의 부지에 관한 일반규정으로서[194] 비난가능성이 없는 법률의 부지에 관해서는 완전한 면책을, 또한 비난가능한 법률의 부지에 관해서는 비난가능성의 정도에 따라서 신축적으로 책임을 결정할 수 있다고 규정하고 있다.

---

192) Stanislaus Woywod, 앞의 책, 450면.
193) 동 조문의 영역본은 Stanislaus Woywod, 앞의 책, 451면 참조.
194) Stanislaus Woywod, 앞의 책, 451~452면.

아울러 형벌법규에 관한 부지는 완전한 면책에는 이르지 못하지만 책임이 감경될 수는 있다고 규정하고 있다.

Cicognani는 전술한 바와 같이 penalty란 형벌법규 그 자체 혹은 형벌과 법규가 결부되어 있다는 사실을 모두 지칭하는 것이라고 설명한다.[195] 이에 비추어 볼 때 카논법 제2202조는 형벌법규에 대한 부지는 기타 법률의 부지에 비해 보다 엄격하게 취급되고 있음을 확인할 수 있다. 따라서 카논법 제2202조는 형벌 법규를 엄격하게 취급하는 독일제국 법원 등의 착오법리에 법리적 단초를 제공해 주고 있다고 평가할 수 있을 것이다.

동 조문은 현행 카논법 제1323조 2항과 1324조 1항의 9에 다음과 같이 규정되어 있다.

Canon 1323

Straffrei bleibt, wer bei Übertretung eines Gesetzes oder eines Verwaltungsbefehls(법률이나 명령을 위반하였을 때 형벌을 완전히 면제받게 되는 자는 다음과 같다).

2. schuldlos nicht gewußt hat, ein Gesetz oder Verwaltungsbefehl zu übertretung; der Unkenntnis werden Unachtsamkeit und Irrtum gleichgestellt (자기가 법률이나 명령을 위반한다는 점을 자기의 책임없이 몰랐던 자. 부주의와 착오는 부지와 동일시된다).[196]

Canon 1324

1. Der Straftäter bleibt nicht straffrei, aber die im Gesetz oder Verwaltungsbefehl festgesetzte Strafe muß gemildert werden oder an ihre Stelle muß eine Buße treten, wenn die Straftat begangen worden ist(범죄가

---

195) Amleto Giovanni Cicognani, 앞의 책, 595면 참조
196) 동 조문의 독역본은 IOANNES PAULUS PP. Ⅱ / Winfried Aymans외 10인 역, 앞의 책, 579면.

실현된 경우에 행위자가 형벌을 면제받지는 아니하나 법률이나 명령에
규정된 형벌이 감경되거나 참회고행이 적용되어야 할 자는 다음과 같다).
⑨ von jemandem, der ohne Schuld nicht gewußt hat, daß dem Gesetz
oder dem Verwaltungsbefehl eine Strafandrohung beigefügt ist(법률이
나 명령에 형벌이 결부되어 있음을 자기의 책임없이 몰랐던 자).[197]

4.6.5 Canon 2229(Ignorance and other mental Conditions as Excuse from Penalties)

1. Affected (pretended) ignorance of either the law or of its penalty only does
   not excuse from any penalties latae sententiae, even though the law contains
   the terms mentioned in the following paragraph(법률 또는 형벌에 관한 고
   의적 부지는 법률이 다음과 같은 용어를 포함하고 있는 경우에도 자동 처
   벌의 형벌로부터 면제되지 아니한다).
2. If the law has the words, praesumpserit, ausus fuerit, scienter, studiose,
   temerarie, consulto egerit, or other similar terms which demand full
   knowledge and deliberation, any diminution of liability, either on the part
   of the intellect or on the part of the will, exempts from the penalties latae
   sententiae(만일 법률이 praesumpserit, ausus fuerit, scienter, studiose,
   temerarie, consulto egerit 또는 기타 이와 유사하게 완전한 인식과 숙고를
   요구하는 용어를 포함하는 경우에는, 지적 측면이든 의적 측면이든 책임
   의 감경은 자동 처벌의 형벌을 면제받게 된다).
3. If the law does not have these terms(만일 법률이 이러한 용어를 포함하지
   않는다면) :
   (1) crass or supine ignorance of the law or of the penalty only does not
       exempt from any penalty latae sententiae; ignorance which is not crass
       or supine excuses from the medicinal, but not from the vindicative

---

197) 동 조문의 독역본은 IOANNES PAULUS PP. Ⅱ / Winfried Aymans외 10인 역,
앞의 책, 580면.

penalties latae sententiae(소홀이나 태만으로 인한 법률 또는 형벌에 대한 부지는 자동 처벌의 형벌을 면제받지 아니한다. 소홀하거나 태만하지 아니한 부지는 자동 처벌의 교정벌로부터는 면책되지만 자동 처벌의 속죄벌로부터는 면책되지 아니한다).

(2) drunkeness, omission of due care, mental weakness, and heat of passion do not excuse from penalties latae sententiae, if notwithstanding the diminution of the liability the action was gravely sinful(음주, 부주의, 정신박약, 그리고 격정 등은 책임이 감경됨에도 불구하고 그 행위가 도덕적으로 중대한 비난가능성이 있는 경우에는 자동 처벌의 형벌로부터 면책되지 않는다);

(3) grave fear does not exempt from penalties latae sententiae, if the offense entails contempt of the faith or of ecclesiastical authority, or public injury of souls(심한 공포는 만일 범행이 신념 또는 종교적 권위에 대한 경시나 영혼에 대한 해악을 수반하는 경우에는 자동 처벌의 형벌을 면제받지 아니한다).

(4) Though the offender is excused from the censures latae sententiae when his ignorance is not crass or supine, he may nevertheless be punished, if the case calls for it, with some other appropriate penalty or penance(만일 행위자의 부지가 소홀하거나 태만한 것이 아니라면 그의 범행은 자동 처벌의 교정벌로부터 면책됨에도 불구하고, 만일 당해 사안이 기타 적절한 형벌이나 참회를 요구할 경우에는 처벌을 받는다).[198]

Cigognani에 따르면 고의적 부지(affected ignorance)란 의도적으로 추구한 부지로서 결과적으로 일종의 기만이기 때문에 형사처벌을 면할 수 없다고 한다.[199]

자동 처벌(poena latae senteniae)이란 재판관의 선고에 의해 부과되는

---

198) 동 조문의 영역본은 Stanislaus Woywod, 앞의 책, 466~467면 참조.
199) Amleto Giovanni Cicognani, 앞의 책, 593면.

선고 처벌(poena ferendae sententiae)에 대해 형법이나 형벌 명령에 특정한 범죄에 대하여 확정된 형벌이 명문으로 규정되어 있는 처벌을 말한다.[200]

치료벌(medicinal penalty)은 교정벌(censure)이라고도 불리며 범죄인의 교정과 더불어 손상된 사회질서의 회복을 위해 부과되는 형벌이다.[201] 교정벌은 범죄인의 고집 및 항명이 계속되는 동안 부과되며 따라서 범죄인이 고집을 버리고 순명과 속죄에 복귀하게 되면 사면받게 된다. 교정벌에는 파문처벌(excommunication)과 금지처벌(interdict) 그리고 정직처벌(suspension)이 있다.[202]

속죄벌은 1917년 카논법에서는 vindicative penalty로, 1983년 개정 카논법에서는 expiatory penalty로 표기되며,[203] 범죄인이 사회에 끼친 피해를 보상하기 위해서 부과되는 형벌이다. 따라서 범죄인이 개심(改心)하여 고집을 꺾고 뉘우치더라도 속죄벌의 사면과는 상관이 없다. 그러므로 속죄벌은 종신으로나 유기한 또는 무기한으로 부과된다.[204]

'supine'은 로마법대전의 Digesta 18.1.15와 Digesta 22.6.6에서 유래한 용어로서 '어리석고(stupid) 무분별한(reckless)'이라는 뜻으로도[205] '매우 부주의한(excessively negligent; extremely careless)'이라는 뜻으로도[206] 새겨진다. 'crass'란 용어도 역시 로마법대전의 Digesta 22.6.6에서 유래한 용어로서 '극도의 무관심 내지 소홀(great unconcern)'으로 해석된다.[207]

동 조문은 현행 카논법에서는 다음과 같이 간소화된 형태로만 그 흔적

---

200) 정진석 주교, 교회의 형법, 교회법 해설 제11권, 1996, 34~35면.
201) 정진석 주교, 앞의 책, 22면, 139면 참조.
202) 정진석 주교, 앞의 책, 22면.
203) 정진석 주교, 앞의 책, 22면.
204) 정진석 주교, 앞의 책, 157면.
205) Amleto Giovanni Cicognani, 앞의 책, 593면 참조
206) S.P. Scott, A.M., Corpus Juris Civilis, Vol.Ⅲ, 1973, 7면, 238면 참조.
207) S.P. Scott, A.M., 앞의 책, 238면 참조.

을 찾아볼 수 있다.

Canon 1325

Grobe Unkenntnis, sei sie grob fahrlässig oder absichtlich kann bei der Anwendung der Vorschriften der cann. 1323 und 1324 niemals in Betracht gezogen werden; ebenso nicht Trunkenheit oder andere Geistestrübungen, wenn diese mit Absicht herbeigeführt wurden, um eine Straftat zu begehen oder zu entschuldigen, so wi e nicht Leidenschaft, die willentlich herbeigeführt oder genährt wurde(소홀한 부지나 태만한 부지나 고의적 부지는 제1323조와 제1324조의 규정을 적용하는데 있어서 결코 고려될 수 없다. 또한 범죄를 실현하거나 변명하기 위해서 고의로 자초한 경우의 주정이나 기타 정신적 혼란, 그리고 고의적으로 발작시키거나 격화시킨 격정도 마찬가지이다).[208]

4.7 카논법상 형벌법규의 취급에 대한 Kahn과 Kaufmann의 견해대립

4.7.1 Kahn과 Kaufmann의 견해

Otto Kahn은 1900년에 발표한 자신의 논문 "Der ausserstrafrechtliche Rechtsirrtum"에서 당시 독일제국법원의 입장, 즉 "형벌법규의 착오는 고려되지 않지만 비형벌법규에 대한 착오는 사실의 착오와 동일하게 취급되어 고의를 조각시킨다"는 착오법리를 비판하는 과정에서 형벌법규와 비형벌법규를 구분하여 달리 취급하는 독일제국법원 착오법리는 로마법적 권위도 카논법적 권위도 갖지 못한다고 주장한바 있다.[209] 동 논문에

---

208) 동 조문의 독역본은 IOANNES PAULUS PP. II / Winfried Aymans외 10인 역, 581면.

서 Otto Kahn은 주로 'Hinschius의 Kirchenrecht(1893)'을 전거로 삼아 다음과 같이 주장한다.[210]

"범죄의 주관적 요소로서의 책임개념이 본격적으로 형성된 것은 카논법에서였다. 따라서 법률의 착오 역시 점차 폭넓게 고려되기 시작하였는데 이는 명문의 법규정을 통해서라기보다는 주로 교회내의 관습과 실무를 통해서였다. 그리하여 형벌법규에 대한 부지는 그러한 부지가 소홀(crassa)이나 태만(supina)에서 비롯된 것이 아니라면 책임을 조각하며 형벌을 배제시킨다는 이론이 형성되었다. 예컨대 속죄벌(poena vindicativa)로 처벌되는 범죄에 있어서는 당해 행위의 금지성(Verbotensein)에 대한 인식만으로도 처벌하는데 충분하였고 명문의 형벌조문에 대한 인식은 요구되지 않았다. 반면에 교정벌(Censuren)로 처벌되는 행위에 있어서는 그 형벌조문에 대한 인식이 처벌을 위해 요구되었다. 이러한 착오이론에 따라 (독일제국법원에서) 형벌법규에 대한 착오로 지칭되는 착오는 지속적으로 고려되었으며 그렇기 때문에 카논법에서는 형벌법규와 비형벌법규를 구분하는 것은 무의미하다. 카논법에서는 위법성의 착오는 고의를 조각시킨다. 그리고 비형벌법규의 착오뿐만 아니라 형벌법규의 착오도 위법성의 착오를 초래함은 자명하다. (Hinschius에 의하면) 법적으로 고려되는 법률의 착오의 예로서 교정법규(Züchtigungsrechts)에 대한 착오가 있다. 교정법규에 대한 착오는 독일제국법원의 판례에 의하면 형벌법규에 대한 착오로 지칭되는 것이다. 이상의 논의에 비추어 독일제국법원의 판례는 카논법적 권위를 갖지 못한다"[211]

요컨대 Otto Kahn에 따르면 카논법상 교정벌로 처벌되는 행위가 처벌되기 위해서는 교정법규의 명문의 형벌조문에 대한 인식이 요구되며 따

209) Otto Kahn, Der außerstrafrechtliche Rechtsirrtum, 1900, 6~16면 참조.
210) Hinschius의 Kirchen Recht(1983)은 국내에서는 찾아볼 수 없다.
211) 이상의 내용은 Otto Kahn의 앞의 책 13~14면의 내용을 직역을 위주로 요약 및 재구성한 것임.

라서 그러한 형벌법규에 대한 착오는 고의를 조각시킨다는 것이다. 그러
므로 독일제국법원의 착오법리는 카논법상으로는 근거가 없는 법리라고
주장하는 것이다.

그러나 Otto Kahn의 주장과는 달리 Arthur Kaufmann은 1982년 자신의
논문 'Die Parallelwertung in der Laiensphäre'에서 법률의 착오와 관련 고
전기 귀책론(Die klassische Imputationslehre)의 역사적 전개과정을 소개하
면서 주로 Kuttner의 'Kanonistische Schuldlehre von Gratian bis auf die
Dekretalien Gregors IX(1935)'를 전거로 삼으며 중세 카논법에서는 법률의
착오를 어떻게 다루었는지 설명해 주고 있다.212)

Kaufmann에 따르면 중세 카논법에서는 부분적으로는 법률의 착오에
대해 면책적 효과를 부여하였던바, 이러한 면책적 효과는 원칙적으로 사
법에 대한 착오에만 국한시켰는데 왜냐하면 형법에 대한 착오는 극히 예
외적인 경우를 제외하고는 곧 자연법에 대한 착오와 동일시되었기 때문
이라고 한다. 그리고 이처럼 형법에 대한 착오와 사법에 대한 착오를 구
분하여 전자는 고려되지 않는 착오로 후자는 고려되는 착오로 취급하는
법리는 수세기 후 독일제국법원의 착오법리로 전승되었다고 한다.213) 그
러나 Kaufmann은 이러한 설명을 함에 있어서 관련 조문이나 카논법의 내
용을 소개하지는 않고 있다.

4.7.2 견해의 검토

우선 법률의 착오가 카논법에서 어떻게 취급되었는가에 대한 Otto
Kahn의 견해를 보다 명확히 이해하기 위해서 1917년 카논법 제2229조 3

---

212) Kuttner의 위 문헌은 국내에서는 찾아볼 수 없다.
213) 이에 대해서는 Arthur Kaufmann, 앞의 책, 6면 참조.

항의 (1)을 살펴보자면 다음과 같다.

(1) crass or supine ignorance of the law or of the penalty only does not exempt from any penalty latae sententiae; ignorance which is not crass or supine excuses from the medicinal, but not from the vindicative penalties latae sententiae(소홀이나 태만으로 인한 법률 또는 형벌에 대한 부지는 자동 처벌의 형벌을 면제받지 아니한다. 소홀하거나 태만하지 아니한 부지는 자동 처벌의 교정벌로부터는 면책되지만 자동 처벌의 속죄벌로부터는 면책되지 아니한다).

앞서 Otto Kahn은 "속죄벌(poena vindicativa)로 처벌되는 범죄에 있어서는 당해 행위의 금지성(Verbotensein)에 대한 인식만으로도 처벌하는데 충분하였고 명문의 형벌조문에 대한 인식은 요구되지 않았다. 반면에 교정벌(Censuren)로 처벌되는 행위에 있어서는 그 형벌조문에 대한 인식이 처벌을 위해 요구되었다"라고 주장하였다. 즉 Kahn은 카논법에서 교정벌에 대한 착오는 면책될 수 있다는 점에 주목하여 카논법상 형벌법규에 대한 착오는 고려되었다고 주장하는 것이다. Kahn의 이러한 주장은 Hinschius의 1893년 문헌(Kirchen Recht)을 인용한 것이기 때문에 1917년 카논법이 제정되기 전의 구카논법전에 대한 해석을 토대로 하고 있는 것이겠지만 전술한 1917년 카논법 2229조 3항의 (1)을 보면 Kahn이 기술한 내용과 거의 일치하고 있는 것으로 미루어 볼 때 교정벌 및 속죄벌에 대한 카논법 규정은 골간에 있어서 구카논법전과 1917년 카논법전이 동일하다는 점을 추정할 수 있다. 이해의 편의를 위해 Canon 2229 3항의 (1)과 Kahn의 주장을 나란히 비교해 보면 다음과 같다.

Canon 2229 3.(1) 소홀이나 태만으로 인한 법률 또는 형벌에 대한 부지는 자동 처벌의 형벌을 면제받지 아니한다. 소홀하거나 태만하지 아니한

> 부지는 자동 처벌의 교정벌로부터는 면책되지만 자동 처벌의 속죄벌
> 로부터는 면책되지 아니한다.
> Kahn의 견해 : 속죄벌(poena vindicativa)로 처벌되는 범죄에 있어서는 당해
> 행위의 금지성(Verbotensein)에 대한 인식만으로도 처벌하는데 충분
> 하였고 명문의 형벌조문에 대한 인식은 요구되지 않았다. 반면에 교
> 정벌(Censuren)로 처벌되는 행위에 있어서는 그 형벌조문에 대한 인
> 식이 처벌을 위해 요구되었다.

1917년 카논법 2229조 3항의 (1)에 따르면 법률의 부지는 소홀이나 태
만으로부터 기인한 것이 아니라면 교정벌로부터는 면책되지만 속죄벌로
부터는 면책되지 않는다고 규정한다. 요컨대 법률의 부지는 교정벌로부터
는 면책될 수 있다는 것인데 이는 다시 말하면 Kahn의 설명처럼 교정벌
로 처벌되는 행위에 있어서는 처벌을 위해서 교정벌에 대한 인식이 요구
되었기 때문에 교정벌에 대한 부지는 면책될 수 있었다고 해석할 수 있
다. 다음으로 동 규정은 소홀하거나 태만하지 않은 법률의 부지는 속죄벌
로부터는 면책되지 않는다고 규정하고 있는바, 법률의 부지는 어떠한 경
우에도 속죄벌로부터는 면책되지 않는다는 것인데, 이는 Kahn의 설명대
로 이해하자면 속죄벌로 처벌되는 행위에 있어서는 속죄벌에 대한 인식
은 요구되지 않았기 때문에 속죄벌에 대한 부지는 어떠한 경우에도 면책
될 수 없었다고 이해할 수 있다.

그러므로 카논법에 대한 Kahn의 설명은 1917년 Canon 2229 3항의 (1)
을 토대로 이해하여도 무리가 없음을 알 수 있다.

Kaufmann은 Kahn과는 달리 중세 카논법에서는 형벌법규의 착오는 원
칙적으로는 면책되지 않았다고 주장한다. Kaufmann이 전거로 삼은
Kuttner의 문헌은 제목에서 알 수 있다시피 Gratian부터 Gregors 9세까지
(12세기부터 카논법대전 이전까지)의 카논법을 대상으로 논의 대상으로

삼고 있다. 그렇기 때문에 Kaufmann의 주장과 Otto Kahn의 주장을 동일한 시점에서 평면적으로 비교할 수는 없다고 본다. 그러나 분명한 점은 Kaufmann은 형벌법규는 고려되지 않는다는 법원칙이 카논법에 존재했었고 후대에 독일제국법원에 전승되었다고 보고 있는데 반해 Kahn은 카논법에는 독일제국법원의 착오법리를 뒷받침할 만한 근거가 존재하지 않았다고 입론하고 있는바, 문제는 독일제국법원의 착오법리가 카논법적 근거를 지닐 수 있느냐의 여부이므로 결국 시대를 막론하고(단, 독일제국법원 이전까지) 카논법상으로 형벌법규의 부지를 용서하지 않는 규정이 존재했었는가의 입증문제로 귀착된다고 볼 수 있다.

Kahn은 카논법에 따르면 교정벌에 대한 착오는 용서받을 수 있기 때문에 카논법에는 형벌법규에 대한 착오도 용서받을 수 있었고 따라서 독일제국법원의 착오법리는 카논법적 근거가 없다고 논증한다. 그러나 Kahn 스스로도 말하고 있듯이 속죄벌에 대한 착오는 분명 카논법에서 용서받을 수 없었다. 이는 1917년 카논법 제2229조를 보더라도 분명하다. 그럼에도 불구하고 Kahn은 이 점에 대해서는 언급하려 들지 않고 있다. 속죄벌 역시 형벌법규이므로 카논법은 달리 해석하면 형벌법규에 대한 착오를 용서하지 않고 있었음에도 불구하고 Kahn은 이 점을 간과하고 있는 것이다.

카논법이 형벌법규에 대한 착오를 특별하게, 즉 보다 엄격하게 취하고 있었음을 보여주는 또 다른 전거로는 1917년 카논법 제2202조와 현행 카논법(1983년 카논법) 제1324조 1항의 9를 들 수 있다. 동 규정들을 살펴보면 다음과 같다.

Canon 2202
The vilolation of a law of which one was ignorant is entirely non-imputable, if the ignorance was inculpable; if it was culpable, the liability varies in

proportion to the culpability of the ignorance. Ignorance of the penalty only does not destroy liability, but it mitigates it somewhat. What is said of ignorance, applies also to inadvertence and error(만일 부지가 비난가능하지 않다면, 법률의 부지는 완전히 면책된다. 만일 부지가 비난가능하다면, 책임은 부지의 비난가능성 정도에 따라서 상이하게 결정된다. 형벌의 부지는 책임을 조각하지 못한다. 그러나 형벌의 부지는 책임을 다소 감경시킨다. 부지에 관한 규정은 착오나 부주의에도 적용된다).[214]

Canon 1324

1. Der Straftäter bleibt nicht straffrei, aber die im Gesetz oder Verwaltungsbefehl festgesetzte Strafe muß gemildert werden oder an ihre Stelle muß eine Buße treten, wenn die Straftat begangen worden ist(범죄가 실현된 경우에 행위자가 형벌을 면제받지는 아니하나 법률이나 명령에 규정된 형벌이 감경되거나 참회고행이 적용되어야 할 자는 다음과 같다).

   ⑨ von jemandem, der ohne Schuld nicht gewußt hat, daß dem Gesetz oder dem Verwaltungsbefehl eine Strafandrohung beigefügt ist(법률이나 명령에 형벌이 결부되어 있음을 자기의 책임없이 몰랐던 자).[215]

소개한 두 조문을 살펴보면, 형벌법규에 대한 부지는 일반적인 기타 법규에 대한 부지에 비해 엄격하게 취급되고 있음을 확인하게 된다. 즉 법률의 부지는 비난가능성이 없다면 완전히 면책되지만, 형벌법규에 대한 부지는 단지 형을 감경받을 수 있을 뿐인 것이다. 이러한 법규는 비록 독일제국법원의 착오법리처럼 형벌법규에 대해서는 전혀 고려하지 않는 태도와는 분명 차이가 있지만 달리 해석하면 일반적 법률의 부지에 비해 형벌법규의 부지는 특별하게, 즉 보다 엄격하게 취급되고 있다는 점에서는 독일제국법원의 착오법리와 유사한 측면이 있다고 볼 수 있을 것이다.

---

214) 동 조문의 영역본은 Stanislaus Woywod, 앞의 책, 451면 참조.
215) 동 조문의 독역본은 IOANNES PAULUS PP. Ⅱ / Winfried Aymans외 10인 역, 앞의 책, 580면.

다만 독일제국법원의 설치 이전에도 카논법에 1917년 카논법 제2202조와 유사한 내용의 규정이 있었는가의 문제가 남게 되지만, 형벌법규의 부지를 엄격하게 취급하는 규정은 현행 카논법에까지 여전히 전승되고 있는 점, 그리고 Kuttner를 인용한 Kaufmann의 설명이 옳다면 중세 카논법도 역시 원칙적으로는 형벌법규에 대한 부지를 용서하지 않고 있었다는 점으로 미루어 1917년 카논법 이전에도 형벌법규의 부지를 엄격하게 다루는 규정이 카논법에 존재하고 있었다고 추정하는 것이 타당하다고 본다. 물론 이 점에 대해서는 새로운 전거에 의한 반증의 여지는 남겨두기로 한다.

요컨대, 형법상 책임개념은 중세 카논법에서 본격적으로 발달하기 시작했고, 따라서 형벌법규에 대한 부지는 그러한 부지가 소홀(crassa)이나 태만(supina)에서 비롯된 것이 아니라면 책임을 조각하며 형벌을 배제시킨다는 법리가 형성되었다. 이러한 법리는, 비록 형벌법규에 대한 착오는 완전한 면책이 되지 않는다는 일반적인 법규정이 있었음에도 불구하고 실무적으로 적용되었던 것이다. 다만 개별 법률 중에는 특정한 형벌법규(교정벌)는 비난가능성이 없을 경우 면책이 되지만, 무자격벌이나 속죄벌 등에 대한 착오는 고려되지 않는다는 규정도 있었다. 결론적으로 카논법에는 독일제국법원 설립 이전부터 형벌법규의 착오를 일반적 법률의 착오에 비해 엄격하게 취급하는 규정이 존재했으며 따라서 독일제국법원의 착오법리는 일정 부분 카논법의 영향을 받았다고 볼 수 있다.

5. 자연법 시대(17세기경~19세기경)

독일의 경우 15세기 말에서 16세기에 걸친 로마법의 계수 이후 17세기에 이르러 자연법 이론을 통해 로마법의 권위로부터 탈피하여 독자적인 독일법을 재생시키려는 소위 계수법학에 대한 반대 경향이 일어났으며 이러한 반대 움직임은 19세기에 Savigny에 의해 다시 로마법에 근거한 이론이 대두되기까지 지속되었다고 한다.216) 그리하여 1794년의 프로이센일반란트법은 로마법을 완전히 부정하였고 1804년의 나폴레옹법과 1811년의 오스트리아일반민법은 로마법을 제한적으로만 수용하였다고 한다.217)

유기천 교수와 Hellen Silving 교수는 자연법 시대에 법률의 착오가 어떻게 취급되었는가에 대해 다음과 같이 설명하고 있다.

자연법적 믿음에 따르면 법의 기능은 행위자의 마음속에서 인과적이고, 동기유발적이며 억제적인 요소로 기능하는 것인데, 이는 Thomas Hobbes (1588~1679)의 일련의 저작들 Philosophical Elements of a True Citizen과 Leviathan에서 발전된 생각이며, Samuel Puffendorf(1632~1684)에 의해 수용되어 마침내 Paul Johann Anselm von Feuerbach(1775~1833)의 심리강제설로 완성되었다고 한다.

심리강제설에 따르면, 행위자는 완벽하게 이성적인 존재로 전제되고, 범죄로 인해 부과될 형벌의 고통과 범죄로 인한 쾌락을 비교형량하는 심리과정에서 잠재적 범죄를 효과적으로 억제하기 위해서는 행위자에게 법

---

216) 이에 대해서는 Eberhard Schmidt, Einfuhrung in die Geschichte der deutschen Strafrechtspflege, 3. Aufl. 1983, 157~166면 ; 박상기, 독일형법사, 1993, 105면 ; 김형석, 독일 착오론의 역사적 전개—사비니의 착오론을 중심으로—, 저스티스 통권 제72호, 320~324면 참조.

217) 박상기, 앞의 책, 105면 참조.

의 내용이 알려져 있어야 한다. 행위자의 그러한 인식은 형법의 특정 조문에 의해 부과되는 형벌의 정도에 대한 인식을 뜻한다.

그러나 Feuerbach는 심리강제설의 비현실적인 목표를 달성하기 위해서 처음에는 고의 추정(presumption of intent)을, 나중에는 귀책가능성의 법률상 추정(legal presumption of imputability)라는 개념을 도입해 보았으나 이론적 난점을 극복할 수는 없었다. 그리하여 그는 용서할 수 있는 착오의 범위를 재정의하게 되었는데, 그에 의하면 형법이 없이는 형벌도 없듯이 (nulla poena sine lege), 형법에 대한 의식적인 위반, 특히 책임(guilt)에 대한 의식이 없이는 범죄도 없다는 생각에 이르게 되었다고 한다.218)

---

218) 이상의 내용에 대해서는 Paul K. Ryu & Hellen Silving, 앞의 논문, 429~430면 참조.

제2장

커먼로 법계에서 착오론의
형성과 전개과정

6. 커먼로 법계에서 착오론의 형성과 로마법의 계수

6.1 "법률의 부지는 용서받지 못한다"는 커먼로 전통의 기원

일반적으로 커먼로 법계의 기원은 노르만족이 Hastings 전투에서 원주민을 물리치고 영국을 정복한 시점인 1066년으로 알려져 있다.[1] 영국을 정복한 노르만족은 중앙집권화를 시도하는 과정에서 국왕의 지휘하에 통일된 왕실법원과 사법제도를 설치함으로써 과거의 봉건법원과 법규를 대체하려고 하였다. 이러한 일련의 과정 속에서 왕실법원의 법관들은 새로운 절차와 구제제도, 그리고 모든 영국인들에게 공통적으로 적용될 수 있는 실체법을 발전시켰는데 이것이 바로 커먼로(common law)라고 불리게 되었던 것이다.[2] 이러한 기원을 갖는 커먼로 법계는 로마 시민법에 토대를 둔 대륙법계 및 러시아의 10월혁명을 계기로 발생한 사회주의법계와 더불어 오늘날 지구상에 가장 큰 영향력을 미치는 법전통의 하나로 자리매김되고 있다.[3]

이처럼 커먼로 법계는 대륙법계 및 사회주의법계와는 독립된, 그리고 로마법적 전통과는 무관하게 발달한 법계로 평가되고 있기는 하지만[4] 커먼로 법계는 영국이 로마의 장군이자 Britain의 총독을 지낸 Agricola에 의

---

1) John Henry Merryman, The Civil Law Tradition: An Introduction to the legal Systems of western Europe and Latin America, 2nd. Ed., 1985, 17면 참조.
2) John Henry Merryman, 앞의 책, 50면 이하 참조.
3) John Henry Merryman, 앞의 책, 13~16면 참조.
4) John Henry Merryman, 앞의 책, 27면 참조.

해 점령당한 A.D.43년경 이후 300~400년 동안 로마의 지배하에 있던 시기에 이미 사실상 로마의 영향권 하에 있었다. 특히 A.D.597년경 St. Augustine에 의해서 영국에 본격적으로 기독교가 전파된 이후 커먼로 법계는 로마법의 영향을 받아온 것으로 평가되고 있다.5) 이후 Glanvill과 Bracton, 그리고 Blackstone6) 등의 저작을 통해 간접적이기는 하지만 로마법은 커먼로에 계수되어 왔다고 한다.7)

이러한 역사적 사실과 무관하지 않게 "법률의 부지는 용서받지 못한다"는 커먼로 상의 법원칙은 상당수의 학자들에 의해 로마법에 기원을 두는 것으로 받아들여지고 있으며8) 로마법상의 동 법원칙이 커먼로에 계수되는데 있어서 결정적인 계기가 된 문헌으로 1769년에 발간된 Blackstone의 저서인 'Commentaries on the Laws of England'가 널리 지목되고 있기도 하다.9)

그러나 동 법원칙의 형성과 관련하여 이미 Matthew Hale은 1680년에 발간된 그의 저서 Pleas of the Crown에서 중세 카논법이 커먼로에 미친 영향을 보여주면서 누구든지 법을 알고 있는 것으로 추정되기 때문에 법률의 부지는 용서받지 못하는 반면, 사실의 부지는 행위자가 도덕적 측면

---

5) Theodore F.T. Plucknett, A Concise History of the Common Law, 5th Ed. 1956, 8, 297면 참조.

6) W. Blackstone의 Commentaries on the laws of England 역시 로마법의 영향을 받았다는 논증으로는 Alan Watson, Roman Law & Comparative Law, 1991, 166면 이하 참조.

7) Theodore F.T. Plucknett, 앞의 책, 297~300면.

8) 이러한 평가로서 대표적 문헌으로는 Mark D. Yochum, The Death of a Maxim: Ignorance of Law is no Excuse, St. John's Journal of Legal Commentary, Vol.13, Spring, 1999, 644면, 주55) 참조.

9) 이러한 평가로는 Kumaralingam Amirthalingam, Mens Rea, and Mistake of Law in Criminal Cases : A Lesson from South Africa, University of New South Wales Law Journal, Vol.18, 1995, 429면 참조.

에서 비자발적으로(morally involuntary) 범하는 경우가 많기 때문에 용서할 수 있다고 밝힌바 있다. 또한 그보다 앞서 John Seldon은 "법률의 부지는 항변사유가 되지 못한다. 그 이유는 모든 사람이 법을 알고 있다고 전제되기 때문이 아니고, 만일 그러한 항변이 인정되면 누구나 그러한 항변을 할 것이고, 반면에 그 누구도 그러한 항변을 반박할 방법을 알 수 없기 때문이다"라고 말한 바 있기도 하다.[10]

더욱이 커먼로상에 동 법원칙이 적용된 사례는 이러한 문헌들이 출간되기 훨씬 이전인 1231년에 영국의 판례에서 찾아볼 수 있는바,[11] 영국에서는 이미 13세기경부터 동 법원칙이 실무에도 적용되어 왔던 것으로 판단된다. 특히 12세기경 볼로냐대학의 수도승이었던 Gratian은 당시 커먼로가 로마법은 물론 성서와 교회법 및 교황령(敎皇令, decretals)[12] 등으로부터 모두 영향을 받았다고 주장하였던바[13] 이상의 논의를 종합하여 볼 때 "법률의 부지는 용서받지 못한다"는 커먼로상의 전통적 법원칙은 아마도 영국에 로마법의 계수가 시작된 12세기 이전부터 지속적으로 뿌리내려 오다가 13세기경에 판례로 나타가기 시작했다고 볼 수 있을 것이다.

요컨대 커먼로 법계는 로마법의 영향을 받은 시민법 전통의 대륙법계와는 독립적으로 발달한, 따라서 로마법의 영향으로부터 비교적 자유로웠

---

10) 이에 대한 언급으로는 Mark D. Yochum, 앞의 논문, 635면 참조.

11) E. Keedy에 의하면 동 판례가 지금까지 발견된 것 중에서 전통적 법원칙이 적용된 최초의 판례였다고 한다. Edwin R. Keedy, Ignorance and Mistake in the Criminal Law, Harvard Law Review, December, 1908, 78면 참조.

12) 1234년부터 1317년 사이에 공포된, 개개의 사안에 대해 교황이 내린 재결(裁決)을 말한다. 이에 대해서는 Helmut Coing / 정종휴 역, 앞의 논문, 334면 참조.

13) 이에 대한 상세한 논의로는 Frederich Pollock & Frederic William Maitland, The History of English Law, 2nd Ed. Vol.1, 1898, 112~113면 참조. Common Law와 로마법 및 Cannon Law와 상관관계에 대한 풍부한 논의로는 같은 책, Chapter V. Roman and Cannon Law 참조.

던 법계로 알려져 있지만 커먼로 전통의 역사적 형성과정에 비추어 볼 때, 사실상 로마법의 영향을 받을 수밖에 없었고 그렇기 때문에 간접적이기는 하지만 로마법의 계수가 부분적으로나마 진행되어 왔다고 평가할 수 있을 것이다. 그리고 커먼로상 법률의 착오에 대한 전통적 법원칙은 로마법의 영향을 받은 대표적인 법역(法域)이라고 볼 수 있을 것이다.

6.2 전통적 법원칙의 근거

커먼로 전통이 "법률의 부지는 용서받지 못한다"는 법원칙을 고수해 왔던 근거에 대해 다음과 같은 논변들이 제시되어 있다.

우선 대표적으로 18세기의 학자인 블랙스톤(Blackstone)은 "사려깊은 자는 누구나 법률을 알 수 있을 뿐만 아니라 알고 있어야 하는 것으로 추정되기 때문에 법률의 부지(착오)는 형사사례에 있어서 항변이 될 수 없다. 이것은 로마법상의 법원칙이자 우리 법(커먼로)의 법원칙이기도 하다"라고 주장하였다.[14]

그러나 오스틴(J. Austine)은 전통적 법원칙의 근거에 대한 블랙스톤의 논변이나 로마법상의 설명방식(Digesta 22.6.2)은 일종의 순환논증(circular argumentation)에 유사하기 때문에 충분한 근거로서는 지지되기 어렵다고 비판한다. 왜냐하면 오스틴에 의하면 "법률은 명확해야 하기 때문에(따라서 모든 사람은 법률을 알고 있어야 하기 때문에) 법률의 부지는 용서받지 못한다"는 로마법이나 블랙스톤의 논변은 모든 법률이 명확하다는 추정 자체가 실제에 부합되지 않고 따라서 모든 사람이 법률을 알고 있어야 한다는 추정 역시 부자연스럽다. 따라서 결국 "법률의 부지는 용서받지

---

14) William Blackstone, Commentaries on The Laws of England, Vol.4. 1769, 27면 참조.

못한다. 왜냐하면 법률은 누구나 알고 있어야 하기 때문이다(따라서 법률의 부지는 용서받지 못한다)"는 근거제시는 순환논법적 구조를 띠고 있다는 것이다.[15]

그렇기 때문에 오스틴은 블랙스톤이나 로마법적 근거에는 만족할 수 없으며, 그보다는 오히려 법률의 착오를 면책사유로 인정하게 되면 법원이 입증곤란의 문제에 직면하여 사법의 기능의 마비가 초래될 것이라는 사법정책상의 논거를 주장하였다. 다시 말해 법률의 착오가 면책사유로 인정되면 피고인은 거의 모든 사안에서 법률의 착오를 원용하게 될 것이고, 그렇게 될 경우 첫째 피고인이 행위당시 진정으로 법률을 모르고 있었는지, 둘째 피고인의 법률의 착오가 회피불가능한(inevitable) 것이었는지에 대한 입증의 문제가 발생하는데 그러한 입증은 거의 불가능하다고 오스틴은 주장한다.[16]

한편 홈즈(Holmes) 판사는 오스틴처럼 입증의 곤란성으로 법률의 착오에 면책적 효력을 부여하는데 반대하는 것은 타당한 이유가 되지 않는다고 주장하였는데 왜냐하면 설령 법률의 착오의 진정성 및 회피불가능성에 대한 입증이 가능하다고 하더라도 법률의 착오를 면책사유로 인정되는 것에 대해서는 누구도 찬성하지 않을 것이기 때문이라고 한다. 따라서 전통적 법원칙의 참다운 근거는 "행위자가 범행 시 관련 법률을 알 수 없었다고 하더라도 이를 면책사유로 인정해 주게 되면 결국 법에 대한 무지를 더욱 고무시키게 될 것이고 그러므로 입법자가 설정한 법규의 효력을 유지하기 위해서, 즉 공공의 이익을 위해 개인을 희생시킬 수밖에 없다"는 논변을 제시하였다.[17]

---

15) John Austin, Lectures on Jurisprudence—The Student Edition—, 1880, 238면 참조.
16) John Austin, 앞의 책, 238~239면 참조.
17) Oliver Wendell Holmes, The Common Law, 2003(1881년 초판발행), 26~27면 참조.

LaFave & Scott 교수가 전술한 논변들과 유사한 근거를 제시한 바 있는 데, 그에 따르자면 법률의 부지를 항변사유로 받아들여서는 안 되는 이유 는 첫째, 모든 사람은 법규를 알고 있는 것으로 전제되어 있고, 둘째, 법률의 부지를 항변사유로 인정해 주면 형사소송절차에서 입증곤란의 어려움이 발생하며 셋째로 법률의 부지로 행위한 자를 처벌하는 것이 사회 일반인의 법규에 대한 교육의 효과를 발생시키게 되며 끝으로 피고인은 객관적인 법의 기준에 의해 판단되는 것이지 피고인이 주관적으로 믿었던 법에 의해 판단되는 것이 아니기 때문이라고 한다.18)

한편 유기천 교수와 Hellen Silving 교수는 오늘날의 모든 법계(法系)에서 전통적 법원칙을 고수하는 가장 큰 이유는 바로 소송법상의 이유인데, 그것은 비단 전술하였듯 LaFave & Scott가 제시한 법규에 대한 인식의 입증곤란의 문제 때문이라기보다는 입증 범위를 축소시킴으로써 입증 부담을 경감시키려는 일반적 목적의 결과(the result of a general aim of facilitating the burden of proof by limiting its scope)라고 주장한다. 이는 대륙법계의 직권주의적 소송구조하에서도 마찬가지이고 영미법계의 '합리적 의심이 없는 증명(proof beyond a reasonable doubt)'에 대해서도 적용된다고 한다.19)

---

18) 이러한 논변의 제시로는 LaFave & Scott, Criminal Law, 2nd. Ed, 1986, 413~414면, 651면 참조.
19) Paul K. Ryu & Hellen Silving, Error Juris: A Comparative Study, Chicago Law Review, Spring 1957, 431면 참조.

6.3 커먼로에서 사실의 착오의 취급

법률의 착오와 달리 커먼로에서 사실의 착오가 어떻게 취급되어 왔는지에 대해서는 잘 정리된 문헌을 찾기 힘들다. 다만 몇몇 문헌에 따르면 다음과 같은 점에 대해서 일치된 견해를 보인다.

우선 17-18세기의 초기 커먼로에서는 사실의 착오는 그것이 진정한 것이면 비합리적이더라도 항변이 된다는 입장이었다. 대표적으로 William Blackstone에 의하면 착오는 '의지의 결함(defect of will)'을 가져오며, 범죄가 성립되기 위해서는 행위와 의지의 결합이 필요한데, 착오로 인하여 이러한 요건이 충족되지 못한다고 한다. 바꾸어 말하면 사실을 모르고 한 행위는 도덕적으로 비자발적인(morally involuntary)로 평가되어 착오가 진정한 것이면 합리성 유무와 관계없이 항변이 된다는 것이다.[20]

그러다가 판례의 입장이 변해 영국의 경우 1980년대까지 사실의 착오는 구성요건에 대한 것이든 항변구성요건에 대한 것이든 그 착오가 합리적인 경우 항변이 된다는 입장이었으나, 1987년 R. v Williams (Gladstone) 이후 정당화사정에 대한 착오는 그것이 진정한 것이면 정당방위의 항변이 된다는 입장으로 바뀌어 현재에 이르고 있다.[21]

한편, 커먼로에서도 사실의 착오가 구성요건에 대한 경우일 때에는 고의조각의 효과를 발생시키는 법리가 병존해 왔는데, 이 점에 대해서는 후술(27.1)하기로 한다.

---

20) Richard Singer, "THE RESURGENCE OF MENS REA: II-HONEST BUT UNREASONABLE MISTAKE OF FACT IN SELF", 28 B.C. L. Rev. 459 (1987), 461면.

21) Beckford v R [1987] 3 All ER 425 Privy Council; Andrew Simester, Mistakes in Defence, Oxford Journal of Legal Studies Vol.12, No.2 (1992), 295면 참조.

7. 커먼로 법계에서 전통적 법원칙의 전개

7.1 영국 및 오스트레일리아

영국은 1231년 Hilary Term case 이래로 "법률의 부지는 용서받지 못한다"는 전통적 법원칙을 지속적으로 관철시켜 왔던 것으로 보인다. 1505년의 Vernon's case와 1586년의 Brett v. Rigden case, 1584년의 Mildmay's case와 Manser's case, 그리고 1613년의 King v. Lord Vaux case, 1638년의 Levett's case 등의 일련의 판례 속에서 "ignorantia juris non excusat(법률의 부지는 용서받지 못한다)"는 커먼로상의 격률을 적용해 왔던 것이다.[22]

특히 영국의 사법실무는 전통적으로 공적 조언에 대한 신뢰에서 비롯된 착오를 면책사유로 인정하는데 있어서 인색한 경향을 보이고 있다.[23] 19세기 중엽인 1862년의 Cooper v. Simmsons 사건에서 도제(Apprentice)였던 피고인이 장인(Master)이 사망한 이후에는 더 이상 도제관계(Apprenticeship)에 구속될 필요가 없다는 법적 조언을 받고 도제로서의 의무를 더 이상 이행하지 않은 것에 대해 유죄판결이 내려진 이래로 공적 조언은 합리적 이유가 있더라도(reasonable reliance on official advice) 면책사유가 되지 못한다는 판례가 거의 예외 없이 축적되어 왔다.[24]

20세기 후반인 1974년에 R v. Arrowsmith Case에서도 당해 사건 전단

---

22) 이상의 판례들의 소개와 설명으로는 Edwin R. Keedy, Ignorance and Mistake in the Criminal Law, Harvard Law Review, December, 1908, 78~79면 참조.

23) 이에 대해서는 Kumaralingam Amirthalingam, Ignorance of Law, Criminal Culpability and Moral Innocence: Striking a Balance between Blame and Excuse, Singapore Journal of Legal Studies, 2002, 319면.

24) Kumaralingam Amirthalingam, 앞의 논문, 319면.

지의 배포가 위법하지 않다는 검사장(the Director of Public Prosecution)의 조언을 신뢰하고 영국 군인들이 북아일랜드에서 복무하지 말 것을 촉구하는 전단지를 배포한 피고인이 반정부선동죄(Incitement to Disaffection Act 1934)로 기소되어 유죄판결이 내려진 바 있다.[25]

Cooper v. Simmsons Case의 경우는 장인의 사망과 도제관계의 소멸이라는 사법상의 법규에 관한 착오였음에도 불구하고 유죄판결이 내려진 점은 비슷한 시기의 독일제국법원이 형법 외적 법규의 착오에 대해서는 사실의 착오와 동일시하여 고의를 조각하는 착오법리를 구축했던 것과는 대비되는바, 이는 커먼로 계통의 사법실무, 특히 영국 법원이 법률의 착오에 대해서 상대적으로 엄격한 태도를 취하고 있었다는 사실을 단적으로 증명해 주는 사례로 볼 수 있을 것이다.

한편 오스트레일리아 역시 영국처럼 법률의 착오 및 부지는 용서하지 않는다는 단호한 입장을 취하고 있는 것으로 보인다. 1962년의 Olsen v. Grain Sorghum Marketing Board case, 1976년의 Power v. Huffa case 등의 일련의 판례에서 전자의 경우 법적 조언 및 판례, 후자의 경우 오스트레일리아 원주민부(原住民部) 장관의 조언을 신뢰한 것에 대해 Queensland 대법원과 South Australia 대법원은 각각 피고인의 착오는 법률의 착오이기 때문에 항변이 될 수 없다고 판시하였다.[26]

그리고 비교적 최근의 판례라고 할 수 있는 1980년 Wormald v. Gioia case와 1992년 Pollard v. Commonwealth DPP case에서도 지방 의회(Council)의 공적 조언과 변호인(Solicitor)의 조언을 신뢰한 피고인에게 South Australia 대법원과 New South Wales 대법원은 각각 피고인에게 법률의 착오는 금반언(禁反言) 원칙(estoppel) 및 변호인에 대한 신뢰와 관계

---

25) Kumaralingam Amirthalingam, 앞의 논문, 320면.
26) Kumaralingam Amirthalingam, 앞의 논문, 321~322면 참조.

없이 면책되지 못한다고 판시하며 유죄를 선고하였다.[27]

1976년의 Power v. Huffa case는 피고인이 Queensland 대법원 판례를 신뢰하고 행동하였으나 범행 이후 오스트레일리아 연방최고법원(the High Court)에 의해 동 판례가 파기되었던 사례였던바, 행위 시에는 판례에 의하면 적법한 행위였으나 이후 판례변경으로 인해 재판 시에는 위법한 행위로 판단되는 경우였음에도 불구하고 Queensland 대법원은 판례변경의 효력과 관련해 소급효의 적용(retrospective application)을 인정하는 태도를 취하였던 사안이다.

이는 한국 대법원이 소급입법금지의 원칙과 관련, 형사처벌의 근거가 되는 것은 법률이지 판례가 아니라고 판시한 것[28]과 결론에 있어서는 동일하다는 점에서 주목할 필요가 있다고 본다.

7.2 캐나다

오스트레일리아와 마찬가지로 같은 커먼로 계통의 국가로서 영연방국가이기도 한 캐나다는 영국이나 오스트레일리아에 비해서 상대적으로 법률의 착오를 고려하는 태도를 취하고 있는 것으로 보인다. 캐나다는 1970년대에 형법상 두 가지 착오항변을 인정하게 되었다. 그 하나는 1974년 R v. Maclean case에서 노바스코티아(Nova Scotia)주법원은 공적 조언에 따른 착오(officially induced error)를 항변사유(defence)로 인정하였고, 1978년 R v. City of Sault Ste Marie case에서 캐나다 연방최고법원은 상

---

27) Kumaralingam Amirthalingam, 앞의 논문, 322~324면.
28) 1997.7.15, 95도 2870. 동 판례의 소개와, 법적 안정성과 신뢰보호를 위해 판례변경의 소급효를 부정해야 한다는 견해로는 신동운, 형법총론, 2003, 30~34면 참조.

당한 주의 항변(due diligence defence)을 인정하였다.

'상당한 주의' 항변은 오스트레일리아에서 형성된 진정하고 합리적인 사실의 착오항변(honest and reasonable mistake of fact defence)을 발전시킨 법리로서 1980년 Molis v. R case에서 캐나다 연방최고법원은 법률의 착오는 상당한 주의항변에서 배제된다고 판시하였으며, 이후 1982년 R v. Macdougall case에서 역시 캐나다 연방최고법원은 공적 조언에 따른 착오는 상당한 주의와는 독립된 항변사유라고 판시하였다.29) 정리하자면 캐나다에서 공적 조언에 따른 착오항변과 상당한 주의항변은 별개의 독립적인 항변사유이며 이 중에서 법률의 착오로 인한 항변은 공적 조언에 따른 착오항변에 포함된다고 보는 것이다.

그러나 1982년 R v. Macdougall case에서 캐나다 연방최고법원에 의해서 확립된 착오법리, 즉 법률의 착오는 공적 조언에 따른 착오로서 항변사유가 된다는 법리는 이후 다른 판례에 의해서도 줄곧 채택되어 적용되어 오다가 1995년에 R v. Jorgenson case에 이르러 캐나다 연방최고법원은 법률의 착오는 항변사유(defence)가 될 수 없다는 정반대의 유권적 판단에 직면하게 되었다고 한다. 특히 동 판결에서 소수의견을 낸 Lamer CJC 판사조차도 공적 조언에 따른 법률의 착오는 그 자체로는 비난가능한 것이기 때문에 면책을 위한 항변사유가 될 수 없으며 단지 절차법적 측면에서 재판의 정지 효과(judicial stay of proceedings)만을 가져올 수 있을 뿐이라고 설시하였던바, 기존에 법률의 착오항변을 인정하여 왔던 경향에서 벗어난 태도를 명확히 하였던 것이다.30)

한편 캐나다의 경우 1973년 R v. Campbell case를 보자면, 스트립쇼의 공연으로 기소된 피고인은 스트립쇼의 공연이 합법적이라는 알버타(Alberta)

---

29) 이에 대해서는 Kumaralingam Amirthalingam, 앞의 논문, 324면 참조.

30) Kumaralingam Amirthalingam, 앞의 논문, 324~326면.

주 최고법원의 판례를 신뢰하였다고 주장하였고, 당해 재판 전 알버타 (Alberta)주 최고법원의 항소법원(Appellate Division)이 스트립쇼의 공연히 합법적이라는 기존 판례를 파기하여 유죄판결을 받게 되었던바 이는 판례 변경으로 인한 소급효 금지의 원칙을 부정하고 가벌성을 확장하는 소급효를 인정했다는 점에서는 오스트레일리아의 1976년의 Power v. Huffa case와 동일한 입장을 취하고 있다고 평가할 수 있다고 본다.

그러나 캐나다의 R v. Campbell case의 경우에는 피고인의 유죄확정 후 스트립쇼의 공연이 위법이라는 알버타 주최고법원의 항소법원의 판결이 다시 캐나다 연방최고법원에 의해 파기되자 유죄판결을 받은 피고인은 이후 완전한 형집행 면제(absolute discharge)를 받았던바,[31] 이는 행위자에게 유리한 판례 변경으로 인한 형집행의 면제의 효과를 부여한 사례라는 점에서, 재판 확정 후 법률의 변경에 의하여 형의 집행을 면제하는 우리 형법 제1조 3항과 비교하여 볼 때 비단 법률의 변경뿐만 아닌 판례의 변경에 따른 형집행 면제의 효과를 인정했다는 점에서 주목할 만하다고 본다.

7.3 미 국

"법률의 착오는 용서받지 못한다"는 전통적 법원칙은 전술한 카먼로 계통의 국가들과 마찬가지로 미국에서도 뿌리 깊게 자리 잡고 있는 것으로 보인다.[32] 미연방대법원도 1991년 Cheek v. United States case에서 "법

---

31) Kumaralingam Amirthalingam, 앞의 논문, 323면.
32) 이에 대해서는 Jon Strauss, Nonpayment of Taxes: When Ignorance of the Law is an Excuse, Akron Law Review, Winter/Spring, 1992, 611면.

률의 부지나 법률의 착오는 형사소추에 대한 항변이 되지 못한다(no defence to criminal prosecution)는 일반원칙은 미국의 법제도하에서 깊게 뿌리내리고 있다"고 천명한 바 있다.[33)

동 법원칙은 1810년 United States v. Barney case와 1820년의 United States v. Sminth case, 그리고 United States v. Barlow case 및 1845년의 United States v. Harvey case 그리고 1879년의 United States v. Reynolds case 등에서 적용된 바 있고[34) 이후 1895년의 Atkins v. State, 95 Tenn.32 S.W.391 case 그리고 1911년의 Hickman v. State, 64 Tex.Crim.55, 153 S.W.155 case 등을 통해서 지속적으로 확인되어 오다가 1971년의 United States v. International Minerals & Chem. Corp.,402 U.S.558 case와 1974년 의 Hamling v. United States, 418 U.S.87 case 등에서는 미연방대법원에 의해 받아들여진 바 있다.[35)

그러나 한편으로 예외적이기는 하지만 법률의 착오가 면책사유로 받아들여진 판례도 병존해 왔는데 대표적으로 1817년의 United States v. Hart case[36)를 비롯해 1869년의 Dotson v. State case, 1873년의 Cutter v. State case, 1874년의 Squire v. State case[37) 그리고 1898년의 State v. Godwin case[38) 등의 일련의 판례에서는 법률의 착오가 면책사유로 인정된 예가 있다.

---

33) 498 U.S. 192, 199 참조.
34) 이러한 일련의 case의 소개와 설명으로는, 498 U.S.192, 199; Mark D. Yochum, 앞의 논문, 644~645면 참조.
35) 이에 대해서는 Jon Strauss, 앞의 논문, 611면, 각주 4, 5번 참조.
36) 이에 대해서는 Mark D. Yochum, 앞의 논문, 645면.
37) 이에 대해서는 Edwin R. Keedy, Ignorance and Mistake in the Criminal Law, Harvard Law Review, December, 1908, 93~94면 참조.
38) 동 판례의 소개와 설명으로는 조국, 법률의 부지 및 착오이론에 대한 재검토, 형사정책연구, 2001(여름호), 109면 참조.

한편 미국에서 공적 조언에 대한 합리적 신뢰가 법률의 착오에 대한 면책사유로 처음인정된 것은 1949년의 Long v. State case에서였다고 하며 1965년 Cox v. Louisiana case에서는 공적 조언에 대한 합리적 신뢰가 (reasonable reliance on official advice)가 미연방대법원에 의해 항변 (defence)으로 받아들여진 바 있다.39) 이후 1988년 United States v. Clegg case에서도 공적 조언을 신뢰했던 피고인은 법률의 착오를 주장할 수 있다고 판시한 예가 있다.40)

7.3.1 United States v. Murdock(1933)

미국에서 연방세입법(Internal Revenue Code) 등 세법의 복잡성을 이유로 "법률의 부지는 용서받지 못한다"는 전통적 법원칙에 대한 본격적인 수정이 가해진 것은 1933년의 United States v. Murdock case에서 그 시초를 찾아볼 수 있다. 동 사안은 피고인 Murdock이 공제된 일정 세액(稅額)의 수취인이 누구인지 여부 등을 묻는 연방 세입국 직원(federal revenue agent)의 질문에 수정헌법 제5조상의 자기부죄(self-incrimination) 금지의 특권을 행사하여 답변을 거부했던바, 이에 대해 고의적으로(willfully) 일정액의 세금을 납부하지 않거나, 또는 세금신고서(return)를 내지 않는 행위, 혹은 일정한 정보를 제공하지 않는 행위자에게 경범죄(misdemeanor)를 인정하는 세입법(Revenue Act of 1926) 위반으로 Murdock이 기소된 사안이다.41)

동 사안에서 Murdock은 수정헌법 제5조의 자기부죄금지의 특권을 원용

---

39) Kumaralingam Amirthalingam, 앞의 논문, 316면, 321면 참조.
40) 동 판례에 대해서는 조국, 앞의 논문, 109~110면 참조.
41) 290 U.S. 389, 389~390 참조.

했으나 이 원용은 분명 잘못된 것이었다. 왜냐하면 최고법조항(Supremacy Clause)을 규정한 미연방헌법 제6조 2항은 주법(state law)에 대한 연방법 (federal law)의 우위를 인정하는바, 연방차원의 세무조사, 즉 Murdock에 대한 연방 세입국 직원의 조사는 주(state)차원의 세입법 위반을 근거로 기소될 것을 우려하여 자기부죄금지 특권을 행사할 수 있는 대상이 아니었기 때문이다.[42]

이에 대해 Murdock은 당해 세무조사가 비록 자기부죄 금지의 특권을 행사할 수 없는 대상이었다고 할지라도 자신은 분명 자기부죄 금지의 특권을 행사할 수 있다고 믿고 있었기 때문에 자신은 세입법 1926이 금지하는 고의로(willfully) 일정한 정보를 제공하지 않은 것이 아니라고 항변하였다. 동 사안에 대해 제1심은 유죄를 선고하였지만 항소심인 연방고등법원(The Seventh Circuit Court of Appeals)에 이어 연방대법원은 피고인의 법률의 부지는 선의(bona fide)였을 뿐만 아니라 합리적이었기(reasonable) 때문에 악의가 없어(absence of evil motive) 무죄임을 확정하였다.[43]

동 판결 이후 세법의 영역에서 '고의적으로(willfully)'라는 법문의 해석을 둘러싼 일련의 후속판례가 나오기는 했지만 1991년의 Cheek v. United States case까지 법률의 부지(착오)와 관련된 세법상의 착오사례는 나온 예가 없다고 한다.[44]

7.3.2 Lambert v. California case(1957)

United States v. Murdock case 이외에 법률의 착오와 관련된 미국 내의

---

42) 이에 대해서는 Jon Strauss, 앞의 논문, 614면, 주27) 참조.
43) 290 U.S. 389, 391~397 참조.
44) Jon Strauss, 앞의 논문, 617~619면 참조.

선도적 판례로는 1957년의 Lambert v. California case가 있다.[45] 피고인 Virginia Lambert는 1955년 체포당시 7년 반 동안 Los Angeles에 거주해 왔던 여성으로서 1951년 두 차례의 위조범행(forgery)으로 인해 중범(felon) 전과 기록을 갖고 있던 자였다. Los Angeles 시법령은 California주에서 중범(felon)의 유죄판결을 받았거나, 다른 주에서 유죄판결을 받았더라도 California주에서 발생했다면 중범의 처벌을 받았을 범행을 저지른 전과자가 경찰당국에 등록하지 않은 채 Los Angeles시에 5일 이상 체류하거나 30일 간 5회 이상 동 시를 방문하는 것을 불법으로 규정하고 있었던바, 피고인 Lambert가 등록의무 위반으로 기소된 사안이다.[46]

제1심에서 Lambert는 자신의 전과가 중범죄에 해당하는지 몰랐으며 Los Angeles 시법령에 그러한 등록의무가 규정되어 있다는 사실을 몰랐다고 항변하였다. 이에 대해 1심법원은 배심원에게 만일 피고인이 등록을 하지 않고 있을 당시에 자신이 중범죄를 저질렀다는 사실을 알고 있었다면 피고인은 유죄가 되고, 문서위조(forgery)는 중범죄이며, 등록을 요구하는 법률의 부지는 면책사유가 되지 못한다고 설시(instruct)하였고,[47] 배심원은 피고인에게 유죄평결을 내렸다. 한편 항소심에서 피고인은 Los Angeles 시법령의 위헌성을 심판해 줄 것을 청구하였으나 항소법원은 청구의 이익이 없다(there was no merit to the claim)고 판단하여 이를 기각하였다.[48]

---

45) 동 판례에 주목하여 그 의의를 소개하고 있는 선행연구로는 Paul K.Ryu & Hellen Silving, Comment on Error Juris, The American Journal of Comparative Law, Fall 1976, 693면 ; 조국, 법률의 부지 및 착오이론에 대한 재검토, 형사정책연구, 2001 (여름호), 98~99면 참조.

46) 355 U.S. 226, 226~227 참조.

47) 이에 대해서는 Jon Strauss, 앞의 논문, 857면 참조.

48) 355 U.S. 226, 227 참조.

그러나 이에 대해서 미연방대법원은 등록의무를 규정한 법령은 오로지 전과자의 관리를 수월하게 하기 위한 행정 편의적인 목적에서 법기술적으로 입안된 법령인바, 그러한 법령의 위반으로 유죄판결을 내리기 위해서는 피고인이 그러한 의무를 현실적으로 알고 있었거나 그러한 인식의 가능성이 있었음에도 불구하고 등록을 하지 않았다는 점이 입증되어야 하기 때문에 행위자가 등록의무를 인식할 수 있도록 미리 통지해 줄 만한 상황이 조성되어 있지 않았다면 행위자에게는 비난가능성이 없다고 볼 수 있을 것이고 따라서 동 사안의 피고인은 자신의 등록의무를 처음으로 알게 되었을 당시에 그러한 법의무를 준수할 수 있는 기회가 전혀 없었던 바(왜냐하면 피고인은 동 법령 위반으로 기소될 당시 이미 다른 혐의로 체포된 상태였기 때문이다) ‘사전통지(Notice)’ 없이 피고인에게 중한 형벌을 부과하는 것은 “사전통지(Notice)와 밀접히 관련된 적정 절차 조항(the Due Process Clause)” 위반이라고 판시하였다.49)

동 판례는 미국에서 1900년 전후에 등장한 엄격 책임(absolute liability) 범죄를 관철하는 입장에서50) 제기된 Frankfurter법관의 반대의견도 있었고, 현재까지 동 판례를 지지하는 후속판례를 거의 찾아볼 수 없다는 점에서 일정한 한계가 있기는 하겠지만51) 법률의 착오 문제를 헌법적 차원의 논의로 끌어올렸고 엄격책임범죄의 인정에 대한 헌법적 제한을 가했다는 점에서 그 가치를 새겨볼 수 있다고 본다.52)

---

49) 이에 대해서는 355 U.S.225(1957), 226~230 참조.
50) 동 개념의 기원과 형성에 대한 설명으로는 Alan C. Michaels, Constitutional Innocence, Harvard Law Review, 1999년 2월호, 829~841면 참조.
51) 이러한 설명으로는 Alan C. Michaels, 앞의 논문, 858~859면 참조.
52) 비슷한 견해로는 Paul K. Ryu & Hellen Silving, Comment on Error Juris, The American Journal of Comparative Law, Fall 1976, 693면 참조.

7.3.3 Cheek v. United States(1991)

전술한 United States v. Murdock case(1933)를 통해 세법의 영역에서 세법 법규의 복잡성을 이유로 법률의 착오항변이 인정된 것을 계기로 1991년 Cheek v. United States case에서는 또 한 번의 주목할 만한 기념비적 판례가 나오게 되었다.

피고인 John L. Cheek은 American 항공사의 기장(pilot)으로서 탈세혐의와 1980년과 1981년 그리고 1983∼1986년 사이에 세금신고서(tax return)를 제출하지 않은 혐의로 기소되었다. 연방세입법 7201조 및 7203조에 따르면 고의적으로(willfully) 세금을 탈루(脫漏 ; evade or defeat)한 자에게는 중범죄(felony)의 책임을 부과하고, 또한 고의적으로 세금신고서를 제출하지 않는 자에게는 경범죄(misdemeanor)의 책임을 지운다고 규정되어 있다.

제1심에서 피고인은 세금신고서를 당해 기간에 제출하지 않은 점을 인정하였으나, 자신은 연방세입법(Internal Revenue Code)의 조세대상은 일반적 소득(income)과 이윤(profit)에 국한된 것이지 고용계약에 따른 임금(wage)은 여기에 포함되지 않는다고 믿고 있었고, 또한 연방세입법은 위헌적 법률로서 무효라고 믿고 있었다고 항변하였다. 피고인의 그러한 믿음은 연방세입법이 무효라는 취지의 세미나를 개최하였던 변호인들53)의 조언에 기초한 것이었다.54)

---

53) 동 판례의 판결요지(Syllabus)와 주문에는 "연방세입시스템이 위헌이라고 믿는 집단에 의한 세뇌와 스스로의 연구에 의해(based on his indoctrination by a group believing that the federal tax system is unconstitutional and his own study)"라고 기술되어 있다. 이에 대해서는 498 U.S.192, 196 참조.

54) 동 사안의 사실관계에 대한 상세한 설명으로는 498 U.S. 192. 196; Jon Strauss, Nonpayment of Taxes: When Ignorance of the Law is an Excuse, Akron Law Review, Winter/Spring, 1992, 619~620면 참조.

이에 대해 제1심은 객관적으로 합리적인(objectively reasonable) 착오만이 동 법규가 규정하고 있는 고의성(willfulness)을 부정한다(negate)고 배심원에게 설시하였고 진정하더라도(honest) 불합리한(unreasonable) 착오는 고의성을 부정하지 못한다고 설시하였던바, 배심원은 피고인의 탈세혐의와 세금신고서 미제출 혐의를 모두 인정하여 유죄 평결을 내렸다.

다만 유죄평결에 이르기 전에 몇몇 배심원은 피고인이 진정하게(honestly) 합리적으로(reasonably) 세법 위반에 대한 인식이 없었다는 점이 인정된다고 하였지만 피고인의 착오 항변은 불합리하다(unreasonable)는 지속적인 법관의 설시에 따라서 유죄를 인정하게 되었다.[55] 항소법원 역시 법률의 착오가 항변(defence)이 되기 위해서는 그러한 착오가 객관적으로 합리적이어야 한다고 판시함으로써 유죄판결을 유지하였다.

이에 대해 미연방대법원은 원심의 유죄판결을 파기하면서 객관적으로 비합리적이라고 할지라도 연방세입법 제7201조 및 7203조의 '고의성(willfulness)'은 부정된다고 하면서 따라서 피고인이 연방세입법을 잘못 해석하여 임금은 조세대상에 포함되지 않는다고 오인한 점에 대해서는 착오 항변이 인정된다고 판시하였으나 다만 피고인이 미연방헌법을 잘못 해석하여 연방세입법이 위헌이라고 오인한 점은 착오로 인한 항변이 인정되지 않는다고 설시하였다.[56]

요컨대 세법에 대한 착오는 면책사유가 되지만 헌법에 대한 착오는 면책사유가 되지 못한다는 것이다.[57] 미연방대법원의 동 판결에 있어서 White 판사를 포함한 5명의 법관이 위와 같은 다수의견을 냈고, Scalia 판사는 다수의견에 찬성하면서도 다만 피고인이 당해 세법이 위헌이라고

---

55) 498 U.S. 192, 197~198 참조.
56) 498 U.S. 192 참조.
57) Jon Strauss, 앞의 논문, 622면 참조.

믿은 점도 항변이 된다고 주장하였다. 반면에 Blackmun 등 2명의 판사는 피고인의 두가지 착오는 모두 항변이 되지 못한다는 반대의견을 냈다.

우선 White 판사는 "법률은 확정적이고(definite) 알 수 있기 때문에 (knowable) 모든 사람은 법률을 알고 있는 것으로 추정된다"는 O. Holmes 의 견해를 인용하며 커먼로상의 전통적 법원칙을 지지하면서도,[58] 그러나 세법에 있어서는 그 복잡성(complexity) 때문에 일반 시민에게 세법상의 모든 의무를 숙지하고 있을 것을 기대할 수는 없다고 보았고, 그러한 까닭에 법률의 부지는 용서받지 못한다는 전통적 법원칙을 완화시킬 필요성에서 미국의 입법자(Congress)는 동 연방세입법에 고의성(willfulness)이란 법문을 두게 되었다고 설시하였다.[59]

White 판사에 따르면 '고의적으로(willfully)'란 '알려진 법적 의무(a known legal duty)에 대한 자발적이고(voluntary), 의도적인(intentional) 위반(violation)'을 뜻하는바, 이러한 정의에 따르면 행위자가 자신이 모르고 있는 법적 의무에 대해 위반한 경우에는 고의성(willfulness)이 부정되는데 이러한 결론은 행위자의 착오가 비합리적인 경우에도 마찬가지다. 따라서 Cheek v. United States case 동 사안에 있어서도 피고인이 진정으로(truly) 임금은 연방세입법이 규정하는 조세대상이 아니라고 믿었다면 그러한 착오가 비합리적일지라도 항변이 된다는 것이다.

이는 하급심에서 적용하였던 객관적 합리성(objective reasonableness) 기준을 주관적 합리성(subjecive reasonableness) 기준으로 대체한 것이며, 다만 White 판사는 착오가 비합리적일 수록 배심원은 그 착오를 법규에 대한 단순한 거부(simple disagreement)로 판단하게 되는 경향이 있다는 점을

---

58) White 판사가 인용한 O. Holms의 견해는 로마법대전 Digesta 22.6.2의 "법률은 확정적일 수 있고 확정적이어야 하지만"이라는 내용과 매우 유사하다.
59) 498 U.S. 192 참조.

직시하면서 세법 법규에 대한 단순한 거부는 항변이 되지 못한다고 함으로써 주관적 기준이 자의적으로 해석될 수 있다는 비판에 대한 해결책을 제시하였다.

한편 White 판사는 피고인 Cheek이 연방세입법이 위헌이라고 믿은 점에 대해서는 면책(excuse)이 되지 못한다고 설시하였는데, 왜냐하면 납세자는 설령 관련 세법이 위헌이라고 믿고 있었다고 하더라도 일단 납세를 하고 환급(refund)을 청구할 수 있으며 만일 환급이 거절될 경우에는 법원에 심판을 청구할 수 있을 뿐만 아니라, 다른 한편으로 납세자는 납세를 거부하면서 조세법원(tax court)에 심판을 청구할 수 있는 등 법제도적 절차가 마련되어 있음에도 불구하고 단지 연방세입법이 위헌이라고 믿고 납세를 하지 않은 행위는 고의성(willfulness)을 부정하지 못하기 때문이라고 하였다.[60]

한편 별개의견을 낸 Scalia 판사는 미국에서 최초로 위헌심사권을 인정한 1803년의 Marbury v. Madison case를 인용하면서 만일 White 판사의 주관적 합리성 기준을 일관되게 적용한다면 피고인이 연방세입법을 위헌이라고 믿은 점에 대해서도 항변을 인정하는 것이 논리적으로 옳다고 주장하면서, 아울러 조세범에 대한 방지책은 민사적 제재만으로도 충분하다는 논지를 개진하였다.[61]

반대의견을 낸 Blackmun 판사는 연방세입법의 복잡성을 이유로 피고인에게 착오 항변을 인정해 준 다수의견에 대해 일반적 소득(income)과 고용계약에 따른 임금(wage)의 구분은 상식적으로 세법의 복잡성과는 무관한 사안이라고 주장하였다. 다시 말해 이 정도의 구분은, 미국에서 연방세법 시스템이 갖추어진 지가 이미 70여 년이 지나 거의 모든 사람이 쉽

---

60) 498 U.S. 192, 200~206 참조.
61) 498 U.S. 192, 207~209 참조.

게 알 수 있는 내용이므로, 비록 '고의적으로(willfully)'라는 법문이 "널리 알려진 법적 의무에 대한 자발적이고 의도적인 침해"라고 해석된다 하더라도 '소득과 임금의 구분'은 충분히 잘 알려진 법적 의무에 해당되기 때문에 '고의성'을 부정하지 못한다는 것이다.[62]

결론적으로 1991년의 Cheek v. United States case에 대한 미연방대법원 판결에 따르면 세법에 대한 착오는 그것이 객관적으로 비합리적이라도 면책이 되며 다만 그러한 착오는 세법 법규에 대한 단순한 거부 (disagreement)가 아닌 진정한 (sincere) 착오일 것이 요구된다. 아울러 세법의 위헌성에 대한 착오는 Scalia 판사의 견해와 달리 Marbury v. Madison case는 위헌심사권(constitutional review)의 주체를 법원으로 인정한 사례이기 때문에 동 사안처럼 피고인 개인이 위헌성에 대해서 착오에 빠진 경우에는 면책사유로 인정될 수 없다.[63]

---

62) 498 U.S. 192, 209~210 참조.

63) 동 판결에 대한 이러한 평가로는 Jon Strauss, 앞의 논문, 630면, 632면 참조.

제3장

독일의 판례 및 학설의
역사적 전개과정

8. 독일제국법원 이전의 착오법리

8.1 로마법의 계수 이전 고대 및 중세 독일의 착오법리

독일의 경우 고대법(primitive Recht)에서는 물론 기원 후 약 500년까지 게르만 시대(Germanische Zeit)에는 형사처벌에 있어서 행위자의 주관적 심리상태를 고려하지 않는 결과책임주의가 지배적이었다. 따라서 우연한 사정이나 법률의 불인식은 전혀 고려되지 않고 있었다.[64]

Eberhard Schmidt에 의하면 독일에 있어서 로마법의 계수기는 15세기 말엽에서 16세기 사이를 말한다.[65] 그리고 Klee 등에 의하면 로마법의 계수가 이루어지기 전까지 중세 독일법에 있어서는 법률의 착오는 대체로 고려되지 않고 있었다고 한다.[66]

그러나 Otto Kahn에 따르면 이미 고대 게르만법은 이미 고의적인 행위와 비고의적인 행위를 구분하여 우연한 사정 및 과실은 고의적인 행위에 비해 경미하게 취급되었고, 이와 같은 사고방식은 프랑크 왕국 시대(Frankische Zeit ; A.D.465~911)에 이르러서[67] 더욱 정교하게 발전하여

---

64) Otto Kahn, 앞의 책, 10면. 같은 견해로 Arthur Kaufmann, Unrechtsbewusstsein in der Schuldlehre des Strafrechts, 1949, 22면 참조.

65) Eberhard Schmidt, Einfuhrung in die Geschichte der deutschen Strafrechtspflege, 3. Aufl. 1983, 107면 참조.

66) Klee, zur Lehre vom strafrechtlichen Vorsatz, 1897, 67면 참조. Otto Kahn에 의하면 Heinemann과 Hammerer도 같은 견해라고 한다. 이에 대해서는 Otto Kahn, 앞의 책, 11면 참조.

67) 이러한 시대구분으로는 박상기, 독일형법사, 1993, 35~36면.

고의범도 그 악의성(Böswilligkeit)의 정도에 따라서 도덕적으로 비난가능
성 있는 경우는 더욱 가혹한 처벌을 받도록 세분화되었다.[68] Otto Kahn은
이러한 사실로부터 프랑크 왕국 시대에 있어서 이미 위법성의 인식이 있
는 고의와 위법성의 인식이 없는 고의를 구분하고 있었을 것으로 추정한
다.[69] 그리고 다음과 같은 입법례들은 이러한 추정을 지지해 준다고 한다.

우선 북부독일(Norddeutschland)의 'Billwärder Recht' 제23조는 무기를
소지하고 민회(Thing ; 民會)[70]에 참석할 수 없다는 규정을 모르고 참석한
이방인이 자신의 착오를 맹서(盟誓)한 후에는 관대하게 취급된다고 규정
하고 있었고,[71] 13세기에 이르러 1269년 Jüt주의 Ripen시의 시법령
(Stadtrecht)에서는 무기를 소지한 채 도시에 들어온 이방인은 역시 자신에
게 착오가 있었음을 맹세한 후에는 처벌을 받지 않는다고 규정하고 있었
다고 한다.[72]

이처럼 법률의 착오를 고려하는 입법례는 1263년 구 독일제국 직속의
자유시인 Speier시의 법령이나 1347년의 Nürnberg의 법령 등에서도 찾아
볼 수 있으며[73] 1462년 스위스 그라우뷘덴(Graubünden)에서는 법률의 착
오로 인해 면책을 인정해 준 판례까지도 찾아볼 수 있다.[74]

Otto Kahn에 따르면 이처럼 단편적인 입법례와 판례는 로마법 계수 이

---

68) 이에 대해서는 Amira, Grundriß des germanischen Rechts, 2.Aufl., 1897, 141~143
면 참조.
69) Otto Kahn, 앞의 책, 11면.
70) 군사집회와 재판집회를 겸한 고대 게르만 민족의 인민 집회를 뜻함.
71) Richard John, Das Strafrecht in Norddeutschland, 1870, 127면 이하 참조.
72) Otto Kahn, 앞의 책, 11~12면.
73) 이에 대한 소개로는 Karl Binding, 앞의 책, 24면 각주 27번 참조.
74) Wagner, Die Rechtsquellen des Kantons Graubunden, Zeitschrift für
schweizerisches Recht, Bd.25, 398면 ; 이에 대한 소개로는 Otto Kahn, 앞의 책,
12면과 Karl Binding, 앞의 책, 24면 참조.

후의 독일법이 법률의 착오를 전혀 고려하지 않는 극단적인 입장을 취하고 있지는 않았음을 입증하는 것이며 특히 고려되는 착오와 고려되지 않는 착오의 한계를 암시해 주고 있다고 한다.75) 다시 말해 일반적으로 그 존재여부가 명확하지 않은 법률에 대한 위반에 있어서는 법률의 부지가 입증되면 형벌을 조각했던 것으로 보이며 범죄의 여러 양상에 따라서 때로는 법률의 착오가 고려되기도 하였고, 고려되지 않기도 하였다는 것이다.76) 그러나 고대 및 중세 독일형법에 있어서 그 어디에도 형벌법규와 비형벌법규의 착오라는 구분은 나타나지 않고 있었다.77)

8.2 카논법 및 계몽주의 시대의 착오법리

Otto Kahn은 카논법에서 독일제국법원이 취하고 있었던 형벌법규와 비형벌법규의 착오라는 구분법은 존재하지 않았고 오히려 비형벌법규의 착오뿐만 아니라 형벌법규의 착오도 고의를 조각하는 것으로 취급되었다고 주장한다.78) 그러나 카논법은 앞서 살펴본 바와 같이 일반 법규에 비해 형벌법규에 대한 착오를 엄격하게 취급하는 태도를 취하고 있었다. 따라서 중세 이후의 카논법은 독일제국법원의 착오법리에 일정한 영향을 미쳤다고 볼 수 있을 것이다. 즉 카논법은 독일 형법의 발달사에 있어서 독일제국법원의 착오법리에 영향을 주었던 것으로 평가할 수 있다고 본다.

한편 중세 독일법은 자연법에 대한 착오는 용서되지 않는 것으로 취급했지만, 실정화된 지역법(örtlich, positive Recht)에 대한 착오는 용서되는

---

75) Otto Kahn, 앞의 책, 12~13면.
76) Otto Kahn, 앞의 책, 13면.
77) Otto Kahn, 앞의 책, 12면.
78) Otto Kahn, 앞의 책, 13~14면.

것으로 다루었다. 이는 분명 형벌법규의 착오를 고려하는 입장으로서 여기에는 그 어디에도 독일제국법원의 법리처럼 비형벌법규, 특히 민사법과 공법의 착오를 사실의 착오처럼 다루어 고의를 조각하는 근거는 찾아볼 수 없다.[79]

또한 계몽주의 시대의 착오론에서도 형법 법규의 착오는 가능한 충분히 고려되었기 때문에 독일법의 역사에서 형법 법규의 착오와 형법 외적 법규의 착오를 구분하여 전자는 고려되지 않는 착오로 다루었던 법리는 어디에서도 찾아볼 수 없다.[80] 마찬가지로 17세기까지 독일 형법학에 지배적 영향력을 행사해온 것으로 평가받는[81] 이탈리아 형법학에서도 독일 제국법원과 같은 착오법리는 찾아볼 수 없다.[82]

다만 카논법에서만 형벌법규의 착오를 엄격하게 취급하는 규정을 발견할 수 있다.

8.3 로마법의 계수와 형법상의 착오법리

12세기에서 13세기에 걸쳐 이탈리아에서 볼로냐(Bologna) 대학을 중심으로 로마법의 부흥이 일어나 주석학파 및 후기주석학파에 의해 로마법이 정비되어갔고 13, 14세기에 이르러 독일 학자들이 이탈리아의 볼로냐(Bologna), 파두아(Padua) 대학에 유학을 하면서 독일법에 로마법의 계수가 이루어지기 시작하여 15세기 말부터 16세기에 걸쳐 독일은 본격적인

---

79) Otto Kahn, 앞의 책, 14~15면.
80) Otto Kahn, 앞의 책, 14~15면.
81) 박상기, 앞의 책, 131면.
82) 이에 대해서는 Woldemer Engelmann, Irrtum und Schuld nach der italienischen Lehre und Praxis des Mittelalters, 1922를 참조할 것.

로마법의 계수−실질적 계수(實質的 繼受 ; praktische Rezeption)[83]−를
겪게 되었다고 한다.[84]

로마법은 주로 북부이탈리아 출신의 법학자들에 의해 독일에 전해졌는
데 이들의 법학적 능력은 당대의 독일법학자들보다 우수하였기 때문에
궁정의 법률자문관이나 재판관으로 활동하기도 하였다고 한다. 독일법에
비로소 로마법의 내용이 나타나기 시작한 것은 15세기 이후이며, 1495년
의 제국재판소령과 1532년의 카롤리나형법전이 대표적이라고 한다.[85]

독일에 이탈리아 법학이 유입되기 시작하자 후기주석학파의 학설이 권
위를 갖게 되었다. 후기주석학파에 따르면 고의란 '인식된 위법한 의지
(bewußt rechtswidrige Wille)'로서 행위의 위법성에 대한 착오는, 그것이
법률의 착오에서 비롯된 경우에는 고의를 조각한다고 한다. 단만 착오의
진정성이 의심스러울 때에는 고의와 법률의 인식은 추정된다고 한다.[86]

8.4 Savigny의 착오론

이미 앞서 살펴본 바 있지만 독일의 경우 로마법의 계수 이후 17세기에
이르러 자연법 이론을 통해 로마법의 권위로부터 탈피하여 독자적인 독
일법을 재생시키려는 소위 계수법학에 대한 반대 경향이 일어났으며 이
러한 반대 움직임은 19세기에 Savigny에 의해 다시 로마법에 근거한 이론

---

83) 실질적 계수란 15세기 말부터 16세기에 걸친 본격적인 로마법의 계수를 말한다.
  박상기, 앞의 책, 102면.
84) 이러한 계수과정에 대해서는 박상기, 앞의 책, 67면, 102~105면 참조.
85) 박상기, 앞의 책, 104면. 그리고 카롤리나 형법전의 로마법적 요소에 대해서는 박
  상기, 같은 책, 109면.
86) Otto Kahn, 앞의 책, 14면.

이 대두되기 까지 지속되었다고 한다.[87]

Savigny의 착오론을 다시 정리하자면 다음과 같다. Savigny에 따르면 범죄에는 공범죄(öffentlich Verbrechen ; Crimen)와 사범죄(Privatdelikt)로 구분되고, 사범죄란 권리침해(Rechtsverletzung)이라고도 불리며, 법규위반은 민사소송에 의해서 벌금의 부과와 손해배상의 청구가 모두 가능하다. 또한 공범죄와 사범죄에 있어서 법률의 착오의 취급은 전적으로 동일하게 본다.[88]

한편 그 성립에 법규위반의 인식이 요구되는 범죄에 있어서는 그것이 공범죄이든 사범죄이든 만민법적 성격을 지니는 형법 법규에 대한 착오는 용서될 수 없지만, (형법 법규 외적 법규에 대한 부지에서 비롯된) 행위의 가벌성에 대한 착오는 항상 고의를 조각시킴으로써 착오자를 면책시키게 된다고 한다. 예컨대 절도의 개념에는 위법의 의사 이외에 특히 영득의 의사가 포함되는바, 만일 행위자가 법률의 착오(형법 외적 법규의 착오)로 인하여 타인의 물건을 자기 소유물로 생각하게 되었다면, 자기의 소유로 오인하여 타인의 물건을 훔치는 것은 절도죄를 범하는 것도, 또한 그 물건을 장물로 만드는 것도 아니라고 한다. 여자 노예에 대한 사용권한이 있는 자가 그 여자 노예의 자식에 대한 소유권도 갖고 있다고 오인한 경우에 그러하다. 이에 반해 절도에 대한 형법 법규의 불인식은 만일 행위자가 전술한 계층의 사람에 속하더라도 절도는 이미 만민법에 의해 금지되는 범죄이기 때문에 용서받을 수 없다고 한다.[89] 마찬가지로 어떠

---

87) 이에 대해서는 Eberhard Schmidt, Einfuhrung in die Geschichte der deutschen Strafrechtspflege, 3. Aufl. 1983, 157~166면 ; 박상기, 독일형법사, 1993, 105면 ; 김형석, 독일 착오론의 역사적 전개—사비니의 착오론을 중심으로—, 저스티스 통권 제72호, 320~324면 참조.

88) Friedrich Carl von Savigny, System des heutigen Römischen Rechts, 1840, 388면 각주 (a) 참조.

한 물건을 자신의 것으로 오인하여 자력구제의 금지를 모르는 채(형법 외적 법규의 착오로 인해) 이를 강제로 빼앗은 자는 강도소송으로부터 자유롭다. 왜냐하면 여기에는 소유권 침해의 인식이 요구되기 때문이다.[90]

이상 Savigny가 확립한 착오론에 따르면 형법상 법률의 착오는 형법 법규에 관한 착오와 행위의 가벌성에 관한 착오로 구분되며 전자의 경우는 미성년자나, 부녀자, 군인 등의 사회적으로 취약한 계층의 사람들에게 있어서 제한적으로만 고려되는데 반해 후자의 경우는 일반적으로 고려되어 그 법적 효과로서 고의를 조각시켜 형벌을 면하게 만든다고 한다.

요컨대 Savigny의 착오론을 일반화하면 형법 법규에 대한 착오는 용서받을 수 없지만 - 일부 예외는 있지만 -, 형법 외적 법규에 대한 부지에서 비롯된 행위의 가벌성에 대한 착오는 언제나 고의를 조각하여 형벌을 면하게 만든다는 것이다. 이러한 Savigny 착오론은 이후 독일형법상 착오이론에 직접적인 영향을 미쳤는데, 그것은 바로 Savigny의 구분방식대로 형법 법규의 착오는 고려되지 않는 착오로서, 반면에 그 이외의 법규에 대한 착오는 고의를 조각하는 착오로서 취급되는 법리로 독일제국법원에 전승된 것이다.[91]

8.5 Savigny 착오론의 독일제국법원에서의 수용

전술한 바와 같이 독일제국법원이 형법 법규의 착오(strafrechtliche Irrtum) 와 형법 외적 법규의 착오(nichtstrafrechtliche Irrtum ; außerstrafrechtliche

---

89) Friedrich Carl von Savigny, 앞의 책, 390~391면 참조.
90) Friedrich Carl von Savigny, 앞의 책, 391면 참조.
91) Otto Kahn, 앞의 책, 15면.

Irrtum)를 구분하여 전자의 경우는 고려되지 않는 것으로, 그리고 후자의 경우는 사실의 착오와 동일하게 취급하여 고의를 조각하는 것으로 법리구성한 것은 중세 이전의 독일형법에서는 물론, 중세의 카논법과 계몽주의시대의 법리에서도 전거를 찾아볼 수 없다. 오히려 독일제국법원이 취하고 있는 착오법리의 원형은 로마법을 근거로 한 Savigny의 착오론을 수용한 것이다.[92] 요컨대 독일제국법원은 형법 법규와 형법 외적 법규를 구분하는 착오법리의 전개에서 있어서 로마법적 권위에 기대고 있었던 것이다.

8.6 Savigny의 착오론에 대한 Otto Kahn의 비판

Savigny가 제시한 착오법리는 로마법을 근거로 하고 있다. 그러나 법률의 착오에 대한 Savigny의 로마법 해석은 타당하지 않다는 비판이 제기된 바 있다. 적어도 형법상 법률의 착오에 대한 Savigny 착오론은 성급한 일반화의 오류에서 비롯된 것으로서 잘못된 이론이라는 것이다. Otto Kahn은 Savigny 착오론의 문제점을 다음과 같이 지적한다.

첫째, 로마법상 형법상의 일반적 개념, 예컨대 고의(Vorsatz)와 같은 개념을 논하기 어려운 이유는 대부분의 로마법 내용이 사법에 관한 것이었기 때문에 형법상의 개념도 전적으로 사법상의 원칙을 추론케 해주는 로마법 개소들을 통해서 탐구할 수밖에 없기 때문인데, 그럼에도 불구한 Savigny는 로마법상 형법과 사법을 주의깊게 구분하지 않고 형법적인 문제에 대해서 사법적 관점에서 답하려는 오류를 범했다는 것이다.[93]

---

92) Otto Kahn, 앞의 책, 15면 참조.
93) Otto Kahn, 앞의 책, 8~9면.

형법 외적 법률의 착오는 로마법상 언제나 고려되는 착오였다고 주장하면서 제시하고 있는 개소들은 순전히 상속과 관련된 민사상의 문제를 다루고 있는 사안들이기 때문에 이를 형사법상의 일반원칙으로 일반화하는 것은 무리가 있고[94] 뿐만 아니라 민법상의 착오가 고려되었다고 하더라도 모든 형법 외적 법률의 착오, 예컨대 공법상의 착오도 고려되었다고 일반화 할 수는 없다는 것이다.[95]

둘째, 로마법상 법률의 부지는 용서받지 못한다는 법원칙이 형법상 일반적으로 승인된 공통의 견해(communis opinio)라고는 하지만 이러한 전통적 법원칙으로부터 형법 외적 법률의 착오는 용서되었다는 반대해석이 입증되는 것은 아니라고 한다.[96]

끝으로 Savigny가 제시한 개소들은 민법상 법률의 착오가 고려되는 사안들이지만 로마법에는 이와 반대로 민법상 법률의 착오는 고려되지 않는다는 유명한 개소들 — 대표적으로 Digesta 22.6.1.7 — 은 Savigny의 입론과는 모순된다는 것이다.[97]

물론 Savigny가 '형법에서의 법률의 착오'란 주제를 다룬 논문에서 반복적으로 언급하고 있듯이 그 스스로 계수법학자(Rezeptionsjuristen)의 한계를 벗어나 로마법상의 법률의 착오론을 새로운 방향으로 설명하려고 노력하였다고는 하지만 그러한 입론을 위한 상세한 전거가 부족했다는 것이다.[98]

결론적으로 Otto Kahn은 Savigny가 로마법을 전거로 정립한 형법상의 법률의 착오론은 타당하지 않으며 따라서 독일제국법원이 취하고 있는

---

94) Otto Kahn, 앞의 책, 8면.
95) Otto Kahn, 앞의 책, 9~10면.
96) Otto Kahn, 앞의 책, 9면.
97) 관련 개소들의 확인과 검토는 본장의 제1절 III의 로마법 관련부분을 참조바람.
98) Otto Kahn, 앞의 책, 15면.

형법 법규의 착오와 형법 외적 법규의 착오구분은 로마법적 권위를 갖지 못한다고 말한다.99)

9. 독일제국법원의 입장

1950년대까지의 독일형법학계의 착오이론은 대체로 제국법원의 판례를 배경으로 한다.100) 주지하다시피 독일제국법원은 형법적 법규에 대한 착오는 고려되지 않지만 형법 외적 법규에 대한 착오는 고의를 조각시킨다는 확고한 입장을 취하고 있었다.101)

고의책임이 성립하기 위해서는 구성요건에 해당되는 행위사정만을 인식하고 있으면 충분했기 때문에 법률의 착오(Rechtsirrtum)는 행위자의 고의나 책임을 인정하는데 있어서 무의미한 요소였다. 그러나 제국법원은 형법 이외의 다른 법에 의해 규정된 개념요소가 형법상의 구성요건을 해석하는데 있어서 필요한 경우를 인정하였으며—예컨대 재물의 타인성을 인정하기 위해서는 민법상의 소유권의 의미를 알고 있어야 한다—, 바로 이러한 비형벌 법규의 착오는 사실의 착오로 보아 고의를 조각하는 입장

---

99) Otto Kahn, 앞의 책, 10면 참조.

100) 조준현, 금지착오에 관한 독일형법이론사 소고, 손해목 교수 화갑기념논문집, 1993, 198면.

101) 이에 대해서는 Edward Kohlrausch, Die Lehre vom Rechtsirrtum in Theorie und Praxis des heutigen Strafrechts, 출판년도 미상, 119면 참조 ; 동 문헌에는 출판년도가 나와 있지 않다. 우리나라와 일본의 도서관 소장정보에도 출판년도는 나오지 않는다. Kohlrausch는 동 논문에서 주로 1800년대 후반의 문헌부터 1901년의 문헌까지 인용하고 있는 것으로 미루어 1900년대 초에 출판된 논문으로 추정된다.

을 고수하였다. 반면 형벌법규의 착오는 고의나 책임과 무관한 착오로 보았다.[102]

10. 독일제국법원 입장의 지지학설

Theodor Schütze는 독일제국법원의 입장처럼 형법적 법률의 착오와 형법외적 법률의 착오를 구분하면서 형법 또는 행위의 위법성에 대한 착오를 본래적 착오로, 그리고 형법외적 법규정에 대한 착오를 비본래적 착오로 보아 후자는 사실에 대한 착오처럼 취급하였다. 마찬가지로 Albert Friedrich Berner 역시 민사법규에 대한 착오는 고의를 조각하는 것으로 보았고, M. Stenglein과 Hans Delius 역시 형사법규에 해당하지 않는 법규에 대한 착오는 면책 가능한 것으로 보았다.[103]

Josef Kohler 역시 형법적 법률의 착오와 형법외적 법률의 착오를 구분하였으나 이러한 구분을 비단 법률의 착오에 국한시키지 않고 착오 일반에 대하여 적용하였으며, 그에 의하면 형법적 법률의 착오란 형법이 범죄에 대해 대처하는 방식에 대한 착오로서 무의미한 것으로 취급되었다. Friedrich Wachenfeld는 행위의 착오(Tatirrtum)와 법률의 착오를 구분하였는데－이는 제국법원의 입장과는 다른 것이다－ 행위의 착오란 사실적 법률관계에 대한 착오를, 법률의 착오란 행위의 위법성 내지 적법성에 대한 착오를 뜻하는 것으로서 오늘날의 의미로는 전자는 구성요건착오를

---

102) 제국법원의 입장에 대한 설명으로는 조준현, 앞의 논문, 198~199면 참조.
103) Werner Georg Tischler, Verbotsirrtum und Irrtum über normative Tatbestandsmerkmale, 1984, 45~46면 참조.

후자는 금지착오에 상응하는 개념이었다. Wachenfeld는 위법성의 인식은
고의의 요소도 아니고 책임과도 무관한 것으로서 고려되지 않는 반면에
행위의 착오는 고의를 조각한다고 주장하였다.104)

11. 독일제국법원태도에 대한 비판

　형벌법규의 착오와 비형벌법규의 착오를 구분하는 제국법원의 이분법
에 대해 많은 학자들이 비판을 가하였는데 특히 Kohlrausch는 여러 판례
에서 제국법원의 이분법이 관철되기 힘들다는 점을 지적하였다. 예를 들
어 공무원이 범행을 하면서 공무원으로서의 신분이나 권리를 형벌법규의
착오로 본 판례도 있었고(RGSt 53, 131), 행정법에 관련된 법착오로서 이
를 비형벌법규의 착오로 보아 고의를 조각한 판례도 있었다(RGSt 23,
374). 규범적 구성요건요소를 둘러싸고 제국법원이 형벌법규의 착오와 비
형벌법규의 착오로 구분하려는 시도는 그 자체로 일관성이 없을 뿐만 아
니라 법질서의 통일성의 관점에서도 받아들여지기 어려운 법리라는 비판
이었다.105)

---

104) Werner Georg Tischler, 앞의 책, 46~47면 참조.
105) Kohlrausch, Irrtum und Schuldbegriff, 1903, 118면 이하 ; 조준현, 앞의 논문, 199면.

12. 독일제국법원의 착오법리를 극복하기 위한 학설

12.1 고의설의 등장

Liepmann은 의무위반성(Pflichtwidrigkeit)의 인식으로서의 위법성 인식이 고의의 본질적 표지에 속한다고 주장하였다. 한편 Finger는 법률의 착오와 사실의 착오의 구분이 불가능하다고 논증한 뒤, 두 개의 개념은 고의와의 관련속에서 동일한 의미가 부여되어야 한다고 주장했다.106)

고의설은 K. Binding에 의하여 지속적으로 발전되었는데 그에 따르면 고의개념은 로마법상의 dolus malus(악의)개념, 즉 위법한 고의(rechtswidriger Vorsatz)와 일치하고, 바로 이 고의개념에는 본질상 위법성의 인식이 포함된다고 주장하였다. 왜냐하면 고의개념은 그 무엇보다도 권리 내지 의무에 대한 의식적 또는 무의식적 반항이라는 관점 속에서 깊이 있게 포착될 수 있기 때문이다.107)

12.2 책임설의 등장

v. Wächter는 구성요건에 대한 착오와 행위의 금지성에 대한 착오를 구분하고 회피가능성여부와는 관계없이 전자는 고의를 조각하고 후자는 단지 부분적으로나 책임을 조각하거나 형벌을 감경하는 성격을 지니게 된다고 주장하였다.108)

---

106) 이에 대해서는 Werner Georg Tischler, 앞의 책, 52~54면 참조.
107) Karl Binding, Grundriß, 116~118면 참조.

그리고 v. Hippel 역시 행위의 일반적 금지성에 대한 착오는 면책가능 성과 관련된다고 보면서 행위자에게 위법성과 의무위반성이 없을 때에는 형벌을 부과할 수 없다고 했다.109)

13. v. Bar의 학설

Ludwig v. Bar는 새로운 관점에서 용서할 수 있는(고의를 조각하는) 법률의 착오와 용서할 수 없는(고의와 무관한) 법률의 착오를 구분하였다. 그는 독일제국법원이 형법적 법규에 대한 착오와 형법외적 법규에 대한 착오를 구분한 것은 잘못이지만, 그러한 관련 판결들은 결과에 있어서는 대체로 옳았다는 점을 강조하였다.

v. Bar는 독일제국법원과는 다른 근거에서 그러한 구분법을 정립하였다. 구체적으로 확정된 법률이나 법률관계 또는 개인의 법적인 자격또는 사실의 존재 및 부존재에 관한 착오는 고의를 조각하는 반면, 현행법 및 법률관계 또는 개인의 법적 자격에서 도출되는, 일반적인 모든 사람에게 귀속되는 권능이나 의무에 관한 착오는 중요하지 않은것으로 보았다.

요컨대 구체적 법률에 대한 착오는 용서되는 반면 바로 이러한 구체적 법률로부터 도출되는 권능(Befugnis)에 대한 착오는, 인간 행위의 보편적인 법규에 대한 오인처럼 고려되지 않는다는 것이다. v. Bar에 따르면 바로 이러한 권능의 착오는 착오의 본래적 의미에서 독일제국법원이 형법적 법률의 착오라고 표현했던 착오라고 한다.110)

---

108) Werner Georg Tischler, 앞의 책, 54면 참조.

109) Werner Georg Tischler, 앞의 책, 57면 참조.

14. 고의설의 전개

14.1 고의설의 의미

Ernst Beling은 위법성의 인식은 고의의 구성요소이기 때문에 비단 구성요건착오뿐만 아니라 금지착오도 고의를 조각한다고 하였다. Edmund Mezger는 처음에는 엄격고의설을, 나중에는 제한고의설을 취함으로써 (구성요건과 금지의) 착오구분의 중요성을 부정하였다. 그는 자신의 저서인 '개요(Grundriß)'에서 고의의 성립에는 사실의 인식뿐만 아니라 의미의 인식도 요구된다고 주장하였다.[111]

Mezger에 있어서 의미의 인식(Bedeutungskenntnis)이란 다음의 두 가지 표지와 관련된다. 하나는 '개별적 행위상황(die einzelnen Tatumstände)', 다른 하나는 '행위 그 자체'이다. 여기서 '행위 그 자체'란 전체 행위의 반가치(Unwert der ganzen Tat), 다시 말해 행위자 자신의 행위의 불법 또는 위법성을 뜻한다. Mezger는 자신의 교과서 제3판(1949)에서 고의에는 사실 인식과 의미의 인식이 포함된다고 주장하였다. 그에 의하면 의미 인식은 두 가지 요소로 구성되는데, 하나는 규범적 구성요건표지의 의미에 대한 인식이고 다른 하나는 행위의 위법성의 의미에 대한 인식이라고 한다.[112]

---

110) v. Bar, Gesetz und Schuld, Bd. Ⅱ, 1907, 401~430 참조.
111) Beling, Grundzuge des Strafrechts, 1930, 31~52면 참조.
112) Mezger, Grundriß, 1943, 102~110면 참조.

14.2 고의설에 입각한 판례

Kiel 주고등법원은 1946년 4월 13일 기존의 제국법원 판례를 시대에 뒤떨어진 것이며 위법성의 인식은 고의에 포함된다고 판시하였다. 이 때부터 고의설이 판례에서 나타나기 시작하는데 이 때의 고의설은 Kiel 주고등법원이 판시한 바대로 위법성의 인식은 전적으로 언제나 고의에 포함되는 것으로 보기 때문에 엄격고의설을 의미하였다.[113]

14.3 엄격고의설

Horst Schröder는 규범위반의 인식은 고의의 구성요소가 아니라 반대로 고의가 위법성인식의 구성요소라고 주장하였다. 왜냐하면 고의가 없이는 위법성의 인식이 존립할 수 없기 때문이다. 그는 고의가 아니라 위법성의 인식이 바로 본래적으로 구성적인 고의책임의 표지라고 하였는데, 왜냐하면 행위자가 금지성의 표상을 통해서 범행을 중단해야 할 동기를 부여받지 못한 점이 비난되기 때문이다. 2차적이고, 위법성의 인식에 기여하는 역할은 위법성인식의 요소로서의 고의에 귀속된다.[114]

---

113) Werner Georg Tischler, 앞의 책, 104면 참조.
114) Schröder, Aufbau und Grenzen des Vorsatzbegriffs, F.S. für Sauer, 1949, 207면 이하.

15. 책임설의 전개

15.1 책임설의 의미

Radbruch는 고의를 의도적인 불복종으로 이해하였고 위법성의 인식은 당연히 고의의 일부가 된다는 고의설의 입장에 반대하였다. 그에 따르면 불법은 금지되기 때문에 불법인 것이 아니라, 불법이기 때문에 그것은 금지된다고 보았다. 그러므로 그는 (2차적인) 결정규범이 아니라, 행위방식을 부당하다거나 반사회적인 것으로 설명하는 평가규범을 법의 원형으로 간주하였고, 따라서 책임설에 의하면 위법성의 인식을 굳이 고의에 포함시켜야 할 필요가 없다고 한다.[115]

Hans Welzel은 1947년과 1948년에 두 편의 논문에서 고의설을 비난하면서 심정윤리(Gesinnungsethik)를 책임윤리(Verantwortungsethik)로 확장하려는 노력속에서 인간은 자신의 심정의 순수성에 대해서만 책임을 지는 것이 아니라 자신의 행동의 객관적 정당성에 대해서도 책임을 지게 된다고 하였다. 그에 의하면 책임설에 따라서 구성요건착오와 금지착오를 달리 취급하는 것은 실정법에 선재하는 책임과 고의의 본질로부터 도출된다고 보았다.[116]

Welzel은 1948년 그의 논문 '행위의 위법성'에서 고의설과 책임설이라는 개념을 만들어 냈으며 책임설을 적극 지지하였다. 특히 그는 구성요건착오와 금지착오의 구분과 관련하여 Aristoteles를 원용하면서 구성요건착오란 개별적 행위정황에 대한 착오를, 금지착오란 행위의 일반적 법규에

---

115) Werner Georg Tischler, 앞의 책, 110면.
116) Werner Georg Tischler, 앞의 책, 111~112면.

관한 착오를 의미한다고 주장하였다.[117]

15.2 책임설에 입각한 판례

Oldenburg 주고등법원은 1950년 6월 20일, 행위상황에 대한 인식만으로는 범행을 저지할 만한 심리적 압박을 야기할 필요가 없고 잠재적 불법인식이 책임요소로서 인정되어야 한다고 판시하였다. 그리고 위법성의 인식은 고의의 요소가 아니라고 하였다. 아울러 과실범을 구성요건에 규정하지 않은 범죄에 대해서도 처벌을 가능하게 하였다는 점에서 책임설을 따랐다고 평가할 수 있다.[118]

Eb. Schmidt는 전술한 Oldenburg 주고등법원판례에 찬성하면서, 행위자가 구성요건표지를 완전히 알고 있으면서도 그것이 금지된다는 점을 몰랐다는 점에 책임이 인정되는 경우에는 고의범으로서의 형벌을 부과하는 것이 형사정책적으로 불가피하다고 주장하였다.[119]

Hellmuth v. Weber 역시 Oldenburg 주고등법원판례에 찬성하면서 회피가능한 금지착오는 책임감경사유가 된다고 주장하였다.[120]

---

117) Welzel, Der Irrtum über die Rechtsmäßigkeit, 1948, 250~255면.
118) Werner Georg Tischler, 앞의 책, 112면 참조.
119) Werner Georg Tischler, 앞의 책, 113면.
120) Werner Georg Tischler, 앞의 책, 113면.

16. 책임설의 채택 : BGHSt 2, 194

주지하다시피 1952년 3월 18일의 독일연방대법원 판결(BGHSt 2, 194)은 기존의 독일제국법원이 취하고 있던 착오법리에 근본적인 수정을 가져온 판례로 널리 알려져 있는 관계로[121] 이에 대한 설명은 간략히 하기로 한다. 동 사안에서 문제의 변호인은 피고인인 의뢰인에게 일정한 보수를 지급하지 않으면 변호를 중단하겠다고 협박하여 의뢰인으로부터 돈을 요구한 혐의로 독일형법 제240조의 '강요죄'로 기소되었다.

이에 동 변호인은 자신은 그러한 요구를 하는 것이 적법하다고 믿었기 때문에 강요죄의 구성요건 중 '위법하게'라는 요건이 충족되지 않기 때문에 고의가 조각되어 고의범으로는 처벌될 수 없고, 독일형법상 강요죄의 과실범은 처벌되지 않기 때문에 결국 무죄라고 항변하였다.

변호인의 이러한 항변에 대해 독일연방대법원은 우선 형벌법규의 착오와 비형벌법규의 착오를 구분하여 전자는 언제나 고려되지 않는 것으로, 즉 면책되지 않는 것으로 본 반면에 후자는 사실의 착오와 동일하게 다루어 고의를 조각하는 것으로 취급하는 태도는, 자의적일 뿐만 아니라 논리적으로 관철될 수 없다고 비판한 후[122] 다음으로는 동 사안처럼 사실에

---

121) 특히 판례 전문의 요약 및 번역에 대해서는 김종원, 금지착오에 관한 연구—형법 제16조와 관련하여—, 1975, 33~42면 참조.

122) 동 판결의 주문에 따르면 이러한 구분은 논리적으로 불가능하다는(logischen Unmöglichkeit der Unterscheidung zwischen strafrechtliche und außer strafrechtlichem Rechtsirrtum) 학계의 지적을 인용하면서 형벌법규와 비형벌법규의 구분은 논리적으로 관철될 수 없다고(Dazu kommt, daß die Unterscheidung sich logisch nicht durchführen läßt)판단하고 있다. BGHSt, 2, 194, 200~202면 참조.

대한 고의는 가지고 있으나 금지착오에 빠진 행위를 다루기 위해 제안된 고의설과 책임설을 차례로 검토하여 고의설이 지닌 여러 형사정책적 결점을 열거하면서 결국 책임설에 의한 해결방안이 고의설에 비해 낫다고 결론지었다.

동 판례의 의의는 크게 두 가지이다. 그 하나는 "법률의 부지는 용서받지 못한다"라는 전통적 법원칙을 크게 수정하여 극복할 수 없거나 회피불가능한 금지착오는 면책되어야 한다고 본 것이고, 다른 하나는 책임설을 채택함으로써 위법성의 인식을 책임의 요소로 보아 책임의 정도에 따라 형벌을 부과할 수 있도록 한 것이다.[123]

17. 제한책임설의 채택과 책임설 채택의 근거 : BGHSt 3, 105

독일연방대법원이 BGHSt 2, 194에서 책임설을 채택한다고 천명했을 때 이 때의 책임설이 과연 엄격책임설인지 제한책임설인지에 대해 의문의 여지가 남게 되었는데, 동 판결 나온 지 3개월 후 BGHSt 3, 105(1952)는 허용구성요건적 착오를 사실의 착오처럼 취급하여 고의를 조각하는 것으로 봄으로써 독일연방대법원이 채택한 책임설이 제한책임설임을 분명히 하였다.[124]

한편 독일연방대법원의 선도적 판결 BGHSt 2, 194는 형벌법규의 착오

---

123) 이러한 평가로는 신동운, 형법총론, 2003, 376면 참조.
124) 이에 대해서는 조준현, 금지착오에 관한 독일형법이론사 소고, 손해목 교수 화갑
    기념논문집, 1993, 204면 ; Paul K. Ryu & Hellen Silving, 앞의 논문, 453~455면.

와 비형벌법규의 착오를 구분하는 태도를 명시적으로 포기하였지만 책임설을 채택함으로써 결과적으로 사실의 착오와 법률의 착오를 다르게 취급하는 입장을 취하게 되었는데－반면 고의설은 사실의 착오와 법률의 착오를 동일하게 취급하게 됨은 주지의 사실이다－ 1952년 독일연방대법원의 후속판례 BGHSt 3, 105는 사실의 착오와 법률의 착오를 다르게 취급하는데 대한 정당화 근거를 제시하였다.

동 판결주문에 따르면 사실의 착오에 빠진 행위자는 그 자체로는(an sich) 원칙상 법을 준수하고 있는 자이다. 왜냐하면 그는 어디까지나 법을 준수하려고 노력하였으나 사실적 상황에 대한 착오로 인해 법을 준수하지 못하게 된 것이기 때문이다. 그리고 법률의 착오는 사실의 착오와 비교할 때 법규위반에 대한 인식이 개별적 행위정황에 대한 인식보다 일반적으로 수월하다. 물론 양 착오가 모두 회피가능하거나 비난가능하다는 점에 있어서는 공통점을 갖기는 하지만, 사실의 착오는 법률의 착오보다 일반적으로 더 강력하고 직접적인 행위계기를 제공한다는 점에서 비난가능성이 적다.

요컨대 사실의 착오는 법률의 착오에 비해 쉽게 발생할 수 있고 또한 어디까지나 법을 준수하려고 노력하는 과정 속에서 발생하기 때문에 비난가능성이 적다는 것이다. 그러므로 법률의 착오가 사실의 착오에 비해서 보다 중한 착오가 되며 따라서 양자를 달리 취급하는 것은 정당화될 수 있다는 것이다.[125]

---

125) BGHSt 3, 105 ; 동 판례 내용에 대한 위와 같은 해설로는 Paul K. Ryu & Hellen Silving, Error Juris : A Comparative Study, Chicago Law Review, Spring 1957, 452~453면 참조.

18. 책임설의 입법화 과정 :
1975년에 제정된 독일 신형법 제17조의 이론적 배경

18.1 독일제국법원의 착오법리 :
형벌법규와 비형벌법규의 구분

'법률의 착오'를 다루고 있는 독일형법 제17조는 수십 년간의 독일 내에서의 서로 다른 학설 간의 격렬한 논쟁을 독일 법원이 점진적으로 수용하면서 입법화되는 과정을 거쳤다.[126] 주지하다시피 독일형법 제17조는 형벌법규와 비형벌법규를 구분하여 전자에 대한 착오는 전혀 고려하지 않고 후자에 대한 착오만을 벌하지 않는 태도를 취하였던 독일제국형법의 착오법리를 명시적으로 거부하고 나타난 조문이다. 독일형법학은 영미법계의 착오법리와는 달리 사실의 착오는 그것이 합리적인 것이든 비합리적인 것이든 고의를 조각시키기 때문에 피고인으로서는 사실의 착오와 법률의 착오의 경계가 불명확한 사안에 있어서는 사실의 착오를 주장하는 것이 유리하기 때문에 이러한 문제를 둘러싸고 법관과의 견해가 심하게 대립되곤 하였다.

이러한 점을 극복하기 위해 독일제국법원은 비형벌법규의 착오를 사실의 착오와 동일하게 다루어 고의를 조각하는 방식을 취함으로써 법률의 착오에 대한 면책의 범위를 넓혀보려는 태도를 취하였지만 이에 대해 독일연방대법원은 형벌법규와 비형벌법규의 구분 역시 불가능하며 자의적인 것이기 때문에 제국법원의 입장은 단지 법관의 정의감정에 따른 판단

---

126) Gunther Arzt, Ignorance or Mistake of Law, The American Journal of Comparative Law, Vol.24, 1976, 647면.

을 법리적으로 은폐하기 위한 구실에 불과하다는 결론에 도달하였던 것
이다.127)

18.2 제1차 세계대전과 독일제국법원 착오법리의
수정: 자연범과 법정범의 구분

독일제국법원의 착오법리에 대한 이러한 비판이 꾸준히 대두되어 온
가운데, 제1차 세계대전은 마침내 독일의 착오법리는 영미법계의 착오이
론과 근본적으로 다른 방향으로 선회하는 계기를 마련하게 되었다. 전쟁
은 독일 내에서 형사제재를 급증시켰다. 왜냐하면 전시에 정부가 희소한
자원을 효율적으로 분배하기 위해서는 경제정책을 수립하고 이를 형사제
재에 의해 강제하여야 할 필요성이 절실했기 때문이다.

이처럼 새로운 형사제재를 부과하는 새로운 형법규정이 폭증하자 더
이상 모든 시민이 법률을 알고 있기 때문에 형법적 법률의 부지는 용서받
지 못한다는 독일제국법원의 법리를 유지될 수 없었다. 따라서 독일제국
법원은 형벌법규와 비형벌법규를 구분하던 기존의 입장을 바꾸어서 형벌
법규도 전통적 형벌법규와 (주로 재화의 분배와 가격정책을 조정하던) 부
수형법을 구분하여 후자에 대한 착오의 경우는 면책사유로 인정하게 되
었던 것이다.

소위 부수형법(Nebenstrafrecht)으로 불리는 각종 행정형법들은 결국 자
연범(mala in se)과 법정범(mala prohibita)을 구분하여 "법률의 부지는 용
서받지 못한다"는 법원칙을 누구나 알 수 있고 도덕적 비난을 수반하는
자연범에만 국한시켜 적용하는 법리를 낳게 되었던 것이다.

---

127) Gunther Arzt, 앞의 논문, 649~650면 참조.

그러나 형벌법규와 비형벌법규를 구분하는 것이 모호했던 만큼이나 자연범과 법정범을 구분하는 것은 용이하지 않다고 볼 수 있는데, 왜냐하면 이 당시의 행정법규에 의해 금지되었던, 공공의 목적으로 이용될 희소한 재화를 착취하는 행위와 자연범인 절도행위는 그 본질에 있어서는 도덕적 비난을 받을 만하다는 점에서 동일하기 때문에 양자를 구분하여 취급한다는 것은 부당하다는 것이다.

특히 법정범에게 면책의 기회를 넓혀주는 것은 오히려 화이트칼라 범죄를 부추길 우려가 있어 법감정에 반하는 결과를 가져오는 폐단도 있다는 비판이 제기되었다.128)

18.3 제1차 세계대전 후 미국 내 착오법리의 변화와 독일의 상황과의 비교

한편 제1차 세계대전은 미국의 경우 독일과는 정반대의 방향으로 전회하는 계기를 제공하였다. 미국도 독일과 마찬가지로 전쟁을 겪으며 법률의 착오가 더욱 빈번하게 발생하였고, 이러한 경향은 법률의 착오가 항변이 될 가능성을 더욱 높이게 되었다. 그러자 미국의 사법실무는 독일과는 반대로 "법률의 부지는 용서받지 못한다"는 법리를 더욱 철저하게 관철시키는 방향으로 나아가게 되었다. 예컨대 무과실로도 범죄가 성립하는, 즉 '범의(mens rea)'가 충족되지 않아도 범죄가 성립하는 엄격책임(absolute liability)129) 개념이 대두되어 법률의 착오를 면책사유로 받아들이지 않은

---

128) 이에 대해서는 Gunther Arzt, 앞의 논문, 650~651면.

129) absolute liability는 일반적으로 strict liability란 용어로 쓰이며 양자는 동일한 개념이다. 이에 대해서는 D.C. Van Hoop & D. Verbruggen & C.H. Stoll, Elsevier's Legal Dictionary, 2001, 921면의 13396번 참조.

것이 바로 그러한 증좌이다.130)

미국에서의 착오이론이 독일과 달리 착오항변을 더욱 엄격하게만 인정하게 된 이유에 대해서 Gunther Arzt는 전후 미국의 법이론 발달에 지대한 영향을 끼쳤던 법현실주의(Legal Realism)에서 비롯된 것이라고 분석한다.

법현실주의의 한 갈래인 규칙회의주의(Rule-Skepticism)에 따르면 전통법학이 법의 확실성을 신봉해 왔던 것은 허구에 지나지 않으며 실제로 법은 법전에 규정된 대로의 것이 아니라 법관이 감정 및 직관 등의 비이성적인 동기로 인해 실제로 적용한 판례에 지나지 않는다는 공통된 인식을 토대로 하였던바, 이러한 취지의 규칙회의주의는 법률의 착오에 빠진 자에게 이론적으로 정당화할 수 있는 근거를 제공하여 착오자에게 유리하게 기능함으로써 법원이 권위를 손상시킬 위험이 초래될 수 있었기 때문에 사법실무는 착오를 더욱 엄격하게 다루게 되었다는 것이다.131)

규칙회의주의란 20세기 초에 미국에서 대두한 사조로서 전통적인 법사고, 특히 형식주의(Formalism)에 대한 비판에서 비롯된 이른바 법현실주의의 한 갈래로서 이는 전통 법학이 신봉해 온 법적 확실성이 환상이고 허구에 지나지 않는다는 점에 초점을 맞추어 법원의 판결이 대단히 불확실하고 예측불가능할 수밖에 없는 것은 판결은 법규가 아니라 감정, 직관, 편견 및 기타 비이성적 요소들에 의해 결정되기 때문이라고 주장한 프랑크(Jerome Frank, 1889~1957)나 르웰린(Karl Llewellyn, 1893~1962) 등에 의해 대표되는 견해로서, 요컨대 법은 법전에 규정된 규칙(rule)이 아니라 판사의 해석과정을 통해 만들어진 판결(decision)이라는 입장을 취한다.132)

---

130) Gunther Arzt, 앞의 논문, 651면.
131) Gunther Arzt, 앞의 논문, 653~654면.
132) 이에 대해서는 오세혁, 법철학사, 2004, 340~345면 참조.

Arzt에 따르면 이처럼 미국은 법률의 착오를 면책사유로 인정하는데 있어서도 독일보다 뒤처지게 되었을 뿐만 아니라 정신이상(insanity)이나 명정상태(intoxication)로 인해 피고인을 면책시키는데 있어서도 독일보다 더딘 발전을 하고 있다고 한다. 특히 독일의 경우 이미 강압(coercion)이나 정신이상은 면책사유로 충분히 고려하게 되었고, 명정상태도 거의 완전히 고려하도록 발전하였지만, 여전히 법률의 착오만큼은 그러한 발전이 지체되고 있다고 한다.[133]

18.4 인과적 행위론과 고의설 : 독일제국법원 착오법리의 배경

전후 약 30여 년간 독일은 "법률의 부지는 용서받지 못한다"는 법원칙을 전통적인 형법범의 영역에만 적용하고 그 외의 행정범에 대해서는 법률의 착오를 면책사유로 인정해 왔다. 그리고 주지하다시피 독일제국법원은 비형벌법규의 착오는 사실의 착오 동일시하여 고의를 조각시킨다는 법리를 관철해 오고 있었다.

따라서 비형벌법규의 착오와 사실의 착오는 고의를 조각시킨다는 점에서 동일하게 다루어지고, 심지어는 과실에 의해 그러한 착오가 발생한 경우에는 양자 모두 과실범으로 취급된다는 점에서 역시 동일한 법적 효과를 부여받는다. 다시 말해 비형벌법규와 관련해서 법률의 착오와 사실의 착오는 모두 고의의 성립요소로 다루어지는 결과에 수렴해가고 있는 것이다. 그리고 이러한 입장은 이른바 고의설의 견해와 다르지 않다.

인과적 행위론에 따르면 행위와 결과사이의 인과관계가 구성요건의 핵

133) Gunther Arzt, 앞의 논문, 652~653면 참조.

심이며, 반면에 고의나 과실은 책임의 주된 요소로 간주된다. 따라서 고의의 성립요소인 위법성의 인식이나 사실의 인식에 대한 착오는 모두 고의책임을 조각하게 되어 동일하게 취급된다.

이와 달리 목적적 행위론에 따르면 행위의 본질은 목적을 설정하고 그 목적을 성취하기 위해서 그러한 과정에 이르는 원인과 결과를 제시하고 있는 법규를 인식하고 활용할 수 있는 능력이다. 따라서 목적적 행위론에서 중요한 것은 인간의 행위방향을 결정하는 '고의'이지 결코 '법규의 존재' 그 자체가 아니다. 이러한 의미에서 법규의 존재 그 자체는 인간의 행위를 결정짓는 '인과적 요소(causal factor)'가 되지 못한다. 오직 인간의 선택적 의지, 즉 고의만이 행위방향을 결정짓는 주요한 요소이기 때문이다. 그렇기 때문에 법률의 인식, 즉 위법성의 인식은 고의와는 독립된 별개의 요소로 자리매김 되는 것이다. 결국 고의(또는 과실)는 구성요건요소로 위법성의 인식은 책임의 요소로 분화되어 나가고 따라서 법률의 착오는 목적적 행위론에 의하면 고의가 아닌 책임의 요소가 된다.

목적적 행위론의 이러한 결과는 위법성의 인식을 별도의 책임요소로 체계지우는 책임설의 토대가 되며, 이로부터 법률의 착오와 구성요건착오가 다르게 취급될 수 있는 근거가 제공되는 것이다. 그러나 이처럼 인과적 행위론과 고의설이, 그리고 목적적 행위론과 책임설이 밀접히 관련됨에도 불구하고 다양한 형태의 이론조합, 즉 인과적 행위론을 토대로 책임설을 주장하는 견해도 존재함에 유의할 필요가 있다.[134]

---

134) 이상의 설명에 대해서는 Gunther Arzt, 앞의 논문, 654~655면 참조.

18.5 책임설의 근거 : 입증부담의 문제

법률의 착오와 사실의 착오를 다르게 취급하는 근거에 대해서 전술한 바와 같이 형법이론적 배경이 제시되기도 하지만, 보다 근본적으로는 실천적 차원에서 이에 대한 해답이 구해질 있다.

만일 법률의 착오와 사실의 착오를 동일하게 취급하는 고의설을 채택하게 되면 위법성의 인식은 고의의 성립요소가 되고, 따라서 이에 대한 입증의 부담을 국가가 지게 되는데 이는 특히 전통적인 형법범의 경우 대부분 과실범에 대한 처벌규정이 없는 관계로—만일 과실범 처벌규정이 있다면 위법성의 인식이 없더라도 이를 과실로 처벌할 여지가 남지만—이러한 형법범을 처벌하기 위해서는 행위자에게 위법성의 인식이 온전히 구비되어 있었음을 증명해야 하는데 합리적 의심의 여지없이 행위자에게 위법성의 인식이 있었음을 증명하는 것은 대단히 어렵기 때문에 법률의 착오는 사실의 착오와 달리 보다 엄격하게 취급할 필요가 생겨난다는 것이다.

혹자는 형법범의 경우에는 법률의 착오가 문제될 여지가 없는데 입증의 문제가 크게 부각될 이유가 없다고 생각할 수도 있다. 그러나 독일의 역사적 맥락에서 보자면 제2차 세계대전 중에 나치의 명령에 의해 유태인을 살해한 자가 살인죄에 대한 법률의 착오를 주장하는 경우가 빈번했기 때문에 이러한 설명은 충분히 설득력이 있는 것이다.[135]

한편 법률의 착오와 사실의 착오를 다르게 취급하는 근거에 대한 책임설 지지자의 이러한 '입증곤란' 논변에 대해서 고의설의 추종자들은 다음과 같은 반론을 제기한다. 오직 매우 특수한 경우에만 법률의 착오항변은 받아들여질 수 있기 때문에 입증곤란의 문제는 사실상 발생할 가능성이

---

135) Gunther Arzt, 앞의 논문, 655면.

크지 않다는 것이다. 또한 다른 방식의 반박논거도 제시되었는데 입법론적으로 과실범의 인정범위를 확대시키거나 아니면 위법성의 인식에 과실이 있을 때 (법과실의 경우) 이를 일정한 형으로 처벌하는 특별한 규정을 새로이 신설하면 해결된다는 것이다. Rümelin이나 von Hippel, 그리고 Schröder 등이 법과실(Rechtsfahrlässigkeit)을 별도로 처벌하는 규정을 두자는 주장을 하였고 실제로 제2차 세계대전 전에 독일의 정부초안은 이러한 내용을 담고 있기도 했다.[136]

우리는 여기서 매우 중요한 사실을 알게 되는데, 독일에서 책임설의 도입계기는 이론적인 맥락(목적적 행위론의 등장)도 있지만, 고의설이 직면하는 입증부담의 문제, 즉 착오가 있으면 곧바로 고의가 조각된다는 문제를 극복하기 위해 위법성의 인식을 책임의 요소로 편입하게 되었다는 것이다. 책임판단은 비난가능성에 따라서 달라질 수 있으므로 착오의 과실유무를 묻게되면, 이는 객관적인 관점에서 판단될 수 있고 따라서 고의설이 지녔던 문제점을 극복할 수 있게 된다.

18.6 회피가능성의 도입계기

전술한 바와 같이 고의설의 단점은 무엇보다 입증곤란의 문제에서 기인한 것이며 이를 극복하기 위해 법률의 착오를 사실의 착오와 다르게 취급하는 책임설이 우세한 지위를 차지하게 되었던 것이다. 책임설에 따르면 법률의 착오는 구성요건착오 그 자체보다 엄격한 요건하에서만 제한적으로 인정되는데 그 이론적 근거는 다음과 같다.

고의는 행위자에게 그 행위가 위법하다는 사실을 일깨워 주는 기능(이

---

136) Gunther Arzt, 앞의 논문, 656~657면.

른바 구성요건 고의의 경고기능; Warnfunktion des Tatbestandsvorsatzes)을
한다. 그리고 책임설하에서는 사실의 착오는 고의가 조각되지만, 법률의
착오에 빠진 자에게는 여전히 구성요건 고의는 존재하기 때문에 자신의
행위가 위법한 것인지에 대해 숙고할 계기가 분명 존재한다. 그렇기 때문
에 그러한 경고기능이 존재함에도 불구하고 행위의 위법성을 인식하지
못했다는 점에서 분명 법률의 착오는 사실의 착오에 비해 비난의 여지가
크다.

그런데 이러한 논리를 일관하면 다음과 같은 문제가 발생한다. 예컨대
법률의 착오로 인해 사소한 장난을 친 자식을 처벌할 권한이 있다고 믿고
행위한 자와(법률의 착오 사례) 실제로는 존재하지 않는 생명의 위협이
닥쳤다고 오신하여 타인을 상해한 자는(오상방위 사례) 양자 모두 타인을
상해하려 했다는 점에 있어서는 고의가 인정되고 따라서 위 논리를 철저
히 밀고 나가면 각 행위자 모두 구성요건 고의의 경고기능이 작용하여 자
신의 행위가 타인의 법익을 침해하는 위법한 행위라는 점을 숙고할 계기
를 지니고 있었기 때문에 양자는 동일하게 취급될 수 있을 것이다.

그러나 이러한 결과는 분명 부당하다고 하지 않을 수 없다. 왜냐하면
전자의 경우는 어디까지나 법률의 착오에 빠진 자임에 분명하지만 후자
의 경우는 사실적 상황에 대한 착오에 빠진 자이기 때문이다. 독일적 전
통에서 보면 오상방위는 사실의 착오이지 법률의 착오가 아니다.137)

그럼에도 불구하고 전술한 논리에 따라서 양자가 동일하게 취급되는
것은 타당하지 않다. 이러한 이유로 인해 법률의 착오를 오상방위와 구분
하기 위해서는 법률의 착오를 항변으로 인정하기 위한 기준은 오상방위
등 사실적 상황에 대한 착오를 항변으로 인정하기 위한 기준보다 엄격할

---

137) 독일법은 전통적으로 오상방위를 사실의 착오로 다루었다. 이에 대해서는 Gunther
    Arzt, 앞의 논문, 660면.

제3장 독일의 판례 및 학설의 역사적 전개과정 147

필요가 있다. 그리하여 법률의 착오항변을 제한하기 위한 엄격한 기준으로서 회피가능성이란 척도가 도입된 것이라고 한다.

그리고 바로 이와 같은 맥락에서 만일 과실에 의해 법률의 착오와 오상방위가 발생하는 경우에도 법률의 착오로 인한 항변은 보다 엄격히 제한할 필요가 있기 때문에 회피가능성의 판단기준은 구성요건 과실의 판단기준보다 높게 설정될 수밖에 없다는 것이다. 법과실의 주의의무 수준은 구성요건 과실의 그것보다 높으며 그렇기 때문에 구성요건 과실에 요구되는 수준보다 경미한 주의의무 위반이 있더라도, 즉 구성요건과실은 인정되지 않더라도 법과실은 인정되어 회피가능한 금지착오로 취급될 가능성이 크다.138) 이러한 맥락에서 독일연방대법원은 금지착오의 회피가능성 판단에 요구되는 주의의무 수준은 과실 판단에 요구되는 수준보다 높다고 판시한 바 있다.139)

우리는 앞에서 법률의 착오는 입증부담의 문제 때문에 사실의 착오보다는 더 엄격한 기준, 예컨대 회피가능성을 충족시킬 때에만 인정되어야 함을 확인할 있었다. 아울러 구성요건 고의의 경고기능도 역시 법률의 착오를 더 엄격하게 취급해야 하는 근거가 됨을 확인할 수 있다. 그런데 이때 요구되는 착오의 회피가능성의 기준은 오상방위 사례에서 과실범이 인정되기 위해 요구되는 착오의 회피가능성수준보다 높아야 한다는 점도 이해할 수 있다. 즉 구성요건적 과실의 인정기준보다는 법과실의 인정기준이 더 엄격하고 높게 설정해야 한다는 것이다. 만일 그렇게 보지 않으면 사실의 착오에 해당하는 오상방위를 법률의 착오와 동일한 과실기준에 따라서 처리하게 되는 불합리가 발생하기 때문이라고 한다.

---

138) 이에 대해서는 Gunther Arzt, 앞의 논문, 657~658면.
139) BGHSt 4. 236.

18.7 1962년 초안(Entwurf von 1962)과 비교

> 1962년 초안 제21조 : 행위를 행함에 있어서 아무런 불법도 행하지 않는 것
> 으로 오인한 자는, 그에게 그 착오가 비난될 수 없는 때에는, 책임 없
> 이 행위한 것이다. 그에게 그 착오가 비난될 수 있는 때에는, 그 형은
> 제64조 제1항에 의하여 감경될 수 있다.
>
> 1969 신형법총칙 제17조 : 행위를 행함에 있어 행위자가 불법을 행한다는 통
> 찰을 결하는 경우에, 그가 이 착오를 피할 수 없었을 때에는, 그는 책
> 임 없이 행위한 것이다. 행위자가 그 착오를 피할 수 있었을 때에는,
> 그 형은 제49조 제1항에 의하여 감경될 수 있다.

1962년 초안에서는 '아무런 불법도 행하지 않는 것으로 오인한 자는'이
라고 규정되어 있었는데, 신형법 총칙에서는 '행위자에게 불법을 행한다
는 통찰을 결하는 경우에 그가'로 변경되었다. 이는 1962년 초안이 행위
자가 자기의 행위를 위법하지 않은 것으로 적극적으로 착오한 경우에 관
한 것이기 때문에, 행위자가 자기의 행위가 위법한 줄 모르는 소극적인
착오의 경우도 포함시키기 위한 것이고, 통찰(Einsicht)이란 표현을 쓴 것
은 책임능력에 관한 독일형법 제20조의 규정과 보조를 맞추기 위한 것이
라고 한다.[140]

그리고 1962년 초안에서는 '그 착오가 비난될 수 없는 때'라고 규정되
어 있다가 신형법 총칙에 와서는 '그 착오를 회피할 수 없는 때'로 변경되
었는데, 신형법 총칙의 규정방식의 장점은, 첫째, 행위자에게 그 착오가 비
난될 수 없는 이유를 나타내는 것이고, 둘째, 1962년 초안의 '비난가능성'
이란 표현보다 법관에 의한 도덕화의 위험이 없다는 것이라고 한다.[141]

---

140) 김종원, 1969년의 새로운 독일형법총칙을 중심으로, 경희법학 제8권 제1호, 1970,
116면.
141) 이에 대해서는 김종원, 앞의 논문, 116면 참조.

18.8 독일형법 제17조에 대한 회고와 전망

이상의 논의를 정리하자면 책임설이 고의설에 비해 선호될 수 있는 근거는 이론적 차원이 아니라 실천적 차원에서 설명될 수 있다. 그것은 바로 입증부담의 문제이다. 고의설에 따르면 위법성의 인식은 고의의 성립요소인 관계로 행위자를 고의범으로 처벌하기 위해서는 위법성의 인식에 대한 입증의 부담이 고스란히 국가에게 부과된다. 그에 반해 책임설을 취하면 행위자에게 위법성의 인식에 대한 (법)과실만 인정되면 행위자를 회피가능한 금지착오에 빠진 자로서 고의범 처벌을 할 수 있기 때문에 국가는 행위자를 고의범으로 처벌하기 위해서 '위법성의 인식' 그 자체가 아니라 '객관적 기준에 따라서 판단되는' 과실만을 입증하면 충분한 실천적인 장점을 지니고 있는 것이다.[142] 이는 특히 전술한 바와 같이 법과실의 판단척도는 구성요건 과실의 그것보다 높게 설정되어 있기 때문에 법과실의 입증은 상대적으로 훨씬 수월하기 때문에 더욱 그러하다.

양차 세계대전을 거치면서 새로운 형벌법규(부수형법)가 급증하여 법률의 착오가 발생하는 빈도가 높아지고 독일신형법의 제정으로 "법률의 부지는 용서받지 못한다"는 전통적 법원칙에 큰 수정을 보게 되었음에도 불구하고 독일에서 법률의 착오항변이 받아들여지는 경우는 여전히 드물다. 이러한 현상을 두고 영미권의 학자인 Jerome Hall은 독일 신형법의 제정은 그저 '말뿐인 변화(verbal change)'에 불과한 것이 아닌가라는 의구심을 제기하기도 한다.[143]

Gunther Arzt는 독일 내의 착오항변이 여전히 인색한 경향의 원인에 대

---

142) Gunther Arzt, 앞의 논문, 666면.
143) 이에 대해서는 Jerome Hall, Comment on Error Juris, The American Journal of Comparative Law, Vol.24, 1976(가을호), 680면.

해 다음과 같이 분석해 낸다. 대부분의 법률의 착오항변은 새롭게 규정된 부수형법의 영역에서 주로 발생하는데 그것은 주로 과실범으로 기소된 사안이었다. 그런데 전술한 바와 같이 금지착오의 회피불가능성의 척도는 구성요건 과실의 그것보다 높기 때문에, 일단 구성요건 과실이 인정되면 당연히 법과실도 인정될 가능성이 크고, 설령 구성요건 과실에 요구되는 수준의 주의의무 위반이 부정되더라도 법과실은 인정될 수 있기 때문에 과실로 기소된 사안에 있어서는 구성요건 과실의 인정여부와는 관계없이 이러한 경우의 금지착오는 회피가능한 금지착오로 취급되어 착오항변이 받아들여지기 어렵게 되는 것이다.

이는 특히 독일 형법상의 구성요건 과실은 미국의 모범형법전이 규정하고 있는 과실보다 요구되는 주의의무 수준이 높기 때문에 그보다 더 높은 수준의 주의의무를 요구하는 법과실 개념으로 인해서 금지착오는 매우 경미한 수준의 과실만 있더라도 착오항변이 받아들여지기 어렵게 된다고 한다.[144]

19. 독일형법 제17조에 대한 1975년 독일연방헌법재판소판결(BVerfGE 41, 121)

전술하였듯 독일연방대법원 판결(BGHSt 3, 105)은 BGHSt 2, 194에 의해 책임설을 채택함으로써 구성요건 착오와 금지착오에 대한 법적 효과를 달리하게 된 데 대해 정당화 근거를 제시하여 주고 있다. 그러나 1940

---

144) 이러한 분석으로는 Gunther Arzt, 앞의 논문, 668면 참조.

년대에 스위스에서는 이미 사실의 착오와 법률의 착오가 구분가능하다고
하더라도 양자를 달리 취급할 근거는 없다는 주장이 제기된 바 있었듯
이[145] 전술한 판결(BGHSt 3, 105)의 입장에 대한 반론이 독일연방헌법재
판소에 의해 제시된바 있다.

1975년 신형법의 제정 및 공포 직후 제기되었던 독일형법 제17조 2문
에 대한 위헌심판에서 독일연방헌법재판소판례(BVerfGE 41, 121)는 동
조문이 제2문에서 회피가능한 금지착오에 빠진 자에게 단지 형의 임의적
감경만을 허용한 것이 독일기본법 제3조 1항에 위배되지 않는다고 판시
하면서, 다음과 같이 판시하였다.

"구성요건 착오와 금지착오라는 두 형태의 무지는 단지 그 형성과 심
리적 상태에 있어서만 구분되는 것이지 법률효과에 관련된 방식에 있어
서 구분되는 것은 아니다. 회피가능한 구성요건착오의 경우는 제15조에
의해 가벌성이 특별히 인정될 때에만 단지 과실범으로 처벌할 수 있고,
이와 반대로 회피가능한 금지착오의 경우는 단지 고의범행을 명확히 한
정하고 있는 형벌규범이 적용된다. 구성요건착오에 빠진 행위자뿐만 아니
라 금지착오에 빠진 행위자도 고의범행의 유형과는 명백히 차이가 있다.
왜냐하면 두 가지 착오 모두 스스로 인식하지 못한 채 법질서의 요구에
반항한 것이고, 고의로 행위한 것이 아니라 기껏해야 과실로 행위한 것이
기 때문이다. 금지착오가 구성요건착오보다 더 쉽게 회피할 수 있는 것은
아니다. 오히려 약간의 주의력만 기울여도 구성요건 착오는 회피하거나
제거할 수 있는 반면 금지착오는 스스로의 힘으로가 아니라 법률전문가
의 규칙적인 가르침을 통해서 제거될 수 있기 때문이다. 금지착오에 빠져
행위하는 자가 구성요건착오에 빠져 행위하는 자보다 사회적으로 더 위
험한 것은 아니다"

---

145) Paul K. Ryu & Hellen Silving, 앞의 논문, 434면.

이러한 판결을 통해 사실의 착오와 법률의 착오는 이론적으로는 다르게 취급되어야 할 근거가 없으며 다만 책임설을 취함으로써 양자를 달리 취급할 것이냐, 아니면 고의설을 취함으로써 양자를 동일하게 취급하느냐의 문제는 입법자의 결단에 달려 있다고 판단하였던바,[146] 이로써 구성요건 착오와 금지착오에 대한 법적 효과를 달리하게 된데 대해 정당화 근거를 제시하여 주었던 BGHSt 3, 105의 입장은 새로운 유권해석, 즉 독일연방헌법재판소의 판결(BVerfGE 41, 121)에 의해서 재검토되기에 이른다.

<hr>

146) BVerfGE 41, 121.

제4장

오상방위의 법적 효과에 관한 비교법적 고찰

20. 이른바 '위법성조각설'에 대한 의문

오상방위와 관련된 한국의 대법원 판례의 거의 일관된 입장은 그 오인에 정당한 이유 혹은 상당한 이유가 있을 때 위법성이 조각된다는 것이다.[1] 이에 대해 한국 학계의 거의 일치된 견해는 적어도 '학리적으로는' 수용하기 어렵다는 것이다. 오상방위는 위법성조각사유의 전제사실의 착오의 일유형인데, 이에 대한 법적 해결방식은 통설적으로 사실의 착오로 보거나 법률의 착오로 포섭해[2] 고의나 책임을 조각시키는 것이 잘 확립된 견해이므로 위법성을 조각시키는 법리는 이와 한참 유리된, 법리적 계보를 찾아볼 수 없는 생소한 입장이라는 것이다.

그런데 2010년대 이후 한국 판례의 입장에 대한 긍정적인 평석이 등장하기 시작했다. 그 논지는 다음과 같다. 판례에서 위법성이 조각된다는 의미는 오상방위가 정당방위에 해당할 수 있다는 취지이고 그렇다면 판례는 '행위시' 행위자의 판단을 기준으로 정당방위의 요건과 성립범위에 대한 판단을 내리고 있다는 것이다. 그러므로 비록 객관적·사후적으로는 정당방위상황이 존재하지 않는다고 하더라도 '행위시'에 정당방위 상황이 존재한다고 평가할 수 있는 경우에는 위법성이 조각될 수 있다는 것이다. 이러한 해석에 따르면 판례는 정당방위 상황의 존재여부를 행위시를 기

---

[1] 가장 최근의 판결로는 대법원 2023. 11. 2. 선고 2023도10768 판결. 동 판결에 대해서는 엄격책임설을 취한 것으로 볼 여지가 있다는 일부 평가도 있지만, 동 판결에서 대법원은 정당한 이유의 유무에 따라 '책임조각'이 아닌 위법성조각'의 성부를 검토하고 있다는 점에서 여전히 종래 입장을 견지하고 있다고 보인다.

[2] 논자에 따라 사실의 착오와 법률의 착오가 중첩된 제3의 착오유형으로 분류하기도 한다.

준으로 판단하고 있고 따라서 행위시를 기준으로 보면 행위자가 그렇게
인식할 수밖에 없는 상황이라면 비록 사후적(결과적)으로 정당화 사정이
존재하지 않았다고 하여도 정당방위가 인정될 수 있다고 한다. 요컨대, 대
법원의 입장은 정당화 사정을 인식한 행위자의 '주관적 측면에 대한 객관
적 평가'로서, 행위시 행위자의 인식을 객관적으로 판단하여 볼 때, 정당
화 사정이 존재한다고 볼 수 있다면 정당방위가 성립할 수 있다는 것이
다. 즉, 정당방위 상황을 행위자가 인식한 것만을 기준으로 삼는 것이 아
니라 '일반인의 관점'에서 보더라도 행위자가 정당화 사정이 존재한다고
믿을 수밖에 없었다고 판단되면 정당방위가 성립해 위법성이 조각된다는
것이다.[3]

  이러한 견해가 전혀 새로운 것이라고만 볼 수는 없는데 비교법적으로
볼 때 대법원의 입장과 유사한 법리는 분명 존재하기 때문이다. 예컨대
커먼로 계통의 정당방위 법리 중에는 "정당화 사정에 대한 착오가 합리적
인(reasonable) 경우 정당방위가 성립된다"는 입장이 있다. 여기서 착오의
'합리성'은 곧 일반인의 관점에서도 그렇게 믿을 수밖에 없었던 제반 사
정이 존재할 때 인정되며 따라서 이는 우리 대법원의 오상방위 법리와 유
사하다. 현재 미국의 대다수 주가 채택하고 있는 법리이다. 여기서 더 나
아가 착오의 합리성 여부와는 관계가 없이 그것이 '진정한(genuine)' 경우
정당방위가 성립된다는 법리도 병존하고 있는데 전자를 '합리적 믿음설'
로 후자를 '진정한 믿음설'로 지칭할 수 있을 것이다. 후자는 현재 영국
(England and Wales) 법원이 취하고 있는 법리이다. 이러한 커먼로 법리에
따르면 일정 요건이 갖추어지면 오상방위를 정당방위로 취급해 '정당화

---

3) 이러한 입장으로는 이용식, "위법성조각사유의 전제사실의 착오에 대한 대법원판
   례의 이해구조", 형사판례연구 제24권 (2016); 하태인, "판례분석을 통한 오상방위
   의 해석" 형사법연구 제31권 제4호 (2019).

(justification)', 즉 위법성조각[4])의 법적 효과를 부여하기 때문에 우리 대법원의 오상방위 법리와 상통하게 된다.

그런데 여기서 드는 한 가지 의문은 대체 어떠한 법리적 근거에서 오상방위가 정당방위로 취급될 수 있느냐는 것이다. 앞서 소개한 일부 견해에 따르면 오인에 정당한 이유가 있으면 사전적 관점에서 볼 때 정당화 사정이 있다고 평가될 수 있으므로 정당방위가 성립된다고 하지만 행위시 일반인의 관점에서 볼 때 정당화사정이 존재했다고 '규범적으로' 평가할 수는 있더라도 정당화 사정이 실재하지 않았다는 객관적 사실에는 변함이 없기 때문이다. 이것은 실제 사안에서 흔히 발생하는 주관적 표상과 객관적 결과의 불일치, 즉 착오의 문제이자 그러한 착오에 이르게 된 행위자의 과실 유무와 결부된 문제인데 이에 대한 합당한 해명 없이 곧바로 정당방위의 성립요건인 정당화 사정의 존재가 충족되었다고 설명하는 것은 충분히 설득력 있는 근거지음이라고 보기는 어렵다. 그렇게 되면 사실상 거의 모든 착오의 처리방식은 정당한 이유의 존부문제로 귀착될 것이기 때문이다. 이러한 사정은 커먼로의 정당방위 법리와 비교해 보면 조금 더 분명해진다. 커먼로 법리에는 국가별로 정당방위가 성립되기 위한 요건으로서 '정당화 사정의 존재' 또는 '정당화 사정의 존재에 대한 합리적 믿음(미국 대다수 주)이나 진정한 믿음(영국 Egnland and Wales)'이라는 두 가지 요건이 선택적으로 제시되어 있다. 따라서 둘 중 어느 한 요건만 갖추더라도, 다시 말해 객관적으로 정당화 사정이 부존재하더라도 정당방위가 성립될 수 있음은 의문의 여지가 없다. 하지만, 형법의 정당방위 규정은 법문상 명백히 '현재의 부당한 침해'를 요구하고 있을 뿐 이에 대한 '합리

---

4) '위법성조각'과 '정당화'를 구분하는 견해도 있지만 본고에서는 이를 혼용하기로 한다. 이러한 입장을 지지하는 문헌으로는 George P. Fletcher, *The Grammar of Criminal Law*, Volume One (Oxford Univ. Press, 2007), 51면.

적 혹은 진정한 믿음'을 요건으로 두고 있지 않다는 점에서 대법원의 법리에 대해서는 보다 설득력 있는 근거지음이 필요하다는 것이다.

그럼에도 불구하고 대법원 혹은 재판실무는 오상방위의 법적 효과로서 과연 어떤 근거에서 정당방위가 인정되고 위법성이 조각되는지 상세히 해명해 주고 있지 않다. 일부 하급심 판결이 이에 대한 약간의 언급을 하고 있으나, 때로는 학계에서 논의되는 기존 학설들이 모순이 있고 불만족스럽기 때문에 대법원이 독자적인 법리를 구축하고 있다고 분석하거나[5] 때로는 특정 학설(엄격책임설)이 타당하다는 입장을 밝히고 있을 뿐[6] 대법원의 입장을 명확하게 법리적으로 근거 짓는 설득력 있는 논거를 제시하고 있지는 못한 형편이다.

21. 형법상 불법의 구조와 '위법성조각설'의 근거

21.1 형법상 불법의 실질과 구조

일반적으로 위법성(Rechtswidrigkeit, wrongfulness)[7]은 어떠한 행위가

---

5) 서울중앙지방법원 2021.8.12. 선고 2020고합886 판결.
6) 서울북부지방법원 2022.12.21. 선고 2022고단2161 판결.
7) 플레처에 따르면 독일어의 위법성(Rechtswidrigkeit)은 영어로 Law(Rechts) + anti(widrig)+ness(keit) 정도의 뜻으로 번역될 수 있으나 이때의 Recht는 단순히 실정법(Gesetz)을 뜻하는 것이 아니라 보다 상위의 도덕적으로 구속력 있는 원칙을 포함하는 용어이므로 위법성의 영어표현은 'unlawfulness'보다는 'wrongfulness'가 더 적절하다고 한다. George P. Fletcher, *supra* note 4, 앞의 책, 74면. 다만 후술하듯이 논사에 따라서(Sendor) 'wrongfulness'를 '불법'의 의미로 사용하기도 하므로 각별한 주의를 요한다.

법규범에 위배되거나 반하는 것이라는 평가를 의미하는 반면 불법은 법에 반하는 사태로서 법에 위배된 행위 자체를 의미한다. 불법은 결과반가치와 행위반가치로서의 속성을 지니는데 전자는 법익침해나 위험 등 불법의 객관적 측면을 뜻하고, 후자는 고의, 과실, 목적 등 불법의 주관적 측면을 지칭한다.[8] 예컨대 살인의 불법은 살인할 의도의 구현으로서 사람의 사망이라는 결과의 발생이다. 결과반가치와 행위반가치는 구성요건의 실질적 구조를 이루기 때문에 양자가 모두 인정되어야 불법유형으로서 구성요건이 성립되며(이원적 불법론) 따라서 이 두 요소가 결합해 성립된 구성요건적 행위의 위법성이 '조각'되기 위해서는 불법의 실질적 속성인 결과반가치와 행위반가치가 모두 '소멸'되어야 한다.[9] 이를테면 정당방위의 경우 정당방위가 인정되기 위해서는 결과반가치 측면에서 객관적으로 현재의 부당한 침해라는 정당화 사정이 존재해야 방위의 상대방에게 발생한 법익침해인 결과반가치가 상쇄되고, 행위반가치 측면에서는 주관적 정당화요소로서 방위의사가 존재해야만 구성요건 고의가 지닌 행위반가치가 상쇄된다. 엄밀히 말해 이미 존재하는 불법이 '조각' 내지 '소멸'될 수는 없지만 규범적인 가치형량의 측면에서 불법의 작용이 법에 충실한 행위의 반작용에 의해 '상쇄'되었다고 평가할 수 있는 것이다.

오상방위의 불법구조는 이와 달라진다. 방위자에게 구성요건 고의는 그대로 남아 있지만, 그는 부당한 침해에 대해 정당하게 방어행위를 한다는 방위의사(소위 정당화 고의)를 갖고 있기 때문에 구성요건적 고의가 지닌 행위반가치가 상쇄된다. 이를 두고 방위자에게 구성요건고의는 존재하지만 불법고의가 조각된다고도 말한다. 다만 오상방위의 경우 방위의사의

---

8) 물론 행위불법에는 객관적 요소로서 행위태양과 객관적 행위자 요소도 있지만 여기서는 논외로 한다.
9) 신동운, 형법총론 (법문사, 2023), 294면.

형성에 착오가 개입되어 있기 때문에 행위반가치가 완전히 상쇄된다고
보기는 어렵다는 측면이 있으나 착오에 정당한 이유가 있는 경우에는 행
위자에게 과실조차 인정할 수 없으므로 사실상 의미있는 행위반가치는
거의 남아있지 않다고 보는 것이 타당하다. 물론 착오에 정당한 이유가
없는 경우에는 행위반가치가 완전히 상쇄되지 못하기 때문에 이에 대한
별도 논의가 필요하다. 이와 관련해 위법성조각사유의 전제사실의 착오는
결과반가치와 행위반가치는 모두 인정되지만 심정반가치가 축소된 경우
라는 견해[10]도 있는데, 이러한 평가는 착오에 정당한 이유가 없는 경우에
는 타당하다고 볼 수 있겠으나 착오에 정당한 이유가 있는 때에는 전술한
바와 같이 형법상 의미있는 행위반가치가 사실상 모두 상쇄되어 소멸했
다고 보는 것이 합당하다.[11]

　　바로 위와 같은 불법의 구조에 비추어 정당방위에 의한 위법성 조각의
효과가 설명된다. 오상방위의 해결방식에 관한 종래의 통설들은 오상방위
는 행위자의 고의나 책임을 조각시킬 수는 있지만, 객관적으로 정당화 상
황이 존재하지 않기 때문에 결과반가치가 상쇄되지 못하여 위법성이 조
각된다고는 보지 않는 것이다. 물론 이러한 이론구성은 착오에 정당한 이
유가 없는 경우에는 타당한 측면이 있다고 보이지만, 후술하는 바와 같이
정당한 이유가 있는 경우 달리 접근할 필요가 있다고 생각된다.

---

10) 이재상·장영민·강동범, 형법총론 (박영사, 2022), 129면.
11) 오상방위와 관련된 많은 논의에서 착오에 정당한 이유가 있는 경우와 없는 경우를
　　구분하지 않은 채 결과반가치와 행위반가치의 유무를 논하기 때문에 일견 혼란스
　　럽고 상호 상치되는 평가에 도달하기도 한다.

21.2 대법원 판례의 근거

그렇지만 모든 형법이론이 결과반가치와 행위반가치가 위법성조각절차
에서 차지하는 역할 내지 중요도를 동일하게 보는 것은 아니다. 예컨대
형법상 행위의 본질을 목적적 조종활동으로 보는 목적적 행위론자들 중
에는 결과반가치를 무의미한 것으로 보고 행위반가치만으로 불법의 성부
가 결정된다고 설명하는 논자도 있다(행위반가치 일원론). 따라서 행위반
가치가 인정되지 않으면 비록 결과반가치가 남아 있다고 하더라도 이는
유의미한 고려요소가 아니므로 위법성이 조각된다고 본다.[12) 마이호퍼
(Maihofer)와 같은 인격적 불법론자도 이와 같은 입장에 있다.[13) 간단히
설명하자면 의무는 가능을 전제로 하기 때문에 주의의무를 다한 자는 결
과불법을 발생시켰다고 하더라도 책임이 아닌 불법이 조각된다고 마이호
퍼는 주장한다. 마이호퍼에 따르면 일반적으로 위법성 단계는 행위에 대
한 평가, 책임은 행위자에 대한 평가의 단계라고 설명되지만 행위자 없는
행위는 생각될 수 없으므로 위법성 단계에서도 행위자가 행위와 함께 고
려되어야 한다고 한다. 이는 행위반가치만으로도 위법성이 조각될 수 있
다는 논리의 전제가 된다.

위와 같은 입장에 따르면 정당화 사정에 대한 방위자의 오인이 일반인
들의 관점에서 보더라도 그렇게 인식될 수밖에 없었다고 인정될 경우 그
행위자에게 주의의무 위반(과실)을 관념할 수 없고 그는 방위의사를 지니
고 방어행위를 한 것이므로 행위반가치가 완전히 배제되어야 한다고 평

---

12) 이러한 입장을 취하는 벨첼(Welzel)과 아르민 카우프만(Arimin Kaufmann)의 견해
에 대한 소개로는 문채규/강수경, "불법과 책임의 구별 그리고 규범이론 – 독일의
논의를 중심으로", 서울대학교 법학 제59권 제4호 (2018), 57-58면과 64-65면 참조.

13) Werner Maihofer, *Gesamte Strafrechtswissenschaft*, in: Henkel-Festschrift zum 70.
Geburtstag, 1974, 77면 이하.

가될 수 있다. 행위자의 작품으로 귀속시킬 수 없는 결과반가치는 위법성 평가에서 무의미한 것이므로 그것이 남아있더라도 행위반가치가 소멸된 이상 위법성이 조각된다고 볼 수 있다. 생각건대 이것이 바로 대법원 판례가 취하고 있는 법리의 근거라고 보인다. 형식적으로는 정당방위의 성립요건을 검토하고 있는 것처럼 보이지만, 실질적으로는 행위자의 행위반가치가 탈락될 수 있는 제 요건을 검토하고 있다는 것이다.

대법원 판례들 중에는 이처럼 결과반가치가 소멸되지 않았더라도 행위자에게 행위반가치를 관념하기 어려운 때에는 위법성이 조각된다고 판시한 사례가 더러 있다. 우선 명예훼손죄의 위법성조각사유인 제310조의 적용과 관련해 위법성이 조각되기 위해서는 "공공의 이익을 위해서 진실한 사실을 적시해야" 한다는 요건이 충족되어야 하는데, 허위의 사실을 진실한 사실로 믿고 공공의 이익을 위해 적시한 경우에는 객관적으로는 위법성조각사유의 요건이 충족되지 못하여 결과반가치가 남아있지만 만일 그러한 오인에 상당한 이유가 있을 경우 위법성이 조각된다는 법리가 그러하다.

> "형법 제310조의 규정은 인격권으로서의 개인의 명예의 보호와 헌법 제21조에 의한 정당한 표현의 자유의 보장이라는 상충되는 두 법익의 조화를 꾀한 것이므로, 두 법익간의 조화와 균형을 고려한다면 적시된 사실이 진실한 것이라는 증명이 없더라도 행위자가 진실한 것으로 믿었고 또 그렇게 믿을 만한 상당한 이유가 있는 경우에는 위법성이 없다고 보아야 한다".[14]

다시 말해 이러한 법리의 취지는 오상방위와 마찬가지로 결과반가치는 남아 있더라도 행위반가치가 완전하게 상쇄되어 위법성이 조각된다는 뜻

---

14) 대법원 2007. 12. 14. 선고 2006도2074 판결.

으로 새길 수 있다.

같은 맥락에서 공직선거법상 허위사실공표죄와 관련해 대법원은 다음과 같이 판시한 바 있다.[15]

"후보자의 비리 등에 관한 의혹의 제기는 비록 그것이 공직적격 여부의 검증을 위한 것이라 하더라도 무제한 허용될 수는 없고 그러한 의혹이 진실인 것으로 믿을만한 상당한 이유가 있는 경우에 한하여 허용되어야 한다. 그리고 이때 의혹사실의 존재를 적극적으로 주장하는 자는 그러한 사실의 존재를 수긍할 만한 소명자료를 제시할 부담을 진다고 할 것이고, 그러한 소명자료를 제시하지 못한다면 달리 그 의혹사실의 존재를 인정할 증거가 없는 한 허위사실의 공표로서의 책임을 져야 할 것인 반면, 제시된 소명자료 등에 의하여 그러한 의혹이 진실인 것으로 믿을만한 상당한 이유가 있는 경우에는 비록 사후에 그 의혹이 진실이 아닌 것으로 밝혀지더라도 표현의 자유 보장을 위하여 이를 벌할 수 없다고 할 것이다."

이 역시 전술한 불법의 실질과 구조 및 위법성조각의 논리에 비추어 이해할 수 있다고 생각된다.

이러한 입론이 옳다면 오랜 기간 판례는 지속적으로 이러한 논지를 펼치고 있었다고 보여지는데 안타깝게도 그동안 우리의 학설은 판례가 말하고자 하는 - 그것이 처음부터 법원에 의해 의도된 것이든 현시점에서 학계에 의해 새롭게 해석된 것이든 - 규범적 메시지의 무게를 적절히 가늠하지 못하고 있었던 것이 아닌가 생각된다.

---

15) 대법원 2003. 2. 20. 선고 2001도6138 전원합의체 판결.

22. 커먼로상 위법성 조각설의 근거 : 합리적 믿음설 vs. 진정한 믿음설

과연 그렇다면 대법원의 입장과 구조적으로 매우 유사한 법리를 채택하고 있는 커먼로에서는 오상방위자에 대한 법적 효과로서 어떠한 근거로 정당화를 인정하고 있는 것일까?

이에 대한 적절한 검토를 위해서는 두 단계의 논의를 거치는 것이 타당해 보인다.

첫째, 과연 합리적 믿음 또는 진정한 믿음은 어떻게 오상방위자에게 정당화의 효과를 부여할 수 있는가?

둘째, 진정한 믿음설은 불합리하지만 진정한(unreasonable but genuine) 믿음을 지닌 경우까지도 정당화의 효과를 부여하는 것이 가능하다고 보는데, 그 근거는 무엇인가?

22.1 합리적 믿음설의 근거

합리적 믿음설은 정당화 사정에 대한 믿음이 합리적인(reasonable) 것일 때에는 오상방위에 대해서 정당방위로서의 효과를 부여하는 입장이다. 이때 믿음이 합리적이라는 것은 오인에 정당한 이유가 있다는 것과 크게 다를 바 없다. 커먼로의 정당방위의 요건은 우리나라와 달리 정당화 사정이 반드시 존재할 것을 요구하지 않는다. 즉, 우리와 별로 다를 바 없는 일반적인 정당방위 요건을 전제로 현재의 부당한 침해가 실재하든지, 그에 대한 합리적 또는 진정한 믿음이 있으면 족하다. 즉, 미국의 다수 주가 채택하고 있는 합리적 믿음설은 정당화 사정이 실재하지 않더라도 그 존재에 대한 합리적 믿음만으로 정당방위 요건이 충족된다고 보는 것이다. 이것은 마치 오상방위자에게 그 착오에 정당한 이유가 있으면 위법성이 조각된다고 보는 대법원 판례와 매우 유사하다. 행위반가치의 소멸만으로 위법성조각의 효과를 인정하는 법리인 것이다. 한편 이 입장은 착오가 진정한 것이면 족하다는 법리와 차이를 보이며, 따라서 비록 진정한 착오라도 그것이 비합리적인 것이라면 정당방위로 인정되지 못한다는 결론에 이른다.

합리적 믿음설에 대한 이론적 근거는 다양하게 제시되고 있다.

무엇보다도 합리적 인간의 행동은 모든 법의 기준이 되며 사회적으로 용인된다는 것이다. 따라서 결과반가치가 남아있는 오상방위라고 하더라도 합리적 인간이라면 동일하게 행동했을 상황에서 행한 것이라면 그 행위는 정당화된다고 본다.

또한 비합리적으로 부주의하게 행동하여 오상방위로 해악을 발생시킨 사람을 처벌함으로써 예방목적을 실현할 수 있다고 보며 경솔하게 행동한 자를 형사처벌하지 않으면 같은 실수를 범할 것이므로 그러한 위험을 제거해야 한다는 논거도 있다. 이러한 논거는 추가적인 법익침해를 방지하기 위해 일반예방적 효과가 필요하다고 보는 공리주의 사조의 영향과도 무관하지 않다.

이러한 법리를 지지하는 Greenawalt는 다음과 같은 논변을 제시한다.

행위자가 합리적으로 추론한 사실을 근거로 가능한 최선의 판단을 내렸을 경우 그 밖의 '알 수 있었던' 사실은 도덕적 평가의 관점에서 볼 때 중요하지 않으며 따라서 사후적으로 볼 때 그의 추론이 잘못된 것으로 판명되더라도, 즉 합리적으로 믿었던 정당화 사정이 존재하지 않았다고 하더라도 그의 행위는 정당화될 수 있다고 한다.[16]

---

16) Kent Greenawalt, *Distinguishing Justifications from Excuses*, 49(3) Law &

그는 우선 정당화와 면책의 구분 필요성에 대해 강조하는데 형법의 목적이 단지 형벌을 적절하게 분배하는 것이라면 이 구분이 불필요하겠지만, 형법이 도덕적 판단을 반영하여 이를 강제하는 것이라면 정당화(위법성조각)와 면책(책임조각)은 구분되어야 한다고 주장한다. 왜냐하면 법공동체는 범죄가 불성립한 이유에 대해서 관심을 가질 것이기 때문이다. 즉 정당화는 '도덕적으로 옳은 행위에 대해서 인정되는 항변'이라는 점에서 면책과 구별된다는 것이다.

이어서 그는 정당화와 면책의 일반적인 구분방식을 소개한다. 그에 따르면 정당화되는 행위는 정당한(warranted) 것으로 여겨지는 반면 면책된 행위는 그렇지 않다. 그것은 단지 비난가능성이 없을 뿐이다. 따라서 피고인은 보통 정당화되기를 원하지 면책되기를 원하지는 않는다.

또 다른 구분법에 의하면 정당화는 동일한 조건에서 누구에게나 동일하게 적용되는 객관적인 성질을 지닌다면, 면책은 개별 행위자와 관련된 주관적인 성질을 지닌다. 위법성과 책임의 구분방식에 대한 우리의 설명방식과 다를 바 없다. 하지만 Greenawalt는 정당화라고 하더라도 부분적으로는 행위자의 심적 상태를 고려해야 하며, 행위자의 주요한 특성을 고려해야 한다고 지적한다.[17] 즉 정당화에도 행위자 의존적인 주관적 측면이 있다는 것이다. 이러한 이론구성은 앞서 논급한 바 있는 마이호퍼의 인격적 불법론을 연상시킨다.

아울러 정당화된 행위는 장려되는 것이고 금지되는 행위가 아니지만, 면책된 행위는 금지되는 행위로서 장려되지 않는다.[18] 단, 적확하게도 이

Contemp. Probs. 89 (1986), 94면.

17) 앞의 논문, 91면.

18) 앞의 논문, 91-92면. 동지의 입장으로는 Paul Robinson, *Criminal Law Defenses: A Systematic Analysis*, Columbia Law Review, Vol.82, No.2 (1982), 229면.

러한 구분법은 불완전한 것이라고 덧붙인다.[19]

또한 그는 정당화와 면책의 구분은 일응 명료해 보이면서도 경계가 모호한 다음과 같은 한계영역이 있음을 지적한다. 적절한 행동을 했음에도 불구하고 결과적으로 해악을 가져오는 사례가 있다는 것이다. 바로 사실에 대한 착오로 인해 무고한 사람을 공격하는 오상방위 사안이 그 대표적이다.

이에 대한 도덕적 관점의 평가는 다양할 수 있음을 지적하면서도, 분명한 것은 현재의 사실을 인식하기 위해 가능한 최선의 노력(best possible effort)을 기울인 자는 정당화의 효력을 부여받아야 한다는 것이다.[20] 미래에 대한 예측에 최선의 노력을 다했으나 예상치 못한 결과가 발생한 경우에 행위자는 정당화되어야 하는 것이 합당한 것과 마찬가지로 현 상황에 대한 사실적 판단에 착오가 있어서 해악을 초래한 경우도 도덕적으로 동일한 평가를 받아야 한다고 한다. 잘못된 예측이든 현재 사실의 오인이든 사실적 요소에 대한 무지 내지 착오로 의도치 않은 결과가 초래되었을 뿐이라는 점에서 공통적이기 때문이다.

물론 사실에 대한 오인은 행위자가 알 수 있었지만(knowable), 결과적으로 발견되지 못한(not discovered) 사실이 문제된다는 점에서 사실에 대한 충분한 탐색장비와 시간이 있었다면 행위자는 옳은 사실을 인식할 수

---

19) 다시 말해 모든 정당화된 행위가 장려되는 것은 아니며 이 점은 영국의 학계에서도 널리 받아들여지고 있다. 우리 대법원도 위법성조각사유의 하나인 정당행위와 관련해 "어떠한 행위가 범죄구성요건에 해당하지만 정당행위라는 이유로 위법성이 조각된다는 것은 그 행위가 적극적으로 용인, 권장된다는 의미가 아니라 단지 특정한 상황 하에서 그 행위가 범죄행위로서 처벌대상이 될 정도의 위법성을 갖추지 못하였다는 것을 의미한다"고 설시한 바 있다(대법원 2021. 12. 30. 선고 2021도9680 판결).

20) 앞의 논문, 94면. 물론 이 경우 '최선의 노력'과 '합리적 노력'은 차이가 있겠지만 도덕적 관점에 따라서 합리적 노력만으로도 정당화의 효력을 인정할 있다고 한다.

있었겠지만, 긴급한 상황, 예를 들어 오상방위와 같은 상황에서는 행위자는 긴급하게 대처해야 하기 때문에 그가 충분한 시간과 장비가 있었다면 사실을 제대로 인식할 수 있었다는 점은 도덕적으로 중요하지 않다고 한다. 즉, 행위자가 그와 같은 상황에서 오인한 사실은 '실천적 의미에서 볼 때 알 수 없는 사실(practically unknowable fact)'로 간주해야 한다는 것이다. 따라서 주어진 상황에서 행위자가 최선의 노력을 다했다면 그의 행위는 정당화되어야 한다는 것이다.[21]

다만, 그도 행위자의 오인에 과실이 있는 경우, 즉 비난가능성이 있는 과실에 의한 착오(negligent ignorance)를 어떻게 취급해야 하는지에 대해서 위와 다른 논지를 펼친다. 이 경우에 행위자의 오인은 합리적인 것이 아니므로 이에 대해 일정부분 비난가능하기 때문에 정당화의 효력을 부여하기는 어렵고, 단지 (부분적) 면책의 효력만을 부여해야 한다고 한다.[22] 후술하겠지만, 이러한 결론은 진정한 믿음설과는 명백히 차이가 나는 것이다.

요컨대, 도덕적 관점에서 볼 때 행위시에 최선을 노력을 다한 경우라면 사실에 대한 착오로 의도치 않은 결과를 발생시킨 경우에도 역시 정당화의 효력을 부여할 수 있다는 것이 그의 논지이며, 이는 합리적 믿음설을 지지해 준다.

다음으로 Dressler도 Greenawalt와 같이 오상방위에 대해서 정당화의 효과를 부여할 수 있다는 입장을 지지한다.

그는 우선 Fletcher가 오상방위는 진정한 정당화(true justification)가 될 수 없다고 주장하며 제시한 근거에 대해 반박한다. 플레처에 따르면 정당화의 법적 효과가 인정되기 위해서는 그 행위는 올바른(rightful) 것이어야

---

21) 앞의 논문, 94면.
22) 앞의 논문, 95면.

만 한다. 그러나 오상방위는 불필요하게 법익을 침해하는 행위이기 때문에 올바름 요건을 충족하지 못한다고 한다.

이에 대해 드레슬러는 여러 가상의 정당방위 사례에 비추어 볼 때 정당화되는 행위가 반드시 올바른 행위일 필요는 없으며, 그것은 단지 용인할 수 있고(tolerable), 허용가능한 것이거나 불법에 해당하지 않는(nonwrongful) 행위면 충분하다고 한다. 그러므로 사실에 대한 합리적 인식에 기초한 행위는 설령 그것이 착오에 의한 것이라고 하더라도 정당화된다고 한다. 요컨대 법공동체는 행위자로 하여금 합리적 인식에 기초한 사실(reasonable appearance) 이상의 것을 따르도록 현실적으로 요구할 수 없다고 한다.[23)]

22.2 진정한 믿음설의 근거

22.2.1 진정한 믿음설의 의의

진정한 믿음설은 정당화사정에 대한 믿음이 진정한(genuine, honest) 것일 때에는 오상방위에 대해 정당방위의 효과를 부여한다는 입장이다. 합리적 믿음설과는 달리 착오의 합리성 유무는 불문한다. 다시 말해 비합리적인 착오라도 그것이 진정한 것일 때에는 위법성조각(justification)의 효과를 부여한다는 것이다. 이는 17세기 무렵 초기 커먼로의 입장이었으며 현재 영국(England and Wales) 판례와 모범형법전의 태도가 이러한 입장을 채택하고 있다.[24)]

---

23) Joshua Dressler, *New Thoughts About the Concept of Justification in the Criminal Law: A Critique of Fletcher's Thinking and Rethinking*, 32 UCLA L. Rev. 61 (1984), 앞의 논문, 81-86면과 93면.
24) 영국 형법상 오상방위의 취급방식에 대한 상세한 논의로는 안성조, 현대 형법학

진정한 믿음설은 착오의 합리성, 즉 정당한 이유의 유무를 불문하고 곧 바로 행위자에게 정당방위를 인정해 정당화의 효력을 부여한다는 점에서 피고인에게는 가장 유리한 법리라고 할 수 있다. 하지만, 과연 어떤 이유 에서 진정한 믿음만으로, 즉 비합리적이지만 진정한 믿음일 경우에도 정 당화의 효력이 발생할 수 있는지 일견 쉽게 납득이 가지 않는다. 앞서 합 리적 믿음설은 그 나름의 이론적 근거가 있음을 확인할 수 있었지만 진정 한 믿음설에 대해서는 어떠한 법리적·이론적 근거지음이 가능한 것인지 구명될 필요가 있을 것이다.

22.2.2 진정한 믿음설의 법리적 근거

영국법이 진정한 믿음설을 채택한 대표적인 리딩케이스로는 영국 항소 법원(Court of Appeal)의 Williams 판결과 추밀원(Privy Council)의 Beckford 판결이 있으며 판례가 제시하는 진정한 믿음설의 법리적 근거는 다음과 같다.

22.2.2.1 R v Williams (Gladstone)[25]

[사실관계]

Mason이라는 한 남성(피해자)은 사건발생 당일 한 흑인 청년이 어느 여성의 핸드백을 붙잡는 것을 목격하고 그를 따라가 체포하여 경찰서로 데려가던 중(장면1) 그 청년이 붙잡힌 상태에서 풀려나자 다시 붙잡아 가 격해 땅에 쓰러지게 하였고 더 이상 저항하지 못하게 하기 위해 두 팔을

제4권 ‑ Tractatus Juris Criminalis ‑ (성인문화사, 2024), 제5장을 참조.
25) R v. Williams (Gladstone) [1987] 3 All ER 411.

등 뒤로 비틀었다. 그러자 그 청년은 저항하며 도와달라고 소리쳤다(장면 2). 퇴근길에 장면2를 본 Williams(피고인)는 Mason이 흑인 청년을 공격하는 것으로 오인하고 이를 저지하기 위해 다가가 Mason에게 무슨 상황인지 물었고, 이에 Mason은 자신은 핸드백 절도범을 체포하려고 하던 것이었고 자신은 경찰관이라고 답하였으나 경찰관이라는 답변은 거짓말이었다. 경찰관 신분증을 요구하는 Williams에게 피해자가 이를 제시하지 못하자 피고인은 피해자를 가격하여 상해를 입히게 되었다.

[근거]

첫째, 거증책임은 검찰에 있다.

둘째, 폭행(assault)이란 타인에게 위법한 폭력을 가하는 것이며 따라서 폭행과 관련된 책임을 구성하는데 필요한 주관적 요소(mental elements)는 위법한 폭력(unlawful force)을 피해자에게 가하려는 의도(intention)이다.

셋째, 그렇다면 단순히 어떠한 폭력을 가하려고 했다는 점만을 보여주는 것만으로는 범의가 입증되었다고 보기 어렵다.

넷째, 따라서 만일 피고인이 정당화 사정에 대해 착오가 있다면, 그는 자신이 믿은 바에 따라서 판단되어야 하는데, 그렇게 될 경우 검찰은 범의를 입증하는데 실패할 것이고 따라서 피고인은 무죄에 이를 것이다.

다섯째, 만일 피고인이 실제로 어떠한 믿음을 품고 있다면, 유죄 또는 무죄 여부와 관계되는 한, 그 믿음의 비합리성은 유죄나 무죄의 판단근거가 되지 않는다. 그것은 무관한 것이다. 그렇지 않다면 단지 정당화 사정이 없다는 점을 인식하는 데 있어서 과실이 있다는 점만으로 피고인은 (고의범으로)26) 유죄의 판결을 받을 것인데 이는 명백히 부당한 결론이 된다.

---

26) 이해의 편의를 위해 '고의범으로'라고 부기하였음.

22.2.2.2 Beckford v. Queen[27]

[사실관계]

피고인은 경찰관이었는데, 피해자가 총으로 누군가에게 위해를 가하고 있다는 신고를 받고 어느 집으로 출동했는데, 그 집에 도착하자 피해자는 총으로 보이는 물건을 갖고 도망치기 시작했다. 피고인은 그를 추격했고 그 과정에서 피해자가 자신에게 총을 쏘려는 것으로 생각하고 그에게 총격을 가해 사망에 이르게 하였다. 총을 쏘는 순간 피해자에게는 총이 없었으며, 무릎을 꿇고 손을 위로 든 채 총을 쏘지 말라고 애원했던 것으로 밝혀졌다. 피고인은 생명에 위협을 느껴 정당방위를 했다고 주장하였다.

[근거]

첫째, 커먼로에 의하면 자신이 그러하다고 믿은 정당화 사정에 따라서 합리적인 수준의 힘을 사용해 타인을 공격한 행위자는 정당방위가 성립한다.

둘째, 모살죄 사건에서 검찰은 타인을 살해하려거나 중대한 해악(serious harm)을 가하려는 의도를 입증해야 한다.

셋째, 만일 행위자가 정당방위를 위해 타인을 살해했다면, 그는 정당화 사정이 존재한다고 (심지어 불합리하더라도) 믿었던 것이고 따라서 정당방위를 통해 자신의 행위가 정당화될 수 있다고 믿고 행위한 것이기 때문에 그에게는 위법한 폭력을 사용하려는 범의가 없다고 보아야 한다.

넷째, 그러한 상황에서라면 범죄가 성립한다고 주장할 수 없다. 왜냐하면 착오에 의한 믿음으로 범의가 부정된다는 점은 착오가 합리적이든 불

---

27) Beckford v. R [1987] 3 All ER 425 Privy Council.

합리적이든 마찬가지이고, 따라서 이 경우 정당방위가 성립하거나, 아니면 정당방위가 부정되지는 않는다고 보아야 한다.

다섯째, 다시 말해 폭력과 관련된 모든 범죄는 그러한 폭력이 위법해야 한다는 점이 핵심적인 요소이기 때문에 만일 행위자가 착오로 인해 자신이 정당방위를 한다고 믿고 폭력을 가한 경우라면 그 착오가 합리적이든 합리적이지 않든 행위자의 범의는 부정될 것이고, 따라서 검찰이 범의를 입증하지 못하는 이상 위법하다고 평가할 수 없고, 따라서 행위자가 믿은 바대로 정당방위의 항변이 인정되어야 한다.

여섯째, 이상의 논리로부터 다음과 같이 말할 수 있다. 오상방위자의 진정한 믿음은, 그것이 합리적이든 합리적이지 않든 그로 하여금 정당방위에 근거해 무죄가 될 수 있는 자격을 부여한다.

22.2.2.3 판례의 논거 검토

위 두 판례가 제시한 법리와 논거에 대해서는 여러 관점의 평석이 있지만 본고에서 주목하고자 하는 주요 논지는 다음과 같다.

첫째, 양 판결 모두 폭행의 고의를 특정 대상, 즉 피해자에게 단지 폭력을 가하려는 의도가 아니라 '위법한' 폭력을 가하려는 의도로 정의하고 있는데, 고의를 이와 같이 정의하는 방식에 대해 영국 내에서도 여러 주석가들의 비판이 있지만[28] 판례가 고의를 이처럼 정의하고자 하는 취지는 어렵지 않게 엿볼 수 있다. 판례의 주된 의도는 행위자의 믿음이 진정한 것이면 착오의 합리성 여부와 관계없이 항변의 효과를 인정하려는 것

---

28) 대표적으로 Andrew Simester, *Mistakes in Defence*, 12 Oxford Journal of Legal Studies 295 (1992) 참조. 시메스터 교수의 비판적 평석에 대한 분석과 논평으로는 안성조, "영국형법에서 오상방위의 취급에 관한 연구", 비교형사법연구 제26권 제2호 (2024), 18면 이하 참조.

이다. 만일 고의를 특정 대상에 대한 폭력의 의도로만 이해하게 되면, 다시 말해 구성요건적 고의로 파악하게 되면 일반적으로 오상방위 상황에서도 구성요건적 고의는 인정된다고 보므로 고의가 조각되지 않는다. 이 점은 앞서 오상방위의 불법구조에서 살펴본 바와 같다. 하지만 고의를 소위 소극적 구성요건표지이론과 같이 적극적 구성요건(통상의 구성요건)과 소극적 구성요건(위법성조각사유의 부존재)에 대한 인식과 의욕, 즉 불법고의로 정의하게 되면, 검찰은 행위자가 자신의 행위의 위법성을 인식하고 있었음을 증명해야 하는데, 오상방위자는 착오로 인하여 정당방위를 했다고 주장하고 있으므로, 설령 그 믿음이 비합리적인 것으로 입증되더라도 그것이 진정한 것인 한 그에게는 위법성의 인식이 있었다고 합리적 의심의 여지없이 입증하기는 어려울 것이므로[29] 결국 고의입증에 실패할 수밖에 없다. 이러한 맥락에서 Beckford 판결은 "그러한 상황에서라면 범죄가 성립한다고 주장할 수 없다. 왜냐하면 착오에 의한 믿음으로 범의가 부정된다는 점은 착오가 합리적이든 불합리적이든 마찬가지"라고 설시하고 있는 것이다.

둘째, Williams 판결은 결론적으로 "만일 피고인이 실제로 어떠한 믿음을 품고 있다면, 유죄 또는 무죄 여부와 관계되는 한, 그 믿음의 비합리성은 유죄나 무죄의 판단근거가 되지 않는다. 그것은 무관한 것이다. 그렇지 않다면 단지 정당화 사정이 없다는 점을 인식하는데 있어서 과실이 있다는 점만으로 피고인은 고의범으로 유죄의 판결을 받을 것인데 이는 명백히 부당한 결론이다."라고 설시하는데, 오상방위자의 믿음은 그 믿음이

---

29) 일반적으로 착오의 비합리성은 착오의 진정성을 의심케 만든다. 이 점에 대해서는 Grant Lamond, *Core Principles of English Criminal Law*, in: The Limits of Criminal Law (intersentia, 2018, edited by Matthew Dyson/Benjamin Vogel), 27면. 하지만 이론상으로는 분명 비합리적인 진정한 착오도 존재할 수 있기 때문에 행위자의 불법고의를 명백히 입증하기는 어려울 수밖에 없다.

범죄의 성립여부와 관계되는 한, 즉 자신의 행위가 정당하다고 믿었다면, 그 믿음의 비합리성은 정당방위의 성립에 영향을 주지 않는다는 취지로 해석된다. 덧붙여 만일 그렇게 평가하지 않는다면, 과실로 인한 행위가 고의범으로 비약되는 불합리를 노정하게 된다는 근거도 제시한다. 이러한 설명은 일반적으로 오상방위자에게는 법적대적 태도가 인정되지 않고 정당화 사정을 인식하는 데 있어서 부주의만 있을 뿐인데 이러한 자를 고의범으로 처벌하는 것은 부당하다는, 우리에게 익숙한 도그마틱적 평가에도 잘 부합된다. 다만, 동 판결은 여기서 그 믿음의 비합리성은 유죄나 무죄의 판단근거가 되지 않으며 그것은 이와 무관한 것이라고 하는데 그 이유에 대해서는 더 이상 상론하고 있지 않기 때문에 이론적 해명의 여지를 남긴다. 이하에서는 진정한 믿음설을 근거지우려는 시도를 하고 있는 이론을 살펴보기로 한다.

22.2.3 진정한 믿음설의 이론적 근거

진정한 믿음설의 옹호자인 영국의 형법학자 Mark Dsouza는 다음과 같은 방식의 이론구성을 통해 왜 진정한 믿음에 기초한 오상방위는 정당방위로 인정될 수 있으며 그 법적 효과는 단순히 책임조각(excuse)이 아닌 위법성조각(justification)이 되어야 하는지에 대한 논거를 제시한다.

그는 독일을 위시한 대륙법계 학계는 물론 최근에 독일법의 영향을 받은[30] 영국학계가 널리 수용하고 있는 3단계범죄체계론에 입각한 위법성조각 이론에 대해 비판을 가한다. 이러한 견해에 따르면 행위반가치와 결

---

30) 영국의 형법학계에도 독일형법을 영미권에 소개한 플레처(G. Fletcher)의 영향으로 3단계범죄체계가 상당한 영향력을 행사하고 있다고 한다. 물론 실무는 여전히 커먼로 전통의 2단계범죄체계를 별다른 문제없이 유지하고 있다고 한다.

과반가치가 모두 상쇄되어야만 위법성이 조각된다. 그는 이러한 - 우리나라의 통설과도 같은 - 이론적 입장을 "위법성 가설(wrongness hypothesis)"이라고 명명한다. 이에 따르면 오상방위자의 경우 정당화 사정의 존재에 대한 착오로 인해 그에 기초한 방위의사를 갖게 되므로 행위반가치는 상쇄될 수 있지만 실제로는 정당화 사정이 부재했기 때문에 결과반가치가 온전히 남아있어 위법성이 조각되지 못한다고 설명된다. 그러나 행위자의 입장에서 보면 이러한 결론은 수범자에게 자신의 행위가 정당한 것으로 평가되기 위해서는 모든 행위를 할 때마다 규범적 판단의 기초가 되는 사실적 상황을 항상 명확하게 인식할 것을 요구하는 신의 눈(god's eye)과 같은 절대자의 관점을 전제하는 것이기 때문에 정당화의 이론으로 부적합하다고 비판을 가한다.[31] 그 대안으로서 그는 행위자가 자신의 행동을 결정하는 '근거의 질(quality of reason)'에 따라서 정당화 또는 면책의 자격이 결정되어야 한다고 주장한다.

그의 견해를 간단히 소개하면 다음과 같다.

우선 위법성조각 내지 정당화가 어떤 조건에서 인정되는가에 대해서 다음과 같은 입장을 제시한다. 그는 Binding의 규범이론을 원용하며 행위자가 설령 어떤 구성요건을 실현한 경우에도 형법의 배후에 있는 도덕규범에 부합되는 방식으로 실현했다면 위법성이 조각된다고 한다.[32] 이 점에서 앞서 살펴본 바 있는 Greenawalt의 견해와 거의 같은 전제에서 출발하는 입장으로 보인다. 정당방위는 바로 그러한 도덕적 규범에 충실한 행위로서 구성요건에 해당하지만 위법성이 조각된다는 것이다. 요컨대, 형법규범의 배후에 있는 도덕적 토대에 부합되는 행동은 정당화의 효과를

---

31) Mark Dsouza, *Rationale-Based Defences in Criminal Law* (Hart Publishing, 2017), 26면.
32) 앞의 책, 13-14면.

부여받을 수 있다는 것이다.

다음으로 그는 형법적 비난가능성(blameworthiness)은 행위자의 추론의 질(quality of a person's reasoning)에 의존한다는 독특한 명제를 제시한다. 이러한 기능을 하는 추론에는 규범적 추론(normative reasoning)과 기능적 추론(functional reasoning)이 있으며 각각의 추론의 실패에 대해서는 각기 다른 성격의 비난이 가능하다고 한다. 규범적 추론은 규범적 지침에 대한 행위자의 이해 및 반응과 관련된 것이고 기능적 추론은 사실을 관찰해 논리정연히 사실적 결론을 도출하여, 그에 기초해 판단을 내리는 능력에 관련된 것이다. 그에 따르면 규범적 추론은 주관적 성격을 지닐 수밖에 없다고 한다. 그 이유는 특정한 상황에서 적용되는 규범의 지침을 따르게 되는 것은 그러한 상황에 놓여있다는 믿음을 기초로 하는데 행위자는 자신이 인식한 바대로의 사실에 적용되는 규범에 대해서 규범추론능력을 적용할 수밖에 없고 따라서 규범추론의 질은 철저히 행위자가 인식한 사실에 기초한 믿음에 의존하게 된다고 한다.[33]

그에 따르면 위의 두 가지 유형의 법적 추론 중에서 형법적 비난을 불러일으키는 데 있어서 본질적인 요소는 규범적 추론이라고 한다. 왜냐하면 형법의 핵심적 규범은 규범적 추론을 지도하는 것이지 기능적 추론을 지도하는 것이 아니기 때문이다. 규범적 추론은 그것이 성공할 경우 실제로 발생한 결과와 관계없이 정당화의 효과를 부여할 수 있고 반대로 실패하면 규범비난(norm blame)을 가져와 그 행위는 정당화될 수 없다고 한다.[34] 이러한 규범비난을 할 수 있는 최소한의 요건은 행위자가 주의깊게

---

33) 앞의 책, 27-28면. 그는 이와 관련해 조셉 라즈의 주장 "To be sure, in order to be guided by what is the case a person must come to believe that it is the case"를 인용한다. 이 인용구의 출처는 Joseph Raz, *Practical Reason and Norms* (Oxford Univ. Press, 2002), 17면.

34) 규범추론에 대한 비난은 그의 행위가 규범의 기준을 준수하지 못했음이 입증되면

규범위반을 회피할 수 있는 능력을 사용하지 않기로 결정했다는 점이라
고 한다. 따라서 이와 다른 기능적 추론, 즉 사실적 상황에 대한 추론의
실패는 원칙적으로 형법적 비난의 대상이 되어서는 안 된다고 한다. 그것
은 단지 과실 내지 무모함을 나타내며 '사회적 불승인(societal disapproba-
tion)'의 일종인 기능적 비난(functional blame)을 가져올 뿐이라는 것이다.
물론 그럼에도 불구하고 상당수 사례에서 사실적 상황에 대한 기능적 추
론의 실패는 과실범의 구성요건을 충족시킬 수 있음을 그 역시 인정한다.
이러한 이론적 구상에 비추어 보면, 진정한 믿음에 기초한 오상방위자는
정당화 사정을 인식하는 데 있어서 실패한 경우 과실이 인정된다면 기능
적 비난을 가져오지만, 행위자는 그 정당화 사정이 존재한다는 믿음에 기
초해 완전한 규범추론을 하여 정당방위를 하고 있기 때문에 위법성이 조
각된다고 한다. 물론 이 경우에도 행위자의 추론에 대한 기능적 비난은
가능하지만 행위자의 기능적 추론의 질은 위법성이 조각될 수 있는 자격
과는 완전히 무관한(extraneous) 것이라고 한다. 다시 말해 행위자가 인식
한 사실을 기초로 한 규범적 추론이 타당할 경우, 그러한 사실의 존재에
대한 기능적 추론의 질, 다시 말해 착오의 합리성 유무는 위법성조각 효
과를 발생시키는 데 있어서 무의미하다는 뜻이다.[35]

상기 소개한 이론에 따르면 앞서 논급한 바 있는, 진정한 믿음설을 따
르는 법리를 설시한 리딩케이스들의 입장이 보다 선명하게 이해된다.

"피고인이 실제로 어떠한 믿음을 품고 있다면, 유죄 또는 무죄 여부와 관계
되는 한, 그 믿음의 비합리성은 유죄나 무죄의 판단근거가 되지 않는다. 그것

충분히 가해질 수 있고 이때 실제 해악(법익침해)의 발생어부는 무관하다. 반대로
그의 행위가 규범의 기준을 준수한 경우에는 그가 원하는 결과가 발생하지 않더라
도 규범비난을 가할 수 없다. 이 점에 대해시는 앞의 책, 26면.
[35] 앞의 책, 97면.

은 무관한 것이다(Williams). 오상방위자의 진정한 믿음은, 그것이 합리적이든 합리적이지 않든 그로 하여금 정당방위에 근거해 무죄가 될 수 있는 자격을 부여한다(Beckford)".

앞서 살펴본 이론에 따라서 위 법리를 해석해 보면 다음과 같이 이해된다.

"오상방위자의 진정한 믿음은 유죄 또는 무죄 여부와 관계되는 한, 다시 말해 자신의 행위가 정당방위에 해당한다는 규범추론과 관계되는 한, 그러한 규범추론에 이르게 된 정당화 사정의 존재여부에 대한 기능적 추론의 비합리성은 이와 무관한 것이다. 행위자가 자신의 진정한 믿음에 기초해 적절한 규범추론을 한 것으로 볼 수 있다면, 기능적 추론의 합리성 여부와 무관하게 그에게는 정당방위가 인정된다."

23. 몇 가지 비교와 시사점

23.1 위법성조각(정당화)와 책임조각(면책)의 경계에 대한 재고의 필요성

이상 고찰 바를 토대로 위법성조각설의 논거를 우리나라(대륙법계)와 커먼로 법리 및 이론을 토대로 살펴보면 대단히 흥미롭고 중요한 차이점을 발견하게 된다. 그것은 바로 커먼로 법리와 이론에서는 정당방위의 인정범위가 우리의 그것보다 넓다는 것이다. 여기에는 몇 가지 법체계의 특성과 관련된 이유가 있다고 생각된다.

첫째, 우리와 같은 3단계 범죄체계, 즉 구성요건-위법성-책임으로 이어지는 가벌성심사의 구조에 따르면, 구성요건에 화체되어 있는 불법은 결과반가치와 행위반가치의 동시존재 내지 결합으로 이루어진다. 따라서 구성요건이 충족된 경우 그에 화체된 불법이 배제되어 '위법성' '조각'으로 무죄가 되기 위해서는 다시금 결과반가치와 행위반가치 측면에서 이를 상쇄할 수 있는 객관적·주관적 요소에 주목하게 된다. 따라서 정당화 사정과 방위의사와 같이 객관적·주관적으로 불법을 상쇄할 수 있는 대응개념이 등장한다. 요컨대, 삼단계 범죄체계의 논리적·형식적 사고에 따르면 위법성조각에 의해 무죄의 효과를 인정하는 것은 이미 성립한 구성요건에 내재된 불법의 상쇄작용에 따른 결과에 다름아니다. 다시 말해 기성립된 불법을 처음부터 없었던 것으로 만드는 작업이 아니라 - 이러한 작업은 구성요건단계에서 가능하다 - 만들어진 불법의 두 구조물, 즉 결과반가치와 행위반가치를 '결과가치'와 '행위가치'라는 다른 대응적 구조물을 축조하여 가치의 비교형량을 통해 무력화시키는 작업인 것이다. 이와 같은 논리적·형식적 전제를 따르다 보니 3단계범죄체계에서 정당화 내지 위법성조각은 상당히 형식논리적인 작업이 되며, 따라서 결과반가치와 행위반가치의 배제가 그 중심에 서게 된다. 그렇기 때문에 둘 중 어느 하나라도 남아 있을 경우, 예컨대 결과반가치가 남아 있다면 통설은 위법성이 온전히 조각되지 못한다고 본다. 다만 이때 비난가능성이 없을 때에는 단지 책임조각의 효과를 부여할 수 있는 여지만 존재한다. 물론 전술한 것처럼 일부 견해에 따르면 행위반가치의 탈락만으로도 위법성조각이 가능할 수도 있겠지만.

이처럼 위법성조각은 불법의 상쇄와 동치되고, 따라서 결과적으로 책임조각은 비난가능성의 배제와 동치되는 것이 우리나라 형법체계의 시각에서 보면 너무 당연하지만 이러한 결론은 흥미롭게도 커먼로 법률가들의 관점에서 보면 3단계 범죄체계가 기초하고 있는 하나의 가설36)에서 비롯

---

36) 전술한 바처럼 위법성가설(wrongness hypothesis)이라고 칭하기도 한다. 이 가설에

된 논리적 결과물에 불과하다.

반면에 커먼로의 2단계범죄체계에서는 범죄의 객관적 요소(actus reus)와 주관적 요소(mens rea)가 입증되면 범죄는 일응 성립되고, 따라서 피고인은 공판정에서 정당화나 면책 등의 항변을 통해 일응 성립된 범죄에 대한 무죄의 주장을 하는 과정을 거친다. 다시 말해 기소측은 구성요건의 충족만 입증하면 족하고 별도로 위법성과 책임의 존재를 입증할 필요가 없기 때문에 피고인의 정당화 항변이 반드시 위법성을 부정하는, 즉 불법에 내재하는 결과반가치와 행위반가치를 상쇄하는 형식논리적인 전제를 따라 전개될 필요는 없다. 그렇기 때문에 앞서 Greenawalt나 Dsouza는 정당화의 본질을 불법의 상쇄가 아니라 형법의 토대를 이루고 있는 규범의 도덕성에서 찾고 있는 것이다.

Dsouza 교수는 다음과 같이 말한다. 정당화를 위해 배제시켜야 하는 것은 위법성(wrongfulness)이 아니고 비난가능성(culpability)이라고. 정당화든 면책이든 공통적으로 부정되는 것은 비난가능성이며 따라서 입법자가 설정해 놓은 법적 행위지침을 올바른 규범추론을 통해 충실하게 따른 자는 설령 결과반가치가 남아 있더라도 정당화된다고 한다. 정당화는 그와 같은 행위지침을 잘 준수했다는 점에서 비난가능성이 배제되고, 면책은 그 행위자의 행위가 법에 저촉되기는 하지만 행위자가 법을 준수하는 것이 평균적인 사회구성원의 기준에서 볼 때 기대불가능한 경우[37) 그 행위

따르면 위법성이 조각되기 위해서는 결과반가치와 행위반가치가 모두 배제되어야 하기 때문에 결과반가치가 남아 있는 오상방위의 경우에는 책임조각은 가능할 수 있지만 위법성조각은 불가능하다고 한다. 우리에게 익숙한 이원적 불법론에 입각한 입장이라고 생각되며, 이 가설 하에서는 결과반가치와 행위반가치의 상쇄가 곧 정당화를 뜻하기 때문에 이는 곧 정당화와 면책의 경계를 구분짓는 기능을 한다.

37) 그는 책임이 조각되는 상황을 법 준수를 행위자에게 요구하는 것이 '위선적인 (hypocriptical) 상황'이라고 표현한다.

는 규범적으로 수용할 만하다는 점에서 비난가능성이 배제된다고 한다.
물론 커먼로상 정당화의 근거와 관련된 이론도 그 실질상 우리 법체계에
서 보면 행위반가치의 불인정이라는 측면에서 이해될 수 있는데, 합리적
믿음설과 대법원의 위법성조각설은 바로 그러한 점에서 접점을 갖고 있
다고 생각된다. 하지만, 진정한 믿음설은 행위반가치 탈락의 논리로 포섭
할 수 있는 범주를 벗어난다. 결과반가치가 남아 있고 착오에 과실이 있
는 경우에도 - 행위반가치가 남아 있더라도 - 규범추론이 타당하다면 정
당화가 가능하다고 주장하기 때문이다.

　우리나라의 통설적 관점에서 보면, 결과반가치가 남아 있을 경우 위법
성조각은 어렵고, 책임조각여부만 검토할 수 있겠지만, 커먼로에서는 이
러한 경우에도 정당화의 효력을 부여할 수 있다는 점에서 적지 않은 차이
점이 드러난다고 사료된다. 이러한 이론구성은 아직 우리에게 낯선 것이
지만, 오상방위에 대한 커먼로의 오랜 전통적 취급방식에 자리잡고 있는
이성적 근거들을 살펴볼 수 있다는 점에서 분명 음미해 볼 필요가 있을
것이다.

23.2 유추적용책임설 및 법효과제한책임설과의 비교

　커먼로의 오상방위 법리를 우리나라와 독일의 다수설적 견해인 사실의 착오
규정 유추적용책임설(Theorie der analogen Anwendung von Tatbestandsirrtum)
및 법효과제한책임설(rechtsfolgenbeschränkte Schuldtheorie)[38]과 비교해 보도
록 한다.[39]

---

38) 이 두 학설은 독일연방대법원 판례의 입장이기도 하다. BGH, 21.11.2019-4 StR
　　166/19; BGH, 2.11.2011 -2 StR 375/11 참조.

우선 유추적용책임설은 오상방위의 경우 구성요건요소와 허용구성요건
사이에 질적인 차이가 없기 때문에 구성요건착오에 관한 규정을 유추적
용해 고의를 조각시키고 착오가 회피가능하다면 과실범으로 처벌하고자
하는 이론이다. 구성요건착오의 경우, 예컨대 타인의 재물을 자기소유물
로 오인하고 취거해 간 경우 행위자가 법익침해(결과반가치)를 의도하지
않았다는 점에서, 행위반가치가 배제된다고 볼 수 있는데, 오상방위의 경
우 타인을 공격하는 행위자는 자신의 공격행위가 허용되는 상황이 주어
져 있다고 오인하고 있으므로 행위자는 그 자체 법에 충실한 행위를 하고
있기 때문에 행위반가치가 탈락된다는 점에서 양자가 질적으로 유사하다
는 측면에 착안한 이론이다.[40]

그러나 이 이론에 대한 체계론적 관점의 반론은 앞에서도 누차 논급한
바와 같이 오상방위자라고 하더라도 구성요건적 고의는 인정된다고 보아
야 하므로, 이때 과실범의 성립을 인정하는 것은 모순된 결과를 초래하게
된다는 사실이다. 생각건대, 동 이론은 오상방위의 불법구조적 측면, 다시
말해 구성요건적 고의가 정당화 고의에 의해 - 착오에 정당한 이유가 있
을 때에는 온전히, 정당한 이유가 없을 때에는 불완전하게 - 상쇄된다는
비교형량적 평가과정이 반영되지 못하고 있다는 점에서 한계를 드러낸다
고 볼 수 있다. 즉, 오상방위는 위법성 또는 책임이 조각될 수는 있어도
존재론적으로 구성요건적 고의가 조각될 수는 없다는 것이다.

둘째, 법효과제한책임설은 오상방위자에게 구성요건고의가 있음을 인
정하면서 법효과 즉 처벌의 측면에서 행위자의 감경된 책임으로 인해 고

---

39) 위법성조각사유에 대한 객관적 전제사실의 착오를 해결하는 관련 학설들에 대한
    설명으로는 Kindhäuser/Neumann/Paeffgen(Hrsg.), *Strafgesetzbuch*, Band1 (Nomos,
    2010), 682면 이하.
40) 천진호, 형법총론 (준커뮤니케이션즈, 2016), 581-582면.

의범의 처벌이 제한돼 착오가 회피가능한 경우 과실범으로 처벌을 지시한다는 견해이다. 이 견해는 고의의 이중적 지위를 인정하는데, 행위반가치로서의 구성요건고의와 심정반가치로서의 책임고의를 구분한다. 그리고 행위자에게 고의불법은 배제되지 않고 남아 있지만, 행위의 동기로서 책임고의가 형성되지 않아서 고의책임이 탈락되어 고의범이 온전히 성립되지 않는 경우이므로 이때 고의범과 과실범의 공통된 요소인 예견가능성을 매개로 하여 과실범이 성립된다고 보는 견해이다. 이 견해에 대해서는 불법의 실질이 고의범인데 과실범을 인정하는 것은 체계론적으로 타당하지 않다는 비판이 가해진다. 즉 과실범은 과실불법과 과실책임이 결합되어 형성되는 것인데, 책임고의가 탈락한다고 하여 고의불법이 엄연히 존재하는 상황에서 과실범이 성립된다고 보는 것은 불합리하다는 것이다.

생각건대, 법효과제한책임설도 구성요건고의가 존재하는 상황에서 과실범이 성립된다고 보는 모순적인 이론구성이라는 비판을 벗어날 수 없다. 다시 한 번 말하지만 오상방위 상황이라도 일단 개별적 행위정황에 대한 인식과 의욕이 인정되는 행위자에게 가치중립적인 구성요건고의를 조각시킬 수는 없다.

정리하자면, 현재 다수설적 지위를 차지하고 있는 유추적용책임설과 법효과제한책임설은 모두 정교하게 체계화된 3단계범죄체계론의 도그마틱 체계하에서 모순을 초래하고 있는 이론인 것이다. 오상방위자에게 직관적으로는 과실범을 인정하거나 범죄불성립의 효과를 부여하는 것이 합당하다는 공통된 판단하에 이를 위한 체계론적 이론구성을 하고 있지만, 각 이론이 전제하고 있는 공리적 요소들 즉 형법도그마틱에 충돌하는 결과를 가져온다. 그 이유는 양 이론 모두 구성요건단계에서 이 문제를 해결하려고 하고 있기 때문이라고 본다. 구성요건 착오규정을 유추적용하거나 책임고의를 부정해 과실범 성립을 정초해 내려고 시도하고 있지만 엄연히 존재하는 구성요건고의를, 구성요건요소에 대한 착오가 발생하지 않은 이상, 구성요건단계에서 처음부터 없었던 것으로 만들 수는 없는 것이다.

그렇다면 앞서 살펴본 바 있는 위법성조각의 법적 효과에 주목해 볼 필요가 생긴다. 합리적 믿음설과 진정한 믿음설의 미덕을 면밀히 더 검토할 필요성이 제기된다는 것이다. 그 전에, 책임단계에서 오상방위의 법적 효과를 검토하고 있는 견해도 살펴보기로 한다.

23.3 책임조각설과의 비교

일반적으로 오상방위와 취급방식에 관한 학설들 중에서 책임조각의 효과를 부여하는 학설로는 엄격책임설이 논급되곤 한다. 이 학설에 따르면 오상방위를 포함한 모든 위법성조각사유에 관한 착오는 행위의 금지성에 대한 착오로서 금지착오, 즉 법률의 착오가 되며 고의의 성립에는 영향이 없다는 견해이다. 고의와 위법성의 인식을 명확히 구분하는 입장(목적적 행위론)을 따르는 견해로서 모든 개별적 행위정황을 인식한 오상방위자에게 고의는 인정되며 단지 착오의 회피가능성 유무에 따라서 금지착오 규정(형법 제16조)에 의해 책임의 조각여부만 검토될 수 있다고 한다. 엄격책임설에 대해서는 오상방위의 독특한 성질을 정확하게 포착하지 못하고 있다는 비판이 제기된다. 즉 정당화 사정의 개별적 행위정황에 대한 착오와 행위 그 자체의 금지여부에 대한 착오는 본질적으로 다르다는 점을 간과했다는 것이다.[41] 행위자는 법적인 금지규범을 모르고 있지 않다. 이에 대한 착오를 하고 있지 않은 것이다. 다만, 그는 구체적이고 객관적인 사정에 대해 오인하고 있으며 이로 인해 자신의 행위가 불법이 된다는

---

41) 신동운, 앞의 책, 472면.

점을 인식하지 못하고 있을 뿐이다. 나아가 위법성조각의 행위정황에 대한 인식이 결여된 자에게 회피가능성을 근거로 해 고의범의 책임을 지우는 것은 부당하다는 비판도 있다.

다음으로 책임조각설 중에는 사실의 착오의 법적 효과로서 책임조각을 인정하는 견해도 있다. 유기천 교수는 위법성조각사유의 전제사실의 착오를 사실의 착오로 이해하는 입장을 취하고 있으며, 그 법적 효과로서 오상방위의 경우에 형법 제21조 제3항(면책적 과잉방위)을 '유추'적용할 것을 제안한다.42) 따라서 오상방위는 착오의 정당성 내지 합리성 유무와 관계없이 언제나 완전한 책임조각의 법적 효과를 가져온다. 이처럼 오상방위를 사실의 착오로 보면서 단지 고의조각이 아닌 완전한 책임조각의 효과를 부여하는 이론의 근거는 다음과 같다.

유기천 교수에 따르면 책임요소(비난가능성의 요소)에는 지적 요소와 규범적 요소가 있으며, 그 중에서 어느 하나라도 결여되면 책임이 조각된다.43) 책임의 지적 요소 중 하나로 위법성의 인식가능성이 있으며, 행위자가 위법성의 인식이 불가능한 상태하에서 그 인식을 못하였을 때에는 비난을 가할 수 없다고 한다. 예컨대, 형법 제16조가 법률의 착오에 정당한 이유가 있을 때에는 벌하지 않는다고 규정한 것은 행위자에게 위법성의 인식이 불가능하였을 때에는 책임이 조각된다는 것을 의미하는 것이라고 한다(가능성설). 이러한 전제 하에 사실의 착오에 빠진 경우는 그 자체가 '위법성의 인식가능성이 없는 상태'에 해당하므로 행위자는 책임이 조각된다고 한다. 바꾸어 말하면 위법성조각사유의 객관적 전제사실, 즉 허용구성요건이라는 사실적 요소에 대한 착오에 빠진 자는 그 착오로 인해 위법성의 인식가능성이 없으므로 책임이 조각된다는 것이다.44) 일반

---

42) 유기천, 개정 형법학[총론강의] (일조각, 1980), 185-186면과 191면.
43) 유기천, 앞의 책, 229-230면.

적으로 사실의 착오는 법률의 착오보다 더욱 강력하고 직접적인 행위의 계기를 제공하기 때문에[45] 행위자에게 자신의 행위의 위법성 여부를 주의깊게 점검할 동기나 기회가 발생할 여지가 거의 없다는 점에서 위법성의 인식가능성이 없다고 유기천 교수는 생각하고 있는 것으로 보인다.

요컨대, 책임조각설은 두 가지 유형이 있는데 하나는 오상방위를 금지착오로 취급하는 엄격책임설이고 다른 하나는 오상방위를 사실의 착오로 취급하되 그 법적 효과로서 정당한 이유의 심사 없이 바로 책임조각을 인정하는 견해이다. 위 두 견해 모두 구성요건단계에서 고의성립을 제한해 보려는 학설의 한계를 벗어날 수 있다는 장점은 있다. 하지만, 만일 책임비난의 배제를 검토하기 전에 이미 불법비난이 배제될 수 있다면, 즉 책임조각단계 이전에 위법성이 조각될 수 있다면 책임조각설은 그 이론적인 문제점을 떠나 그 가치와 존재의의가 제한될 수밖에 없을 것이다.

23.4 합리적 믿음설과 진정한 믿음설의 미덕

우선 행위자가 행위시에 기울일 수 있는 최선의 노력을 다했다면 그의 행위는 정당화된다는 합리적 믿음설의 근거는 앞서 논급한 다수설적 견해의 한계를 넘어설 수 있는 가능성을 열어준다. 즉 행위자에게 과실이 없어 행위반가치를 인정할 수 없는 경우, 다시 말해 착오에 정당한 이유가 있는 때에는 범죄불성립의 효과를 부여할 수 있는 근거를 제공해 주기

---

44) 유기천 교수의 견해에 대한 상세한 분석과 논증으로는 안성조, 위법성조각사유의 전제사실의 착오에 관한 유기천 교수의 견해 연구 - 오상방위를 중심으로, 연세법학 제45권 (2024) 참조.

45) 이는 독일연방대법원 판례(BGHSt 3, 105)가 제시한 사실의 착오와 법률의 착오를 다르게 취급해야 하는 근거의 하나이다.

때문이다. 다만 이때에도 구성요건해당성 자체가 조각되는 것이 아니라 위법성이 조각된다고 보는 것이 합리적 믿음설의 입장이다.

　다음으로 행위자가 정당한 이유 없이 정당화 사정이 존재한다고 오인하여 방위의사를 품고 피해자를 공격하는 경우, 이때 행위자에게 과실이 인정된다고 볼 수 있기 때문에 유추적용책임설과 법효과제한책임설에 따르면 과실범 구성요건이 있을 경우 과실범이 성립되는데, 이와 같은 이론구성도 모순이 있음은 전술한 바와 같다. 또한 이때에는 합리적 믿음설에 의하더라도 위법성조각의 효과를 부여할 수 없다. 행위자가 최선의 노력을 다했다고 평가되지는 않았기 때문이다. 하지만 이 상황에서 명백한 점은, 우리의 도덕적 직관은 행위자에게 고의범 성립을 인정하는 것을 부당하게 느낀다는 사실이다. Beckford 판결도 이 점을 지적하고 있고, 유추적용책임설과 법효과제한책임설의 가치도 바로 이와 같은 경우 곧바로 과실범 정도의 불법이 인정되도록 이론구성하고 있다는 점에서 찾을 수 있다. 하지만 구성요건 단계에서 고의불법을 탈락시키고 과실불법을 인정하는 것은 살펴본 바와 같이 체계론적 모순을 초래한다. 존재론적으로 불가능한 일이기 때문이다. 또한 이때에도 과연 과실불법을 인정하는 것이 합당한 것인지 아니면 완전한 정당화의 효과를 부여하는 것이 더 합당한 것인지는 재고의 여지가 있다. 진정한 믿음설의 법리적·이론적 근거가 밝히고 있듯이 행위자가 주어진 상황에서의 사실에 대한 진정한 믿음을 기초로 적절한 규범추론을 했다면 그의 행위는 정당화되어야 한다고 보는 것이 옳다고 볼 수 있다. 오상방위와 같은 긴급한 상황에서 그러한 믿음에 도달한 사실추론의 비합리성은 정당화의 자격과 무관하다고 볼 수 있기 때문이다. 이러한 결론은 규범적 직관에 부합되지만 별다른 체계론적 모순을 초래하지 않는다. 구성요건고의의 존재를 긍정하면서도 무죄의 법적 효과를 정당화의 단계에서 도출해 내고 있기 때문이다. 이는 형법이 기초하고 있는 3단계 범죄체계론의 전제와 불법의 구조를 따르는 논리구성을 넘어서 행위의 도덕성 차원에서 근거지음을 시도한 결론이고 우리의 규범적 직관에도 부합된다.

23.5 오상방위에 대한 취급방식의 유형화 및 각 유형별 법리적 결론의 특성

비교법적으로 볼 때, 오상방위에 대한 형법적 취급방식은 크게 네 가지 유형으로 대별 될 수 있다.

첫째, 오상방위자의 정당화사정에 대한 착오를 사실의 착오로 취급해 착오가 진정할 경우 고의를 조각시키되 착오가 회피가능했을 경우 과실범 처벌규정이 있다면 과실범으로 처벌하는 입장46)이 있다(고의조각설).

둘째, 오상방위자의 정당화사정에 대한 착오를 사실의 착오로 취급해 착오가 진정한 것일 때에는 정당방위의 항변을 인정하는 입장47)이 있다(진정한 믿음설).

셋째, 오상방위자의 정당화사정에 대한 착오를 사실의 착오로 취급해 착오가 합리적인 경우 정당방위의 항변을 인정하는 입장48)이 있다(합리

---

46) 독일 및 일본판례, 스위스, 오스트리아, 스웨덴, 이스라엘 등의 형법전이 이를 따르고 있다. 독일의 판례 중 법효과제한책임설을 따르는 입장은 오상방위를 사실의 착오와 법률의 착오가 중첩된 제3의 착오유형으로 분류하는 입장으로 평가되기도 하지만 결과적으로 이를 과실범으로 취급한다는 측면에서 같은 입장으로 볼 수 있기 때문에 같은 유형에 포함시켰음을 밝혀둔다.

47) 영국 England and Wales 판례, 미국 일부 주의 판례, 영국 Criminal Justice and Immigration Act 2008, 미국 Model Penal Code 등이 이 입장을 채택하고 있다.

48) 스코틀랜드 및 프랑스 판례, 미국 대다수 주 판례, 터키 형법전 등이 이 입장을 채택하고 있다.

적 믿음설).

넷째, 오상방위자의 정당화사정에 대한 착오를 법률의 착오처럼 취급해 착오에 정당한 이유가 있으면 책임을 조각시키고 정당한 이유가 없으면 고의범으로 처벌하되 책임의 정도에 따라서 형을 감경시키는 입장[49]이 있다(법률의 착오설).

이 네 가지 유형의 오상방위 법리는 착오의 합리성 여부에 따라 행위자에게 부여되는 법적 효과의 측면에서 각 유형별로 법리적 결론이 달라지는데 특히 행위자에게 유리한 정도라는 기준에 따라 다음과 같은 순서가 부여될 수 있다.

우선, 행위자에게 가장 유리한 법리는 진정한 믿음설이다. 착오의 합리성을 불문하고 그것이 진정한 것이라면 정당방위의 효과, 즉 위법성조각의 효과를 부여하기 때문이다. 여기서 착오가 합리적이라는 것은 앞서 논급한 바와 같이 착오에 정당한 이유가 있다는 것과 다를 바 없고, 이는 착오가 회피불가능하다는 것과 규범적으로 거의 동일한 의미를 지닌다고 보아도 무방할 것이다.

둘째, 그다음으로 행위자에게 유리한 법리는 고의조각설이다. 우선 착오가 진정하고 합리적일 경우에는 회피불가능한 착오가 되어 과실범이 성립될 여지도 남지 않아서 무죄가 되지만, 착오가 진정하더라도 비합리적일 경우 과실범이 성립될 수 있기 때문에 진정한 믿음설보다는 행위자에게 불리하다.

셋째, 세 번째로 행위자에게 유리한 법리는 합리적 믿음설이다. 동 법리에 따르면 착오가 진정하고 합리적일 경우에만 행위자에게 정당방위를 인정해 위법성조각의 효과를 부여하는바, 이 점에서는 진정한 믿음설이나 고의조각설과 동일한 법적 효과를 가져오지만, 만일 착오가 진정하되 비

---

49) 이탈리아, 폴란드, 호주, 캐나다 등 형법전이 이를 채택하고 있다.

합리적일 경우에는 고의범이 성립된다는 점에서 고의조각설보다는 불리하다고 평가할 수 있다.

넷째, 행위자에게 가장 불리한 법리는 법률의 착오설이다. 동 법리에 따르면 착오가 합리적일 경우, 즉 정당한 이유가 있다면 - 회피불가능하다면 - 책임이 조각되어 무죄가 될 수 있지만, 오상방위를 법률의 착오로 취급할 경우에는 형법 제16조가 적용될 것인데 이때의 정당한 이유 인정 범위는 매우 제한적인 관계로 오상방위를 사실의 착오로 취급할 때보다 행위자에게 불리해질 것이기 때문이다. 다시 말해 법률의 착오의 회피가능성 판단기준은 구성요건적 과실에 요구되는 회피가능성 판단기준보다 높은 것으로 평가된다는 것이다.[50] 합리적 믿음설과 비교할 때 착오가 비합리적일 경우 고의범이 성립하되 형을 감경할 수 있다는 점에서 보다 유리한 입장이라고 볼 여지도 있으나 합리적 믿음설에 따르더라도 비록 이 경우 고의범 성립을 인정하지만 형 감경의 필요성을 양형에 반영할 수 있다는 점에서 결론에 있어서 크게 유의미한 차이는 발생하지 않을 것이라고 생각된다.[51]

이러한 유형화와 법적 효과의 차이에 대한 고찰을 통해 각 법리(학설)들 간의 내적 연관성을 이해할 수 있게 된다. 즉 착오가 합리적인 경우와 그렇지 않은 경우의 형법적 취급이 어떻게 달라지는지 평가할 수 있으며, 이로부터 각 학설과 법리가 개별 사례에 적용될 때의 의미를 보다 명확히

---

50) 신동운, 앞의 책, 436면. 독일연방대법원은 금지착오의 회피가능성 판단에 요구되는 주의의무 수준은 과실 판단에 요구되는 수준보다 높다고 판시한 바 있다 (BGHSt 4, 236). 요컨대 법과실의 주의의무 수준은 구성요건 과실의 그것보다 높으며 그렇기 때문에 구성요건 과실에 요구되는 수준보다 경미한 주의의무 위반이 있더라도, 즉 구성요건과실은 인정되지 않더라도 법과실은 인정되어 회피가능한 금지착오로 취급될 가능성이 크다.

51) George P. Fletcher, *Rethinking Criminal Law* (Oxford Univ. Press, 2000), 689면.

이해할 수 있다.

23.6 오상방위의 법적 효과: 정당화인가 면책인가?

앞서 살펴본 바와 커먼로 판례는 오상방위에 대해서 정당화의 효과를 부여하고 있으며 이를 지지하는 각각의 견해는 전술한 바와 같다. 그런데 커먼로 계통의 이론들 중에 판례와 달리 정당화가 아닌 면책의 법적 효과를 부여해야 한다고 주장하는 입장이 있어서 이를 검토해 보기로 한다.

우선 면책의 법적 효과를 부여해야 한다는 견해를 간단히 살펴보기로 한다.

먼저 플레처(George Fletcher)에 의하면 오상방위는 진정한 정당화(true justification)가 될 수 없는데, 그 이유는 오상방위가 다음과 같은 정당화의 세 요건을 갖추지 못했기 때문이라고 한다.

첫째, 정당화의 법적 효과가 인정되기 위해서는 그 행위는 올바른(rightful) 것이어야 한다. 그러나 오상방위는 불필요하게 법익을 침해하는 행위이기 때문에 올바름 요건을 충족하지 못한다. 즉 객관적으로 불필요한 법익침해가 발생했기 때문에 정당화의 법적 효과를 부여받을 수 없다는 것이다.

둘째, 오상방위자의 방어행위는 가상의 공격자(현실적 피해자)에게는 현재의 부당한 침해이므로 피해자는 이에 대해서 정당방위를 할 수 있는데, 이로부터 오상방위는 정당화될 수 없는 행위가 된다고 한다. 상대방의 정당한 행위에 대해서 정당방위를 할 수는 없기 때문이다.[52]

셋째, 도덕적 행위자라면 오상방위를 한 경우에는 후회와 회한을 느끼

---

52) 이상의 내용에 대해서는 George P. Fletcher, *The Right and the Reasonable*, 98 Harv. L. Rev. 949 (1985), 973-975면.

게 될 수밖에 없는데, 이 점은 도덕적 행위자가 정당방위를 한 경우에는
그러한 감정을 느끼지 않는 것과 차이가 있다고 한다.[53]

다음으로 로빈슨(Paul Robinson)은 다음과 같은 논거에 입각해 오상방
위의 법적 효과로서 면책을 인정할 것을 주장한다.

그는 정당화 항변의 적용가능성은 순해악(net harm)을 방지하기 위해
과연 필요했는지 아울러 방어행위가 행위자에게 가해진 위협과 비교해
비례성이 있는지 여부와 같이 순전히 객관적 척도에 의해서 결정되어야
한다고 주장한다. 따라서 오상방위의 경우 행위자의 방어행위는 불필요하
게 순해악을 야기하기 때문에 그의 행위는 정당화되지 못한다고 한다.[54]

한편, 오상방위에 대해 정당화의 법적 효과를 부여할 수 없지만 면책의
효과를 부여할 수 있다는 견해 중에는 '불법 이원론(Dual Wrongfulness
Theory)'이라는 것이 있다. Benjamin Sendor가 제시한 동 이론에 따르면
불법(wrongfulness)[55]은 두 가지 요소로 이루어져 있는데 하나는 '법익침해'
이고 다른 하나는 '법익을 무시하는 태도의 표현(expression of disrespect)'
이라고 한다. 이렇게 불법의 요소를 재정의함으로써 오상방위자는 착오로
인해 적법하게 행동할 수 있는 공정한 기회(fair opportunity)가 배제되므로

---

53) 이에 대해서는 George P. Fletcher, *Should Intolerable Prison Conditions Generate a Justification or an Excuse for Escape?*, 26 UCLA L. Rev. 1355 (1979), 1363면.

54) Paul H. Robinson, *A Theory of Justification: Societal Harm as a Prerequisite for Criminal Liability*, 23 UCLA L. Rev. 266 (1975), 283-284면. 이밖에 오상방위에 대해 정당화의 법적 효과를 부여할 수 없다는 견해로는 P.D.W. Heberling, *Justification: The impact of the Model Penal Code on statutory reform*, 75 Columb. L. Rev. 914 (1975); W. Hassemer, *Rechtfertigung und Entschuldigung im Strafrecht - Thesen und Kommentare*, in Albin Eser/George P. Fletcher (Hrsg.), Rechtfertigung und Entschuldigung, Band I, 1987, 210면 이하.

55) Sendor는 플레처 등 다른 학자들과 달리 'wrongfulness'를 '위법성'이 아닌 '불법'의 의미로 사용하고 있다. 이는 그가 'wrongfulness'를 정도의 차이가 있는 대상으로 설명하고 있다는 점에서 명확히 드러난다.

책임이 조각되고, 이로 인해 결국 법익무시적 태도의 추정이 깨지게 되어 불법이 온전히 성립하지 못하게 된다고 한다.56)

이상 검토한 책임조각설을 취하는 세 입장에서 공통점은 정당화가 인정되기 위해서는 법익침해, 즉 결과반가치가 배제되어야 한다는 전제를 취하고 있다는 점일 것이다. Sendor도 정당화의 법적 효과는 법익침해가 배제되어야만 가능하다는 전제에 기초하고 있다. 그러나 이와 달리 정당화의 효과를 위해 반드시 실제로 법익침해(결과반가치)가 발생할 필요는 없다는 것이 Greenawalt와 Dressler, 그리고 Dsouza의 입장이다.

요컨대, 커먼로 이론들 중에는 오상방위의 법적 효과로서 정당화를 지지하는 견해도 있는 반면, 상이한 이론구성을 통해 오상방위의 효과로서 면책을 주장하는 견해도 병존하고 있음을 확인하게 된다.

24. 맺음말 : 커먼로 법리와 이론의 의의와 한계

오상방위라는 문제영역은 오늘날 공리처럼 받아들여지고 있는 도그마틱적 전제들과 통설을 새로운 시각에서 재음미해 볼 수 있는 계기를 마련해 준다고 생각된다. 앞서 고찰한 바와 같이 커먼로의 법리와 이론은 3단계 범죄체계가 합당한 법적 판단을 내리는 데 있어서 유일하게 옳은 체계가 아닐 수 있음을 암시하고 있으며,57) 오상방위를 해결하는 기존의 통설

---

56) Benjamin B. Sendor, Mistakes of Fact: A Study in the Structure of Criminal Conduct, 25 Wake Forest Law Review 707 (1990) 참조.

57) 플레처의 범죄체계론 유형화에 따르면 지구상에서 2단계범죄체계를 따르는 국가로는 미국과 영국 등 커먼로 국가들과 프랑스가 있고, 국제형사재판소(Interational Criminal Court)도 이를 수용했다고 한다. 2단계범죄체계의 변형체계인 4단계범죄

적 견해들이 지닌 방법론적 한계와 오류를 되짚어 보게 해준다는 점에서 미덕이 있다고 생각한다.

그러나 합리적 믿음설 내지 진정한 믿음설에는 문제점이 없을까? 비록 이 두 입장이 기존의 통설적 논의를 넘어설 수 있는 새로운 시각을 열어 주고는 있지만, 그 자체로 몇 가지 의문점이 제기될 여지가 있다.

합리적 믿음설에 대해서는 흔히 가하여지는, 진정한 믿음설의 옹호론자들이 주로 비판하는 지점이 바로, 그럼 비합리적인 착오의 경우에는 어떻게 되느냐는 것이다. 즉 합리적 믿음설에 의하면 비합리적 믿음을 지닌 경우 행위자에게 고의범의 책임을 지우는데,[58] 이는 규범적 직관에 반하고 유추적용책임설이나 법효과제한책임설이 지닌 이론적 미덕, 즉 행위자에게 과실범을 인정하는 취지에 배치된다는 단점이 있다. 이를 위해 미국 일부 주에서는 불완전정당방위(imperfect defence)[59]라는 예외적 법리를 고안해 내고는 있지만 말이다.

다음으로 진정한 믿음설에 대한 의문점은 다음과 같을 것이다.

첫째, 합리적 믿음설에 대한 비판과 마찬가지로 믿음의 진정성이 부정되면 고의범으로 처벌되는데, 이는 부당하다는 비판이 제기될 수 있다. 우

체계(Quadripartite System)을 채택한 국가로는 러시아를 비롯한 이전의 다른 공산주의국가들이 있다고 한다. 4단계범죄체계는 범죄의 주체(subject)와 범죄의 주관적 요소, 범죄의 객체(object)와 범죄의 객관적 요소라는 4가지 범죄성립요소로 이루어진다. 우리에게 익숙한 3단계범죄체계는 독일을 비롯한 동유럽, 스페인어 사용국가, 그리고 극동의 한국과 대만, 일본 등에서 채택되고 있다. George P. Fletcher, 앞의 책(각주 4), 43-55면.

58) George P. Fletcher, 앞의 책(각주 39), 688면.

59) 불완전정당방위란 착오로 인한 방어행위로 모살을 한 경우 착오가 합리적일 경우에는 항변이 성립되지만, 착오가 비합리적이지만 진정한 경우에는 모살죄(murder) 고의범이 성립하지 않고 그보다 경한 살인죄인 고살죄(manslaughter)를 인정하는 법리를 말한다.

선 믿음의 진정성이란 비록 착오에 기인한 것이기는 하지만 그렇게 믿고 있음에 대하여 일체의 의심의 여지없이 확신이 있는 경우에 인정되는 것으로서 만일 진정성이 부정될 경우는 법익침해의 가능성 및 행위의 위법성에 대한 최소한 미필적 고의가 추정된다고 평가할 수 있을 것이고,[60] 또한 행위자의 고의책임의 내용을 이루는 법적대적 태도도 관념할 수 있을 것이므로 이를 고의범으로 다루는 것은 불합리하지는 않다고 생각된다. 요컨대, 합리적 믿음설과 달리 진정한 믿음설에서는 진정성이 부정될 경우 고의범이 성립되는 것은 오히려 온당하다.

둘째, 믿음의 진정성만으로 정당방위를 인정할 경우 정당방위의 상대방은 그 방위자의 반격에 대해서 정당방위를 할 수 없어서 - 적법한 행위에 대해서는 정당방위를 할 수 없으므로 - 무고한 피해자가 될 수 있다는 비판이 제기될 수 있다.[61] 이는 대법원의 오상방위 법리를 포함해 행위반가치의 완전한 탈락만으로 정당방위가 인정될 수 있다고 보는 견해에 대해서도 마찬가지로 제기될 수 있다. 하지만 이에 대해서는 피해자 역시 자신의 주관적 믿음을 근거로 하여 주어진 상황이 정당방위 상황이라고 진실로 믿었다면 정당방위를 할 수 있을 것이므로 법리적으로 모순을 초래하지 않는다는 반론이 가능할 것이다.

셋째, 진정한 믿음설은 불합리하지만 진정한 착오의 경우에도 정당화의 법적 효과를 인정하는데, 과연 이러한 결론은 보편적으로 수용가능한 것일까? 물론 주어진 상황에 대한 인식을 토대로 - 그 인식이 착오든 아니

---

60) 착오의 진정성이 의심스러울 때의 법적 효과에 대해서는 오랜 논의가 있었던 듯하다. 착오의 진정성이 의심스러울 때 고의와 법률의 인식은 추정된다고 보는 이탈리아 후기주석학파(Postglossatoren)의 견해에 대한 소개로는 Otto Kahn, *Der außerstrafrechtliche Rechtsirrtum*, 1900, 14면 참조.

61) 이 점에 대해서는 Paul H. Robinson, *Structure and Function in Criminal Law* (Oxford Univ. Press, 1997), 105-108면.

든 - 올바른 규범추론을 했다면 사실추론(기능적 추론)의 오류는 행위자
에게 정당방위의 자격을 부여하는 데 있어서 무관계하다는 이론적인 논
거가 제시되어 있음은 전술한 바와 같다. 오상방위나 오상피난과 같이 상
황의 긴급성으로 인해 행위자에게 올바른 상황판단을 기대하기가 어려운
경우에는 위 논변이 상당히 설득력이 있고 합당하다고 볼 수 있다고 생각
한다. 하지만, 사실에 대한 기능적 추론도 그 실패에 대해 형법은 때로는
'과실범'으로서의 책임을 부과하고 있는데, 이를테면 피해자의 승낙 사례
일 경우 행위자가 피해자의 승낙의 진정성 여부를 면밀히 검토할 시간적
계기나 동기가 충분히 있었음에도 이를 오인한 경우라면 이에 대해서 진
정한 믿음만을 근거로 정당화의 효과를 부여하는 것은 규범적 직관에 반
할 것이다.[62] 요컨대, 진정한 믿음설은 오상방위 등 긴급성을 요하는 제
한된 사례군에 대해서는 타당성을 지니지만, 모든 유형의 위법성조각사유
의 객관적 전제사실에 대한 착오에 보편적으로 적용하기에는 법리적으로
한계를 지니고 있다고 생각된다.

---

62) 영국의 제정법 중에서도 Sexual Offence Act 2003은 합의에 의한 성관계에 요구되
는 승낙연령에 대한 착오는 합리적 근거(reasonable grounds)가 있을 것을 요구하
고 있다. 진정한 믿음설과 다른 입장을 취하고 있는 것이다. 이 점에 대해서는
Andrew Ashworth, *Principles of Criminal Law* (Oxford Univ. Press, 2009), 217-
218면.

제5장

형법상 착오론의
재구성

25. 착오론의 역사적 형성과정으로부터의 시사점

고대 그리스로부터 로마법과 카논법을 거쳐서 커먼로와 독일형법에 이르기까지 착오론의 형성과정을 검토해 보면서 형법상 착오와 관련된 통일된 관점을 확인할 수 있다.

25.1 현대 착오론의 기원이라고 할 수 있는 고대 그리이스의 착오론, 특히 아리스토텔레스의 착오론에 따르면 착오가 항변으로서의 효과를 부여받기 위해서는 우선 진정한 것이어야 한다.

25.2 사실의 착오가 완전한 면책의 효력을 부여받기 위해서는 과실에서 기인한 것이 아니어야 한다. 그리고 착오자가 면책되는 근거는 자발성의 결여이다. 다만, 착오가 부주의에서 기인할 경우 (과실범으로) 처벌될 수 있다.

25.3 사실의 착오와 달리 법률의 착오는 대체로 행위자의 부주의에서 기인한 것이고 행위자는 개별적 행위정황에 대한 인식이 있기 때문에 그의 행위는 자발성이 인정되므로 원칙적으로 처벌되지만, 부주의에서 기인하지 않은 법률의 착오는 아리스토텔레스의 착오이론에서 면책될 수 있다. 다만, 법률의 착오가 책임이 조각되는 근거는 개별적 행위정황에 대한 착오와 달리 자발성의 결여가 아닌, 다른 책임조각의 원리에서 찾아야 한다. 공정한 경고(fair warning)나 공정한 기회(fair opportunity)가 그러한 근거가 될 수 있을 것이다. 이처럼 고대 그리이스 착오론에서도 법률의 착오와 사실의 착오를 달리 취급하려는 사고방식의 단초를 찾아볼 수 있다.

25.4 "법률의 부지는 용서받을 수 없지만, 사실의 부지는 용서받을 수 있다"는 법원칙은 로마법에서 유래하는데, Savigny는 이 원칙은 모든 개

별적 사례에서 일반적으로 적용될 수 있는 원칙이 아니고 일반적인 법규 등 잘 알려진 법규(예컨대 형벌법규)에 대한 착오의 경우에만 착오를 한 자에게 해가 된다고 해석해야 한다고 주장했다. 이러한 맥락에서 그는 로마법에서 형벌법규에 대한 부지는 용서받을 수 없지만, 비형벌법규나 사실에 대한 부지는 착오의 합리성 여부를 불문하고 고의를 배제시킨다고 주장하였다. Mommsen도 형벌법규에 대한 착오는 용서받을 수 없다는 점에서 Savigny와 같은 견해였던 것으로 보인다. 그러나 Binding은 로마법에 있어서 고의나 중과실은 법규위반성 내지 위법성을 의미했기 때문에 위법성의 인식은 고의의 성립요소였고 따라서 형벌법규의 착오도 역시 고의를 배제시키는 법적 효과를 가져온다고 주장하였다.

　사비니와 빈딩의 로마법 해석 중에 어느 것이 옳은지는 더 심도있게 논의되어야 하겠지만 그 각각의 해석에는 나름의 근거가 있었을 것으로 추측해 볼 수 있다. 우선 사비니의 로마법 해석의 경우 고대 그리이스의 아리스토텔레스 착오론의 자발성 논변에 따르면 법률의 착오에 빠진 자라고 하더라도 개별적 행위정황에 대한 착오가 없는 이상 자발성은 인정되기 때문에 책임이 조각될 수 있는 근거를 입론하기 어렵다는 점을 고려했다고 볼 수 있을 것이다. 이와 달리 빈딩의 로마법 해석의 경우 아리스토텔레스의 착오론에 따르더라도 과실에서 기인하지 않은, 회피불가능한 착오는 면책의 효과를 부여해야 한다는 입장을 고려한 것으로 볼 수 있을 것이다. 또한 탈무드에 등장하는 '공정한 경고' 논변을 참고해 보면, 행위의 자발성 논변 외의 또 다른 책임조각의 원리나 근거를 인식하고 이를 고려해 보았을 것으로 추정해 볼 수 있다.

　25.5 카논법은 법률의 착오에 관한 일반규정으로서 비난가능성이 없는 법률의 부지에 관해서는 완전한 면책을, 또한 비난가능한 법률의 부지에 관해서는 비난가능성의 정도에 따라서 책임을 결정할 수 있다는 조항을

두고 있다. 단, 이 조항은 형벌법규에 관한 부지는 완전한 면책에는 이르지 못하고 비난가능성의 정도에 따라서 책임이 감경될 수는 있다고 규정하고 있다. 하지만 카논법 재판실무는 착오에 비난가능성이 없으면 책임이 조각되어 처벌받지 않는다는 원칙을 확립하고 있었고 이를 모든 형사법규에 확대시켰다는 점을 고려하면 일반적으로 형벌에 대한 부지도 회피불가능한 경우에는 완전한 면책의 효과가 부여되었을 것으로 추측된다. 이러한 입론이 옳다면, 중세 카논법의 법률의 착오법리는 현재의 대륙법계 형법, 즉 독일과 한국의 그것과 거의 유사했던 것으로 평가할 수 있을 것이다. 사실의 착오와 관련해 아퀴나스는 법률의 착오와 사실의 착오를 다르게 취급하지 않았고 오로지 회피가능성 여부에 따라서 책임의 유무를 결정했다. 이러한 입장에 따르면 사실의 착오에 대해 착오가 회피불가능한 경우에는 완전한 면책의 효과가, 회피가능한 경우에는 과실범으로 처벌되는 효과가 부여된다고 볼 수 있다. 다만, 이때 회피가능성 판단의 기준이 법률의 착오와 사실의 착오에 동일했는지 여부는 더 논구될 필요가 있다.[63)]

요컨대, 로마법과 비교해 형사법 영역의 법리가 발달했던 카논법에서 일부 조문의 예외는 있지만 법률의 착오와 사실의 착오를 다르게 취급하려는 의도는 보이지 않고, 회피가능성 여부에 따라서 책임의 유무를 판단한 것으로 보인다.

25.6 독일제국법원은 로마법에 대한 사비니의 해석처럼 형벌법규와 비형벌법규를 구분해 이를 달리 취급하는 법리를 확립하고 있었으나 이후 고의설 및 책임설의 등장으로 형벌법규의 착오도 고의조각 또는 면책의

---

63) 반면 Aquinas에게서도 Aristoteles처럼 법률의 착오와 개별적 행위정황의 착오라는 구분방식이 있었다고 보는 견해로는 Thomas Aquinas, Summa Theologica—A concise Translation, 1989(Timothy McDermott 편역), 197면 참조.

효과를 부여받을 수 있는 길이 열리게 되었다. 고의설은 법률의 착오와 사실의 착오를 동일하게 취급하는 입장인데 독일연방대법원의 선도적 판결 BGHSt 2, 194는 형벌법규의 착오와 비형벌법규의 착오를 구분하는 독일제국법원의 법리를 포기하고 책임설을 채택함으로써 사실의 착오와 법률의 착오를 다르게 취급하는 입장을 취하게 되었다.

25.6.1 동 판결주문에 따르면 사실의 착오에 빠진 행위자는 그 자체로는 원칙상 법을 준수하고 있는 자이다. 왜냐하면 그는 어디까지나 법을 준수하려고 노력하였으나 사실적 상황에 대한 착오로 인해 법을 준수하지 못하게 된 것이기 때문이다. 그리고 법률의 착오는 사실의 착오와 비교할 때 법규위반에 대한 인식이 개별적 행위정황에 대한 인식보다 일반적으로 수월하다고 한다. 물론 양 착오가 모두 회피가능하거나 비난가능하다는 점에 있어서는 공통점을 갖기는 하지만, 사실의 착오는 법률의 착오보다 일반적으로 더 강력하고 직접적인 행위계기를 제공한다는 점에서 비난가능성이 적다는 것이 동 판결의 입장이다.

25.6.2 고의는 행위자에게 그 행위가 위법하다는 사실을 일깨워 주는 기능(구성요건 고의의 경고기능; Warnfunktion des Tatbestandsvorsatzes)을 한다는 점에서 책임설을 취하게 되면 사실의 착오는 고의가 조각되지만, 법률의 착오에 빠진 자에게는 여전히 구성요건 고의는 존재하기 때문에 자신의 행위가 위법한 것인지에 대해 숙고할 계기가 분명 존재하므로 그러한 경고기능이 존재함에도 불구하고 행위의 위법성을 인식하지 못했다는 점에서 분명 법률의 착오는 사실의 착오에 비해 비난의 여지가 크다고 평가할 수 있다.

25.6.3 사실의 착오는 법률의 착오에 비해 쉽게 발생할 수 있고 또한 법을 준수하려고 노력하는 과정 속에서 발생하기 때문에 비난가능성이 적다. 아울러 사실의 착오는 법률의 착오보다 일반적으로 더 강력하고 직접

적인 행위계기를 제공한다는 점에서 비난가능성이 적다. 다시 말해 사실의 착오에 빠진 자는 착오로 인한 표상에 따라서 일정한 행위를 하기까지 그러한 믿음형성의 타당성에 대해 숙고해 볼 계기가 거의 존재하지 않는다는 것이다. 반면 법률의 착오는 구성요건 고의가 엄연히 인정되는 상황에서 발생하므로 행위의 위법성에 대해 숙고해 볼 계기가 존재하기 때문에 사실의 착오에 비해 보다 중대한 착오가 되며 따라서 양자를 달리 취급하는 것은 정당화될 수 있다는 것이다.

25.7 이상 검토한 바와 같이 사실의 착오는 법률의 착오와 비교해 볼 때 매우 사려깊은 자에게서도 발생할 수 있고(로마법의 근거) 법률의 착오에 비해 일반적으로 더 강력하고 직접적인 행위계기를 제공한다는 점 (독일연방대법원 판례의 근거)에서 비난가능성이 적다. 따라서 법률의 착오는 회피불가능성이라는 기준이 충족되어야만 완전한 면책의 효과가 부여되지만, 사실의 착오는 그것이 진정한 것이라면 회피가능성 여부와 관계없이 일단 고의조각의 효과가 발생하며, 회피불가능한 착오의 경우 과실범의 성립조차 부정되어 완전한 면책의 효과를 가져오게 된다. 이때 회피가능성의 판단기준은 사실의 착오에 비해 법률의 착오가 더 높게 설정된다. 그 이유는 다음과 같다.

25.7.1 먼저 개별적 행위정황에 대한 착오, 즉 사실의 착오와 법률의 착오를 비교해 볼 때 법규위반에 대한 인식이 개별적 행위정황에 대한 인식보다 일반적으로 수월하다고 말할 수 있다. 이 점에 대해 부연설명이 필요한데, 혹자는 법규위반에 대한 인식은 때때로 법률전문가에 대한 조회가 필요하기 때문에 개별적 행위정황에 대한 인식보다 어렵다고 주장할 수도 있을 것이다. 그러나 법률의 착오에 빠진 행위자에게는 일반적으로 자신의 행위의 위법성을 검토해 볼 충분한 숙고의 계기가 상대적으로 쉽게, 그리고 긴 시간동안 주어진다. 왜냐하면 우선 행위자에게는 구성요건

적 고의가 인정되므로 고의의 경고기능이 작동하기 때문이고, 다음으로 행위자의 착오와 그 이후의 실행행위 사이에는 행위의 적법성에 대해 숙고해 볼 수 있는 충분한 시간이 존재하는 경우가 많기 때문이다. 예컨대 세법이나 행정법규 등 지극히 복잡한 법령의 경우 법률전문가가 아닌 행위자는 자신의 해석에 대해서 쉽게 확신을 못하기 때문에 자신의 행위가 법령에 저촉되는지 여부를 심사숙고할 수 있는 계기가 미리 주어지고 그럼에도 불구하고 문제없다고 판단되면 실행에 옮기는 과정을 거친다. 따라서 행정법규라고 하더라도 행위의 금지성에 대한 인식을 할 수 있는 가능성이 사실의 착오에 비해서 상대적으로 충분하다. 반면에 사실의 착오는 대체로 착오가 발생함과 동시에 강력하고 직접적인 행위계기를 제공하기 때문에 충분한 숙고의 계기가 거의 없이 착오에 기초해 실행에 옮기는 과정을 거치는 경우가 대부분이다. 예를 들어 식당에서 식사를 마친 후 타인의 우산을 자신의 우산으로 오인하고 가져간 자는 사실의 착오 이후 타인의 우산을 가져가기까지 더 이상 숙고할 계기를 갖지 못하는 경우가 일반적이다. 물론 사실의 착오라도 개별 사례에 따라서는 착오가 발생한 이후 실행에 옮기기 전까지 비교적 충분한 숙고의 계기가 존재하는 사례도 존재할 수 있을 것이다. 예를 들어 신빙성 없는 서류로 미성년자가 자신을 성인이라고 속이고 취업한 경우 이를 쉽게 믿고 고용한 유흥업소 주인의 착오가 그러하다. 이러한 사례군의 경우에는 행위자가 믿은 바에 따라 실행하기 전까지 개별적 행위정황에 대한 판단을 점검할 수 있는 계기를 가질 수 있기 때문이다.[64]

25.7.2 그렇다면 오상방위와 같은 정당화사정에 대한 착오와 법률의 착오의 회피가능성 판단기준은 어떻게 차이가 있을까?

오상방위 등 정당화 사정에 대한 착오와 법률의 착오는 행위자에게 구

---

64) 대법원 2002.6.28. 선고 2002도2425 판결.

성요건 고의가 인정된다는 점에서 공통점이 있다. 즉, 구성요건의 경고기능이 존재한다는 점에서 양 착오는 사실에 대한 착오에 비해 비난의 여지가 크고, 따라서 동일하게 취급될 수 있다. 그러나 이러한 결과는 앞에서 (18.6.) 지적한 것처럼 명백히 부당한데 왜냐하면 오상방위는 분명 사실적 상황에 대한 착오에 빠진 자이기 때문이다. 법률의 착오와 사실의 착오는 그 취급에 차별성이 있어야 한다. 그럼에도 불구하고 단지 구성요건적 고의의 경고기능이 작동한다는 점에서 양자가 동일하게 취급되는 것은 타당하지 않다. 이와 같은 이유에서 법률의 착오를 항변으로 인정하기 위한 기준은 오상방위 등 정당화 사정에 대한 착오를 항변으로 인정하기 위한 기준보다 엄격해야만 한다. 따라서 일반적으로 법률의 착오의 회피가능성의 판단기준은 오상방위의 회피가능성 판단기준보다 높게 설정되어야 한다고 볼 수 있다.

26. 오상방위의 형법적 취급방식에 대한 시사점

26.1 항변구성요건착오의 회피가능성 판단기준

오상방위, 오상피난, 오상승낙 등 위법성조각사유의 전제사실의 착오, 다른 표현으로 항변구성요건에 대한 착오의 구조적 특징은 행위자에게 구성요건적 고의는 인정된다는 점이다. 따라서 항변구성요건(defence element)[65] 대한 착오는 법률의 착오와 마찬가지로 구성요건적 고의의 경

---

65) 일반적으로 커먼로에서는 범죄성립을 조각시키는 사유, 이를테면 정당방위나 긴급피난, 강요된 행위 등을 항변(defence)이라고 하며 이러한 항변이 성립되기 위한

고기능이 작동하고 있다는 점에서는 범죄구성요건(offence element)에 대한 착오에 비해서 회피가능성의 판단기준이 엄격하다. 하지만 다른 한편 항변구성요건에 대한 착오는 정당화 사정에 대한 착오라는 점에서 사실의 착오와 마찬가지로 강력하고 직접적인 행위계기를 제공하므로 법률의 착오에 비해서 회피가능성의 판단기준이 낮아야 한다. 즉, 항변구성요건에 대한 착오의 회피가능성 판단기준은 구성요건에 대한 착오의 회피가능성 판단기준보다는 높고, 법률의 착오에 대한 회피가능성 판단기준보다는 낮다고 정식화해볼 수 있다.

26.2 오상방위 상황에서 구성요건적 고의의 경고기능

그러나 이러한 정식화에는 신중을 기할 필요가 있다. 성급한 일반화일 수 있기 때문이다. 법률의 착오에 빠진 자는 자신의 행위가 금지되지 않는다는 믿음을 지니고 있지만 구성요건적 고의의 경고기능에 의해 행위의 적법성을 의심하며 이를 점검해 볼 수 있는 계기, 즉 불법을 회피할 수 있는 공정한 기회가 주어진다. 이와 달리 오상방위자는 긴급한 상황에서 자기 또는 타인의 생명과 신체를 지키기 위해 긴급권을 행사해 법익을 방어한다는 믿음, 즉 이미 내적으로 확고하게 형성된 정당화 고의를 갖고 행위하는 자이므로 법률의 착오와 달리 처음부터 구성요건적 고의의 경고기능이 제대로 작동하기 힘들다. 다시 말해 오상방위자는 현재의 부당한 침해로부터 자기 또는 타인의 부당한 침해로부터 생명과 신체를 방어

요건을 항변구성요건(defence element)이라고 한다. 정당방위의 경우 그 구성요건 중에서 정당화사정(justifying circumstance)의 존재가 대표적이다. 항변구성요건은 한국과 독일의 형법에서는 이른바 허용구성요건(Erlaubnistatbestandsirrtum)에 상응하는 개념으로 볼 수 있다.

해야 한다는 긴급한 욕구와 함께 그러한 행동이 정당하다는 규범적 판단과 믿음에 압도되어 있는 자라는 사실을 고려해야 한다는 것이다. 긴급한 상황에서 자신의 행동이 정당하다는 확고한 믿음을 형성하게 된 자에게 자신의 행위의 적법성에 대해 더 이상 숙고할 계기가 충분히 있을 것으로 기대하기는 어려울 것이다. 따라서 이때 착오의 회피가능성 판단기준이 구성요건에 대한 착오의 그것보다 항상 높다고 평가하기는 어려울 것이다.

이로부터 다음과 같은 관점의 고려가 필요하다고 생각된다. 착오의 회피가능성 수준을 결정하는 여러 요소들 중에 구성요건적 고의의 경고기능의 영향은 단지 구성요건적 고의의 존재 여부에 따라서 결정되는 것이 아니라 실제로 그 경고기능이 온전히 작동할 수 있는 조건이 갖추어져 있는지 여부에 따라서 결정된다고 보는 것이 합당하다는 것이다. 즉, 오상방위 사례처럼 정당화 고의의 존재와 긴급성이 모두 갖추어진 상황에서는 구성요건적 고의의 경고기능은 온전히 작동하기 어렵다고 보는 것이 타당하다고 생각된다.

27. 오상방위의 법적 효과와 착오론

27.1 사실의 착오의 법적 효과

이상 우리는 법률의 착오를 사실의 착오에 비해 엄격하게 취급하는 법리와 사고방식이 어떠한 근거를 토대로 형성되어 왔는지 검토해 보았다. 그렇지만 착오의 법적 효과를 구체적으로 어떻게 결정해야 하는지에 대해서는 별도의 면밀한 검토가 필요하다.

우선 법률의 착오는 구성요건적 고의의 경고기능이 온전히 작동하고 있고 행위의 적법성에 대해서 숙고할 기회가 상대적으로 많다고 볼 수 있으므로 이에 대한 착오의 회피가능성 기준은 가장 높은 수준에서 결정되어야 한다. 또한 착오가 회피불가능한 경우에는 그에게는 구성요건적 고의는 존재하고 단지 행위의 금지성에 대한 불인식으로 금지규범을 위반한 것이므로 이로 인해 행위자에게 불법을 회피할 수 있는 '공정한 기회'가 결여되어 비난가능성이 없다고 할 것이므로 면책의 효과가 부여될 수 있다.

반면에 사실의 착오, 즉 구성요건에 대한 착오는 고의를 조각시키게 되므로 구성요건적 고의의 경고기능이 작동하지 않는다는 점에서 법률에 대한 착오사례와 다르게 평가되어야 한다. 일반적으로 널리 알려진 법률에 대한 인식은, 오랜 기간 시민들 사이에 공포되고 승인되어 오고 있는 법규범에 대한 인식이라는 점에서 매 순간 상황에 따라서 달라지는 개별적 행위정황에 대한 인식보다는 수월하다고 볼 수 있다. 그리고 사실의 착오는 독일연방대법원이 적절히 지적한 바대로 법률의 착오와 다르게 일단 행위자가 착오에 빠진 경우에는 자신의 판단의 적절성에 대한 재점검 기회도 없이 곧바로 인식한 바에 따라서 행동을 취하게 만드는 강력하고 직접적인 행위계기를 제공하므로 착오의 회피가능성 판단기준이 법률의 착오에 비해 낮아야 한다. 이때 행위자는 명백히 법에 충실하려고 노력했던 자이다. 만일 착오가 진정하지만 회피가능한 경우, 사비니(Savigny)가 적절히 지적한 것처럼(3.1.1) 일반적으로 사실에 대한 착오는 고의와 양립할 수 없다고 보아야 할 것이므로 고의가 조각되며, 만일 착오가 회피가능한 경우에는 이를 근거로 과실범 처벌규정이 있다면 과실범이 성립할 수 있다.

그런데 만일 착오가 회피불가능한 경우라면 그 법적 효과는 다음과 같은 두 가지 효과가 모두 가능할 것이다.

첫째, 사실의 착오로 행위자의 고의는 조각되었고 이제 남은 문제는 과실범의 성립가능성인데, 착오가 회피불가능한 경우라면 과실도 인정하기 어려울 것이므로 과실범도 불성립해 무죄가 된다.

둘째, 착오가 회피불가능한 경우에는 행위자에게 불법을 회피할 수 있는 공정한 기회가 없다고 평가할 수 있으므로 완전한 면책의 효과가 부여될 수 있다. 일반적으로 불법을 회피할 수 있는 공정한 기회가 결여된 경우 행위자가 적법행위를 할 수 있었음에도 불구하고 불법을 실행하기로 결의한 점에 대해 비난가능성이 인정되지 않아 책임조각의 법적 효과가 발생하기 때문이다.[66] 유기천 교수는 조금 다른 관점에서 사실의 착오에 빠진 행위자에게는 위법성의 인식가능성이 없기 때문에 책임이 조각된다고 주장한 바 있는데,[67] 이러한 유기천 교수의 입장도 착오자에게 불법을 회피할 공정한 기회가 없기 때문에 비난가능성이 없어 책임이 조각된다는 뜻으로 해석할 수 있다.

주지하다시피 한국이나 독일과 같은 대륙법계 국가에서는 사실의 착오, 즉 구성요건적 착오의 법적 효과와 관련해 착오의 합리성 여부를 불문하고 '고의조각'의 법적 효과를 발생시킨다.[68] 단, 그러한 착오에 과실도 없

---

66) 책임과 공정한 기회의 관계에 대한 심층적 논의는 David O. Brink, Fair Opportunity and Responsibility (Oxford Univ. Press, 2021); Benjamin Ewing, "Criminal Responsibility and Fair Moral Opportunity", Criminal Law and Philosophy 17 (2):291-316 (2023) 참조.

67) 유기천, 개정 형법학[총론강의] (일조각, 1980), 185-186면과 191면. 사실의 착오에 관한 유기천 교수의 견해에 대한 상세한 분석과 논증으로는 안성조, 위법성조각사유의 전제사실의 착오에 관한 유기천 교수의 견해 연구 - 오상방위를 중심으로, 연세법학 제45권 (2024) 참조.

68) 이 점에 대해서는 Gunther Arzt, "The Problem of Mistake of Law", 3 BYU L.Rev. 711 (1986), 716면. "Under the German criminal law, factual mistakes, insofar as

다면, 즉 착오가 합리적인 때에는 과실범도 불성립하여 완전한 범죄불성
립의 효과가 발생한다.

커먼로 법리도 이와 크게 다르지 않다. 다만, 커먼론에서 고의나 과실
은 범죄의 종류에 따라서 책임(culpability)요소로 이해되기도 하고, 구성
요건적 요소(elemental meaning)로도 이해되어 왔기 때문에, 착오의 효과
는 전자의 경우 책임조각의 방식으로, 후자의 경우는 구성요건적 고의가
조각되는 방식으로로 나타난다. 커먼로상 어떤 범죄는 구성요건에 특정한
주관적 요소를 명시적으로 규정하고 있는 있는데 이를 특정고의범죄
(specific intent crime)라고 하며, 반면 어떤 범죄는 그러한 주관적 요소를
명시적으로 논급하지 않은 채 단지 행위자의 책임을 드러내 보여주는 특
정한 상황만을 객관적 구성요건에 규정하고 있는데 이를 일반고의범죄
(general intent crime)라고 한다. 전자의 경우 사실의 착오는 바로 그 특정
한 고의를 부정하게 되며 따라서 착오가 회피불가능할 경우 무죄가 된다.
물론 착오가 회피가능하다면 과실범으로 처벌될 수 있는 가능성은 남게
된다. 반면 후자의 경우 사실의 착오는 고의를 조각시키 못하지만 그것이
합리적인 경우, 다시 말해 회피불가능한 경우에 한해 책임을 조각시킨다.
반면 착오가 비합리적인 경우 행위자는 고의불법이 인정돼 고의범의 죄
책을 진다.[69] 요컨대, 커먼로상 사실의 착오법리는 고의와 과실이 구성요
건요소로 취급되는지 책임요소로 취급되는지 여부와 맞물려 고의조각의
효과 또는 책임조각의 효과로 각각 나뉘어 정립되어 온 것이다.[70] 관련
사례를 보면 다음과 같다.

---

they are relevant under the definition of the crime charged, always fall into the
category of standard mistakes. They exclude intent regardless of whether they are
reasonable".

69) Joshua Dressler, 앞의 책, 155-156면.
70) 이 점에 대한 상세한 설명으로는 Joshua Dressler, 앞의 책, 153면.

흔히 모살죄(murder)로 일컬어지는 일급살인죄의 경우 살해의 고의 외
에 예모(premeditation)나 악의(malice) 등의 특정고의(specific intention)가
요구되므로 만일 사냥꾼이 사냥감인 동물과 사람을 착오하여 총을 발사
해 살인을 저지른 경우에는 그러한 특정고의가 부정되어 고의가 조각된
다. 이때 고의가 조각되는 근거는 착오로 인해 고의입증이 실패하게 될
것이기 때문이다.71) 이와 마찬가지로 범죄목적주거침입죄(burglary)에 있
어서 중죄(felony)를 범하려는 특정고의도 착오가 발생하면 조각된다. 이
와 달리 일반고의범죄인 주거침입죄의 경우, 본죄의 성립에 요구되는 고
의는 단지 타인의 주거에 침입한다는 사실에 대한 인식과 의사이기 때문
에, 만일 실제로는 주거권자의 동의가 없었음에도 불구하고 있다고 오인
하여 고의로 주거에 침입한 경우 주거권자의 동의가 있다는 착오는 주거
에 침입한다는 고의를 조각시키지 못한다. 단, 이때 행위자는 착오로 인해
그러한 행위를 하기로 결정한 것이므로 이 경우 불법을 회피할 공정한 기
회의 결여에 의한 면책의 항변이 성립된다. 즉 착오로 인한 주거침입행위
는 모든 객관적 구성요건과 주관적 구성요건을 충족시켜 책임과 불법의
추정을 가져오지만, 만일 그 착오가 합리적이었다면 적법하게 행위를 할
공정한 기회가 배제된 것으로 볼 수 있으므로 완전한 면책의 효과를 가져
온다. 이것이 사실의 착오에 관한 커먼로의 입장이다.72)

---

71) 착오와 고의의 관계에 대해서 독일의 법학자 사비니(Savigny)는 "고의(Dolus)란 어
    떠한 형태든 착오가 개입하면 존립할 수 없는 사실"이라고 주장한 바 있다.
    Friedrich Carl von Savigny, System des Heutigen Römischen Rechts, 1840, at 388.
    다시 말해 착오가 발생하면 고의는 개념논리적으로 존립되기 어렵다는 견해로 보
    인다.
72) Benjamin B. Sendor, *Mistakes of Fact: A Study in the Structure of Criminal
    Conduct*, 25 Wake Forest Law Review 707 (1990), 718-719면.

27.2 오상방위의 법적 효과: 회피불가능한 착오의
   경우

오상방위의 경우 행위자에게 일반적으로 구성요건적 고의는 존재하지
만,73) 정당화 고의의 간섭으로 인하여 구성요건적 고의의 경고기능이 제
대로 작동하지 못한다. 오히려 위급한 상황에서 긴급권을 행사하려는 의
도에서 그 행위를 하고 있는 것이기 때문에 그 착오는 일반적인 상황에서
발생하는 사실의 착오보다 더 강력하고 직접적인 행위계기를 제공한다고
볼 수 있다. 따라서 착오의 회피가능성 판단기준은 법률의 착오보다 낮으
며, 경우에 따라서는 사실의 착오보다 더 낮아질 수도 있을 것이다. 만일
착오가 회피불가능할 경우 일반적인 사실의 착오와 마찬가지로 오상방위
자에게 불법을 회피할 수 있는 공정한 기회가 결여된다는 점에서 책임조
각의 요건이 충족된다. 다만 오상방위의 경우 사실의 착오와 다르게 구성
요건적 고의가 배제되는 효과는 원칙적으로 발생할 수 없는데, 그 이유는
행위자에게 구성요건적 고의가 인정되기 때문이다. 물론 독일과 한국의
학설처럼 이론구성을 통해 예컨대 유추적용책임설과 같이 사실의 착오를
유추적용해 불법고의가 조각되는 법적 효과를 인정할 수는 있을 것이다.
하지만 동 학설에 따르더라도 분명한 사실은 구성요건적 고의는 여전히
인정된다는 점이다. 요컨대, 오상방위는 분명 사실적 요소에 대한 착오이
지만, 구성요건이 조각되는 효과는 발생시키지 못한다. 즉, 특정고의범죄
에서 발생한 착오처럼 고의를 조각시키지는 못하고, 일반고의범죄에서 발
생한 착오와 같이 취급되어 착오가 합리적일 경우, 즉 회피불가능한 경우
에 책임조각의 효과를 인정할 수 있다는 것이다.

---

73) 후술하겠지만, 구성요건적 과실이 존재하는 경우도 있기 때문에 '일반적으로'라고
    서술하였다.

또한 오상방위자가 현재의 부당한 침해에 대해서 정당방위를 한다는 정당화 고의를 품고 있고, 그것이 회피불가능한 착오에 의한 것이었다면 앞서 논급한 바와 같이(21.2) 행위불법이 완전히 소멸된다고 볼 수도 있다. 따라서 위법성조각의 효과를 부여할 수 있다.

요컨대, 회피불가능한 오상방위의 경우 책임조각은 물론 위법성조각의 효과가 모두 인정될 수 있다. 피고인의 입장에서는 정당화 또는 면책 중에서 어느 항변도 모두 주장할 수 있겠지만 당연히 정당화, 즉 위법성조각의 효과를 인정받는 것이 유리할 것이다. 다만 이때, 한국의 경우, 피고인으로서 주장할 수 있는 범죄불성립사유가 무엇인지 문제된다.[74]

우선 사실의 착오로서 책임조각의 효과를 인정하기 위해서는 원용할 조문이 존재해야 하는데, 오상방위는 구성요건에 대한 착오가 아니기 때문에 사실의 착오조문을 원용할 수는 없을 것이다. 참고로 유기천 교수는 오상방위의 경우 사실의 착오라는 점에 주목하며 면책적 과잉방위 조문을 유추적용할 수 있다고 주장한 바 있으므로 이를 참고해 볼 수 있을 것이다.

다음으로 오상방위에 위법성조각의 효과를 부여할 경우에도 과연 어떤 조항을 적용할 것인지가 문제된다. 우리나라의 정당방위 조문은 영국이나 미국과 달리 정당화사정이 실제로 존재할 것을 전제하므로 이를 근거로 정당방위를 주장할 수는 없을 것이다. 다만, 기존에 이와 유사한 사안들에게 대법원은 착오에 정당한 이유가 있으면 위법성이 조각된다고 지속적으로 판시해 왔으므로 이와 같이 판례를 통해 정립된 위법성조각사유를

---

74) 이와 관련해 오상방위가 형법 제20조의 사회상규에 해당할 경우 '위법성 조각'의 효과가 부여될 수 있지만 이에 해당하지 않으나 회피불가능한 오상방위에 대해서는 책임조각의 효과가 부여될 수 있다는 견해로는 허일태, "위법성조각사유의 전제사실에 관한 착오", 형사법연구 제37권 제1호(2025), 216-217면.

원용할 수 있을 것이다.

27.3 오상방위의 법적 효과: 회피가능한 착오의 경우

반면 회피가능한 오상방위의 경우에는, 행위자에게 과실이 인정되고 따라서 불법을 회피할 수 있는 공정한 기회가 있었다고 평가되기 때문에 책임조각 요건은 충족되지 않는다. 하지만 그렇다고 곧바로 고의범이 성립되지는 않는다. 일반적으로 오상방위자는 법적대적 태도를 지니고 있지 않으므로 고의책임이 인정되지 않아 이 경우에 고의범은 온전히 성립되지 않기 때문이다. 그렇다면 과연 이 경우 어떠한 법적 효과를 부여할 것인지가 문제되는바, 이에 대해 검토해 보기로 한다.

27.3.1 항변구성요건적 착오

착오가 회피가능했다는 점에서 그에게는 정당화 사정의 유무를 확인함에 있어서 과실을 인정할 수 있다. 그런데 이때의 과실은 엄밀히 말해 구성요건적 과실은 아니다. 구성요건적 과실은 "정상의 주의를 태만히 하여 객관적 구성요건을 인식하지 못함으로써" 결과발생에 이르는 행위, 즉 부주의로 객관적 구성요건을 실현하는 행위다. 즉 구성요건에 대한 불인식[75] 내지 착오가 있는 것이다. 반면 회피가능한 오상방위는 부주의로 정당방위를 실현하는 것이고, 이때 오상방위자는 정당방위의 한 요건인 정당화 사정의 존재에 대해 착오를 일으키고 있다. 정당화 사정은 달리 표현하면 항변구성요건(defence element)[76]에 해당하므로 이러한 의미에서

---

75) 물론 인식있는 과실의 경우에는 구성요건의 실현가능성에 대한 인식이 존재한다.

정당화 사정에 대한 착오는 항변구성요건에 대한 착오 또는 항변구성요
건적 착오라고 규정할 수 있을 것이다. 한국과 독일에서는 이를 허용구성
요건적 착오((Erlaubnistatbestandsirrtum)라고 명명하기도 한다. 구성요건이
든 항변구성요건이든 그 요건에 대한 부주의가 착오의 형태로 발현될 경
우 각각 구성요건적 착오 또는 항변구성요건적 착오가 되겠지만, 그 착오
가 과실에 의한 것이므로 결국 과실로 범죄구성요건 또는 항변구성요건
을 실현하게 된다는 점에서 동일한 사태가 되며, 따라서 구성요건적 과실
또는 항변구성요건적 과실이 성립된다. 그렇다면, 항변구성요건적 과실은
구성요건과의 관계에서 형법적으로 어떠한 의미를 지닐 수 있는 것인지
검토해 보기로 한다.

27.3.2 항변구성요건적 과실과 구성요건적 과실의 동일시 가능성

정당화사정은 항변구성요건을 구성하는 한 요소에 해당하고, 따라서 이
에 대한 착오는 항변구성요건적 착오가 된다. 만일 이 착오가 부주의에서
비롯된 것이라면 행위자는 과실에 의해 항변구성요건을 실현하는 셈이
된다. 오상방위의 경우 행위자가 과실에 의해 항변구성요건을 실현하는
경우 방어행위의 과정에서 실제로는 무고한 가상의 공격자에 대한 상해
죄나 살인죄와 같은 구성요건을 실현하게 되는데, 그러한 구성요건실현의
경로는 두 가지다. 그 하나는 행위자가 고의를 품고 구성요건을 실현하는
것이고, 다른 하나는 과실로 구성요건을 실현하는 것이다.

일반적인 오상방위 사례는 전자에 해당할 것이다. 행위자는 정당방위를

---

76) 커먼로상 항변(defence)은 죄의 성립을 조각시키는 일체의 사유들, 예컨대 정당방
위, 긴급피난 등 정당화 사유(justification)와 명정상태(intoxication), 강요된 행위
(duress) 등의 면책사유(excuse)를 통칭하며, 이와 같은 항변을 구성하는 요건, 예
컨대 정당방위의 성립요건인 정당화사정을 항변구성요건이라고 한다.

위해서 고의적으로 타인을 공격하여 법익침해의 결과를 발생시키고 있기 때문이다. 후자의 사례는 다음과 같다. 행위자는 상대방이 현재 자신의 법익을 부당하게 침해하고 있다고 오인하고, 일단 총으로 상대방의 다리를 쏴서 공격을 저지하겠다는 생각에 총을 쐈으나 결국 상대방의 심장에 맞아 사망한 경우이다. 과실에 의해 살인죄 구성요건이 실현되고 있는 것이다. 즉 전자는 항변구성요건적 과실과 구성요건적 고의가 결합된 사례(과실과 고의의 결합사례)인 반면, 후자의 경우에는 항변구성요건적 과실과 구성요건적 과실이 결합된 사례(과실과 과실의 결합사례)인 것이다.

그렇다면 만일 항변구성요건적 과실로 인해 일정한 구성요건을 실현한 오상방위 사례의 경우 이 행위는 고의범과 과실범 중 어떠한 불법유형으로 평가되어야 할까? 이에 대한 답을 얻기 위해서는 두 가지 중요한 고려사항이 검토되어야 한다.

첫째, 오상방위자에게 구성요건의 실현에 대한 행위자의 구성요건적 고의가 인정되더라도 책임고의는 부정되므로 고의범은 온전히 성립될 수 없다는 점이다(고의의 이중적 지위 고려).

둘째, 그렇다면 과실범의 성립여부를 검토할 필요가 있는데, 과실범은 과실불법과 과실책임이 인정될 때 성립되기 때문에 구성요건의 실현에 대한 과실이 요구된다. 그런데 오상방위는 항변구성요건에 대한 과실이 있는 경우이므로, 만일 과실범이 인정될 수 있다면 항변구성요건적 과실이 어떻게 구성요건적 과실과 동일시되거나 동일하게 취급될 수 있는지, 만일 가능하다면 어떠한 근거에 의해서 가능한지 검토되어야 한다(항변구성요건적 과실과 구성요건적 과실의 동일시 근거에 대한 고려).

여기서 "동일시되거나 동일하게 취급될 수 있다"는 의미는 항변구성요건적 과실이 구성요건적 과실과 완전하게 동일하다는 뜻은 아니라는 점에 유의할 필요가 있다. 그 이유는 다음과 같다. 우선 오상방위사라고 하더라도 구성요건적 고의는 인정되고 있으므로 구성요건적 고의가 인정되는 상황에서 구성요건적 과실도 성립된다고 볼 수는 없기 때문이다.

오상방위자의 과실은 항변구성요건에 대한 과실을 뜻한다. 그러므로 이때의 과실은 특정한 구성요건의 실현에 대한 고의와 개념적으로 충돌하지 않는다. 만일 항변구성요건에 대한 과실을 근거로 오상방위자에게 과실범을 인정할 수 있다면 일견 모순되는 것처럼 보이는 '고의와 과실의 동시성립 불가능성'의 문제는 자연스럽게 해소될 수 있다.

그렇다면 이제 남는 것은 항변구성요건적 과실이 어떠한 근거에 의해서 구성요건적 과실처럼 취급될 수 있는가이다.

27.3.3 파생적 과실

필자는 여기서 '파생적 과실'이란 개념을 입론하고자 한다. 이 개념은 과실로 실현된 항변구성요건이 결과적으로 특정한 범죄구성요건의 실현을 초래하게 되는 경우 그러한 범죄구성요건의 실현에 기여하는 과실을 의미한다. 전형적인 오상방위 상황을 머릿속에 그려보자. 행위자는 일단 정당화 사정에 대한 착오에 빠져서 과실에 의해 정당방위를 실현하게 된다(항변구성요건의 실현에 대한 본래적 과실). 그런데 행위자의 방어행위는 곧 상대방에 대한 법익침해 행위이므로 방어행위로 나아가기 전에 정당화 사정에 대한 자신의 인식이 정확한 것인지 점검할 주의의무가 있다. 그럼에도 불구하고 이러한 주의의무를 다하지 못하고 과실로 공격행위로 나아갔다면 이는 무고한 상대방에 대한 법익침해 행위, 즉 구성요건의 실현에 해당하므로 이러한 과실은 결국 구성요건의 실현에 기여하는 과실이 된다(구성요건의 실현에 대한 파생적 과실). 즉 항변구성요건적 과실은 두 가지 층위로 구성되어 있는데, 첫째는 항변구성요건의 실현에 직접

적으로 기여하는 과실, 즉 정당화 사정에 대한 착오를 지칭하고, 둘째는
자신의 행위가 무고한 타인에 대한 법익침해행위가 되지 않도록, 방어행
위로 나아가기 전에 자신의 상황인식을 점검할 주의의무를 다하지 못한
과실을 지칭한다. 요컨대, 항변구성요건적 과실은 사실적 상황의 인식에
대한 과실과 그러한 상황인식의 정확성에 대한 점검상의 과실이라는 중
층적 구조로 되어 있다는 것이다. 구성요건적 과실과 달리 이러한 중층구
조가 형성되는 이유는 항변구성요건적 착오에 빠졌다고 하더라도 그 상
황에 대한 대응이 반드시 법익침해행위로 연결되지는 않을 수 있다는 점
에서 찾을 수 있다. 예컨대 오상방위자는 현재의 부당한 침해가 존재한다
고 인식하더라도, 일단 그 상황을 회피하는 방식을 선택할 수 있다. 그 이
유는 우선 착오와 그로 인한 실행행위 사이에 일정한 시간적 간극이 존재
하기 때문이다(선택할 시간적 간극의 존재). 다음으로 만일 그가 회피하
지 않고 반격을 선택하려는 경우 구성요건적 고의를 품게 되는데, 이때
무고한 타인의 법익을 침해할 가능성에 대한 경고기능이 활성화되기 때
문이다(구성요건 고의의 경고기능). 물론 전술한 바와 같이 이러한 경고
기능이 긴급한 상황에서 형성된 정당화고의의 작용으로 인해 제한될 수
는 있겠지만 이는 경고기능이 작동할 여지가 아예 없는 구성요건적 과실
과 분명히 다른 점이다. 구성요건적 과실로 인해 구성요건요소를 인식하
지 못하거나 그에 대한 착오에 빠져 구성요건을 실현하는 자에게는 이미
구성요건적 고의가 형성될 가능성이 존재하지 않는다. 따라서 구성요건에
대한 과실과 착오는 중간에 어떠한 선택을 위한 시간적 간극도, 경고기능
이 작동할 여지도 없어서 곧바로 구성요건적 실현행위로 이어질 수밖에
없다.

지금까지의 논의를 정리해 보자.

일반적인 오상방위 사례, 즉 과실과 고의의 결합사례에서 행위자에게

구성요건의 실현에 대해서는 고의가 있을 뿐 과실은 없다. 하지만 과실로 정당방위를 행하고 있다는 점에서 항변구성요건적 과실은 인정된다. 이때 구성요건적 고의와 항변구성요건적 과실은 동시에 양립가능하다. 그런데 행위자가 방어행위를 할 경우에 그 상대방, 즉 가상의 공격자는 오상방위자의 방어행위로 인해 법익침해를 당하게 될 수도 있다. 그렇게 되면 결과적으로 오상방위자는 특정 범죄구성요건을 실현하게 되는데, 행위자에게는 이 점에서 구성요건적 고의의 경고기능이 작동된다고 할 수 있다. 따라서 자신의 상황인식에 대해 보다 면밀히 확인해야 할 주의의무가 발생하는바, 동 주의의무를 다하지 못해 정당방위 상황이 존재한다고 믿고 방어행위로 나아갈 경우 항변구성요건적 과실은 구성요건의 실현으로 이어진다. 요컨대, 항변구성요건적 과실로 인해 고의범 구성요건을 실현하는 것이 바로 과실과 고의가 결합된 오상방위의 특징이라고 볼 수 있다. 전술한 바와 같이 오상방위자에게 구성요건적 고의가 인정된다고 하더라도 책임고의가 인정되지 않아 고의범은 성립되지 않는다. 이때 회피가능한 오상방위에 있어서 행위자의 과실은 항변구성요건의 실현에 대해서는 '본래적 과실'이 되고, 범죄구성요건의 실현에 대해서는 '파생적 과실'이 된다. 요컨대 행위자의 오상방위를 야기한 과실은 두 가지 층위의 과실로서의 성격을 지니고 있다.

이러한 분석틀을 토대로 종합하여 정리해 보면 다음과 같다.

먼저 오상방위가 실현되는 과정을 기술해 보면 행위자의 과실로 인해 항변구성요건에 대한 착오가 발생하고, 뒤이어 고의 또는 과실에 의해 구성요건을 실현하는 결과가 파생된다. 따라서 항변구성요건적 과실은 뒤이어 발생하는 구성요건적 고의나 과실보다 앞선 시점에 발생하는 것으로서 양자는 양립가능하다.

자 그렇다면 이제 남는 문제는, 구성요건의 실현에 대한 파생적 과실이 어떻게 구성요건적 과실과 동일시될 수 있는지 그 정당화 근거일 것이다.

27.3.4 협의의 과실과 광의의 과실

일반적으로 구성요건적 과실은 과실로 인해 객관적 구성요건요소를 인식하지 못했거나 인식했으나 결과를 의욕 내지 감수하지 않은 경우에 성립된다(협의의 과실). 예를 들어 과실로 사람을 동물로 오인하거나 동물 옆에 있는 사람이 맞을 수도 있음을 인식하면서 맞지 않으리라 생각하고 동물을 향해 총을 발사한다든지, 자신의 행위가 타인의 신체에 상해를 가하고 있음을 인식하지 못하는 경우가 그러하다. 따라서 이러한 정의에 따르면 구성요건적 과실은 구성요건적 고의와 양립할 수 없다.

그런데 과실범을 좀 더 넓게 정의하면 구성요건이 실현되지 않도록 주의해야 할 의무에 위반하는 행위로 볼 수 있다. 즉, 과실로 구성요건을 실현하는 것이다(광의의 과실). 이러한 정의에 따르면 항변구성요건적 과실, 그 중에서도 파생적 과실로 인해 상황인식에 대한 점검을 게을리하여 구성요건을 실현하게 된 경우에도 과실범이 성립할 수 있다. 비록 행위자는 구성요건의 실현에 대한 고의가 있지만, 그러한 고의를 품게 된 계기에 과실이 있는 경우이다. 이러한 경우도 "과실로 구성요건을 실현했다"는 점에서 광의의 과실개념에 적확히 부합된다.

전자와 후자를 비교하자면, 전자의 경우 행위자는 구성요건적 과실과 그에 대한 과실책임이 인정되어 과실범이 성립되는 것이고, 후자의 경우 항변구성요건적 과실과 그에 대한 과실책임이 인정되어 과실범이 성립되는 경우이다. 후자의 경우는 비록 행위자에게 구성요건적 고의가 인정되지만 이때 구성요건적 고의는 사실적 상황에 대한 착오(과실)로 인해 형성된 것에 불과하고 결과적으로 행위자는 구성요건이 실현되지 않도록 주의의무를 다하지 못했다는 법적 평가에 적확히 들어맞는 경우라고 볼 수 있을 것이므로 이때에도 과실범이 성립된다고 보는 것이 가능할 것이다.

요컨대, 회피가능한 오상방위의 경우에 과실범이 성립될 수 있다면 이는 종래에 통상적으로 인정되어 오던 협의의 과실과는 다른 새로운 과실의 영역이 발견된 것으로 볼 수 있다. 구성요건적 고의가 인정되는 경우에 성립되는 새로운 과실범 유형이 발견된다는 것이다.

27.3.5 과실범 성립의 부정논거

물론 회피가능한 오상방위 사례에서 행위자에게 과실범 성립을 부정하는 방법도 논구될 수 있다고 본다. 즉, 행위자는 통상적 의미의 구성요건적 과실을 범하지는 않았으므로 과실범으로 처벌될 수 없다는 것이다. 또 다른 방법으로는 행위자의 항변구성요건적 과실이 법무관심적 태도가 인정되기 힘든 급박한 상태에서 발생한 경우에는 책임과실이 인정되지 않으므로 과실범이 온전히 성립할 수 없다는 논거도 제시될 수 있다. 오상방위와 같은 긴급한 상황에서 사실확인을 정확히 하지 못한 과실은 법무관심적 태도로부터 비롯되었다고 보기 어려울 것이다. 따라서 행위자는 결국 과실적 요소가 있음에도 불구하고 형법적으로는 무죄가 될 수밖에 없다. 이러한 결론은 전술한 바 있는 진정한 믿음설의 결론과 동일한 것이다(22.2.3).

27.4 항변구성요건적 과실과 구성요건적 과실의 결합사례

이번에는 과실과 과실이 결합한 오상방위 사례에 대해서 고찰해 보자.

이때는 항변구성요건적 과실과 구성요건적 과실이 모두 인정되고 있고, 따라서 행위자에게 과실범을 인정하는 데 일응 별 문제가 없어 보인다. 이 경우 과실과 고의가 결합된 사례와 마찬가지로 파생적 과실은 구성요건의 실현에도 기여를 하고 있다. 그런데 유의해야 할 점이 하나 있다. 구성요건의 실현에 대해서 과실이 인정된다고 하더라도 오상방위자에게 정당화고의가 인정되고 있다는 점이다. 불법의 구조(21.1)에서 살펴본 바와 같이 오상방위자에게 구성요건적 고의가 인정되는 경우라 하더라도 정당당화고의에 의해 행위불법이 상쇄된다고 볼 수 있다. 생각건대 만일 정당화고의에 의해 구성요건 고의에 내재된 행위불법이 상쇄될 수 있다면, 과실에 내재된 행위불법은 더욱더 당연히 상쇄되어야 한다고 본다. 즉 오상방위자가 가상의 공격자에 대해 고의로 구성요건을 실현한 경우 그의 행위불법이 정당화고의에 의해 상쇄될 수 있다면, 과실로 구성요건을 실현한 행위의 행위불법은 더욱더 상쇄되어야 마땅하다는 것이다. 물론 그렇다고 해도 그 착오가 회피가능하다면 이 경우 행위자에게 정당화 사정의 존재를 확인함에 있어서 주의의무를 다하지 못했다는 행위불법은 여전히 남아 있다. 이렇게 남아 있는 행위불법은 그것만으로도 과연 과실범을 구성할 수 있을까? 항변구성요건에 대한 과실은 그 자체로는 구성요건적 과실이 아님은 전술한 바와 같다. 하지만, 항변구성요건 과실도 구성요건의 실현에 기여함으로써 구성요건적 과실과 동일시될 수 있는 여지가 남아 있다. 하지만 결론적으로 이때에도 과실범은 성립되기 어렵다고 본다. 왜냐하면 과실의 책임요소인 책임과실이 일반적으로 오상방위 사안에서는 인정되기 어려울 것이기 때문이다. 과실과 고의가 결합된 사례와 마찬가지로 과실과 과실이 결합된 사례에서도 행위자에게 긴급한 상태에서 상황인식을 정확히 점검하지 못한 부주의 속에는 법무관심적 태도가 개입되어 있다고 평가하기 어렵다. 따라서 이 경우 과실범이 온전히 싱립되기 어렵다.

구성요건적 과실이 과실로서 비난가능성이 인정되기 위해서는 행위자에게 객관적 주의의무위반 이외에 법무관심적 태도라는 심정반가치도 함께 인정되어야 한다. 그렇다면 회피가능한 오상방위가 비난가능한 것으로 평가되기 위해서는 그러한 착오에 이르게 된 과실이 법무관심적 태도로부터 발생한 것이어야 할 것이다. 그러나 긴급한 상황에서 벗어나려는 의도를 가진 행위자에게 법무관심적 태도가 있다고 보기는 어렵다. 따라서 정당화사정의 존부의 확인에 있어서 주의의무위반은 인정된다고 하더라도 그에 대한 과실책임까지 인정된다고 보기는 어렵다고 보인다. 다시 정리해 보면, 오상방위자는 정당화사정의 존부에 대한 확인과정에 과실이 있더라도 그 점에 대한 과실책임까지 인정된다고 보기는 어렵다. 그러므로 과실과 고의가 결합된 사례이든, 과실과 과실이 결합된 사례이든 과실범은 대체로 성립되기 어렵다고 생각된다. 다만, 개별적 사안에서 법무관심적 태도의 인정여부에 따라 과실범은 성립할 수 있을 것이다.

이러한 결론은 불법의 구조에 비추어 보더라도 동일하다. 오상방위자는 항변구성요건적 과실로 인해 정당화고의를 형성하여 무고한 타인의 법익을 침해하는 자이다. 그런데 이때의 과실은 긴급한 상황에서 책임 없이 발생한 것이므로 규범적 판단에 특별히 고려될 필요가 없고 정당화고의에 의해 행위불법은 완전히 상쇄된다고 보는 것이 타당할 것이다. 앞서 논급한 바 있는 Dsouza 교수의 견해를 빌려 말하면 오상방위자는 규범적 추론에 성공하고 있기 때문에 정당화 사정의 존부판단의 과실, 즉 기능적 추론의 실패는 정당화의 효과를 부여하는 데 있어서 별다른 영향을 미치지 못한다고 보아야 한다.

27.5 불법 이원론(Dual Wrongfulness Theory)과
오상방위

한편 다음과 같은 이론적 해결방식도 가능하다. 일반적으로 불법은 구성요건에 해당하고 위법한 행위로 정의되며, 오상방위를 해결하려는 학설은 대부분 이러한 불법개념을 전제하고 있다. 그런데 만일 형법상 불법이 구성요건에 해당하고 위법한 행위일 뿐만 아니라 법익무시적인 태도까지 인정되는 행위라고 정의된다면(불법 이원론), 기존에 불법과 독립된 책임요소로만 분류되어 왔던 일정한 책임요소 역시 불법의 구성요소로 자리매김될 수 있다. 따라서 고의와 과실의 책임요소인 법익무시적 태도(법적대적 태도나 법무관심적 태도)도 불법을 구성하는 요소로 볼 수 있게 된다. 그 결과 오상방위자에게 구성요건적 고의는 있으나 법적대적 태도는 없으므로 고의불법은 탈락될 것이다. 한편 만일 이때 법무관심적 태도가 인정된다고 볼 경우 항변구성요건적 과실과 법무관심적 태도가 결합하여 과실불법이 인정될 것이므로 과실범이 성립된다. 그러나 전술한 바와 같이 일반적으로 오상방위의 경우에는 법무관심적 태도 역시 인정되기 어렵다고 본다. 따라서 과실불법조차 성립하지 않기 때문에 행위불법이 모두 소멸되어 결국 무죄가 될 것이다.[77]

---

77) 이러한 이론구성은 한국은 물론 다른 독일법계 국가들과 커먼로 국가들의 법리나 이론적 논의에 비추어 보더라도 매우 낯선 견해라고 생각되지만, 충분히 음미해 볼 가치가 있을 것이다. 동 이론구성은 미국의 B. Sendor에 의해 제시된 것이다. Benjamin B. Sendor, *Mistakes of Fact: A Study in the Structure of Criminal Conduct*, 25 Wake Forest Law Review 707 (1990) 참조. Sendor가 제시한 불법 이원론에 대한 종합적 분석과 평가로는 안성조, "책임과 통합된 불법론의 일유형에 대한 고찰 - 책임통합적 불법 이원론의 의의와 한계 -", 경찰법연구 제23권 제2호 (2025) 참조.

27.6 피해자의 승낙과 비교

한편 오상방위와 같이 정당화사정의 유무판단에 긴급성이 요구되는 유형의 착오가 아닌 피해자의 승낙에 대한 착오는 다르게 판단되어야 한다. 착오자는 구성요건적 고의는 품고 있지만, 정당화고의의 간섭으로 인해 구성요건고의의 경고기능이 그에게 제대로 작동하지 못하고 있다는 점은 오상방위와 동일하다. 다만 오상방위와는 달리 위급한 상황에서 긴급권을 행사하려는 의도는 없기 때문에 그 착오는 오상방위만큼 강력하고 직접적인 행위계기를 제공하지는 못한다고 보아야 할 것이므로 착오의 회피가능성 판단기준은 오상방위의 경우보다는 더 높아질 것이다.

만일 착오가 회피불가능하다면, 불법을 회피할 수 있는 공정한 기회가 결여되어 책임조각의 요건이 갖추어졌으므로 면책의 효과를 부여할 수 있다. 또한 오상방위와 마찬가지로 착오에 과실도 없다면 구성요건적 고의는 정당화고의로 인해 거의 상쇄된다고 볼 수 있기 때문에 정당화의 효과를 부여할 수 있다. 다만, 오상방위와 다르게 회피가능한 착오의 인정범위가 더 크다고 볼 수 있고, 따라서 면책과 정당화를 인정할 수 있는 사례군의 범위가 좁아질 것이다.

요컨대, 피해자의 승낙 사례에서 승낙의 존재에 대한 착오가 회피불가능한 경우에는 책임조각의 효과도, 정당화의 효과도 모두 가능하다.

반면 피해자 승낙에 대한 회피가능한 착오의 경우에는 불법을 회피할 수 있는 공정한 기회가 있었다고 볼 수 있으므로 면책의 효과는 부여할 수 없다. 하지만 그에게 법적대적 의사는 없으므로 책임고의가 부정되기 때문에 고의범은 온전히 성립되지 않는다. 그에게 회피가능한 오상방위와 마찬가지로 정당화 사정의 존부의 확인에 있어서의 과실을 관념할 수 있다. 이때의 과실은 항변구성요건적 과실이다. 다만 이때 오상방위와 비교해 유의할 점이 있다. 오상방위의 경우 긴급한 상황에서 벗어나려는 의도를 가진 행위자에게 법무관심적 태도가 있다고 보기는 어렵기 때문에 그러한 과실이 인정된다고 하더라도 그에 대한 책임까지 인정된다고 보기는 어렵다. 그러나 일반적으로 긴급성이 요구되지 않는 피해자의 승낙의 경우에는 구성요건적 실행행위로 나아가기 전에 승낙의 존부에 대해 확인해 보아야 할 계기가 상대적으로 충분하다는 점에서 이에 대한 착오가 회피가능한 경우, 행위자의 법무관심적 태도가 추정된다고 보아야 한다. 오상방위와 다르게 긴급성이 없는 상황에서는 피해자의 승낙여부에 대한 충분한 검토를 다하지 않았다는 점에서 법무관심적 태도가 추정된다고 볼 수 있고, 따라서 과실에 대한 책임이 인정된다고 볼 수 있다. 물론 이때도 주관적 측면에서는 정당화고의에 의해 구성요건적 고의에 내재된 행위불법은 상당부분 상쇄된다고 볼 수 있겠지만 정당화사정, 즉 피해자 승낙의 존부를 확인함에 있어 과실책임이 개입되어 있기 때문에 행위불법이 완전히 배제된다고 보기는 어렵다고 보아야 한다. 따라서 정당화의 법적 효과를 부여할 수는 없다. 그렇지만 오상방위와 마찬가지로 항변구성요건적 과실은 인정될 수 있으므로 그로 인해 발생한 파생적 결과, 즉 구성요건의 실현에 대해서 과실범의 성립여부를 검토할 수 있을 것이다.

요컨대, 이 경우 완전한 책임조각도 정당화도 인정될 수 없지만, 만일 파생적 과실에 의한 과실범의 성립을 긍정할 수 있다면, 이 경우 과실범을 인정할 수 있을 것이다.

한편 피해자 승낙사례에서 회피가능한 착오는 불법이원론의 관점에서는 어떻게 취급되는 것이 타당할까?

우선 오상방위의 경우와 마찬가지로 행위자에게 구성요건적 고의는 있으나 법적대적 태도는 없으므로 고의불법은 배제될 것이다. 하지만 피해자 승낙에서 회피가능한 착오는 법무관심적 태도가 표현된 것으로 볼 수 있기 때문에 불법이원론 하에서 과실불법이 인정된다. 따라서 이 경우에 과실범이 성립한다.

　요컨대, 피해자의 승낙사례에서는 과실범의 성립을 긍정할 수 있다고 본다.

28. 형법상 착오론의 종합적 결론

　이상 고찰한 바를 토대로 법률의 착오, 사실의 착오, 정당화 사정에 대한 착오의 인정여부를 어떤 기준을 중심으로 판단하는 것이 합당하고 그 법적 효과는 무엇인지 정리해 보고자 한다.

28.1. 법률의 착오

　법률의 착오는 그것이 착오의 회피가능성 유무에 따라서 판단한다. 이때 착오의 회피가능성의 판단기준은 사실의 착오(구성요건적 착오)나 정당화사정에 대한 착오(항변구성요건적 착오)와 비교할 때 가장 엄격한 수준으로 설정된다. 만일 착오가 회피불가능한 경우에는 적법한 행위를 할 수 있는 공정한 기회가 결여된 것으로 보아야 하므로 비난가능성이 부정되어 면책의 효과가 부여된다. 반면에 착오가 회피가능한 경우에는, 면책의 효과를 부여할 수는 없지만 그 비난가능성의 정도에 따라 형벌을 감경할 수 있다.

28.2. 사실의 착오

사실의 착오도 법률의 착오와 마찬가지로 착오의 회피가능성 유무에 따라서 판단한다. 다만, 한국과 독일의 법리와 커먼로 법계의 착오법리를 구분할 필요가 있다.

우선, 한국과 독일에서는 사실의 착오는 회피가능성 유무와 관계없이 고의를 조각시키지만, 회피불가능한 착오의 경우 과실도 인정되지 않아 과실범도 성립되지 않는다.

다음으로 커먼로 법계에서는 특정고의범죄의 경우 착오의 회피가능성 유무와 관계없이 고의조각의 효과는 발생하며 단, 회피불가능하다면 과실범도 성립되지 않아 무죄가 된다. 이와 달리 일반고의범죄의 경우 고의조각의 효과는 발생하지 않으며, 착오가 회피불가능하다면 불법을 회피할 공정한 기회의 결여된 것으로 평가되어 비난가능성이 없어 책임조각의 효과가 부여된다. 착오가 회피가능하다면 고의범이 성립된다.

그런데 사실의 착오에 대해서는 정당화의 효과는 부여할 수 없는데, 왜냐하면 정당화는 구성요건에 해당하는 행위를 전제로 부여되는 법적 효과이기 때문이다. 한국과 독일의 경우 회피불가능한 사실의 착오가 있으면 고의범의 구성요건도 과실범의 구성요건도 성립되지 않아 정당화의 여지가 발생하지 않는다. 커먼로 법계의 경우 특정고의범죄는 착오가 회피불가능한 경우 고의범도 과실범도 성립하지 않는다.

착오의 회피가능성 판단기준은 법률의 착오에 비해 낮다.

28.3 위법성조각사유의 객관적 전제사실에 대한 착오

오상방위 등 정당화사정에 대한 착오는 개념적으로 항변구성요건에 대한 착오로 규정할 수 있고, 법적 성격은 사실적 상황에 대한 착오로 보아야 한다. 항변구성요건적 착오도 회피가능성 유무에 따라서 착오의 효과를 결정한다. 다만 이 경우 사안을 나누어 볼 필요가 있다.

첫째, 오상방위나 긴급피난 등 행위의 긴급성이 요구되는 사안에서는 우선 착오가 회피불가능한 경우, 공정한 기회의 결여로 면책의 효과를 부여할 수도 있고, 행위반가치의 소멸로 위법성조각의 효과를 부여할 수도 있다. 반면 착오가 회피가능한 경우, 면책과 정당화의 효과는 부여할 수 없지만, 항변구성요건적 과실로 인해 무고한 피해자의 법익을 침해한 것으로 볼 수 있으므로 광의의 과실 개념에 포섭하여 과실범을 인정할 수 있다. 다만, 이 경우에도 책임과실은 인정되기 어렵다고 보여지므로 법무관심적 태도가 입증되지 않는 이상 과실범이 성립되기 어려울 것이다.

둘째, 피해자의 승낙 등 행위의 긴급성이 존재하지 않는 사안에서는 착오가 회피불가능한 경우, 불법을 회피할 수 있는 공정한 기회가 결여되어 면책의 효과를 부여할 수 있다. 이때는 행위자에게 과실도 없다고 보아야 하므로 행위반가치가 남아 있지 않아 정당화의 효과를 부여할 수 있다. 다만, 오상방위와 다르게 긴급성이 존재하지 않아 회피가능한 착오의 인정범위가 더 크다고 볼 수 있고, 따라서 면책이나 정당화를 인정할 수 있는 사례군의 범위가 좁아질 것이다. 즉, 공정한 기회의 결여로 면책의 효과를 부여할 수도 있고, 행위반가치의 소멸로 위법성조각의 효과를 부여할 수도 있지만, 그 가능성은 오상방위에 비해 적다는 것이다.

반면 착오가 회피가능한 경우, 면책이나 정당화의 효과는 부여할 수 없지만, 항변구성요건적 과실로 무고한 피해자의 법익을 침해한 것으로 볼 수 있으므로 광의의 과실 개념에 포섭하여 과실범을 인정할 수 있다. 대체로 긴급성이 요구되지 않는 피해자의 승낙의 경우에는 착오가 회피가능한 경우에는 행위자의 법무관심적 태도가 추정된다고 보아야 한다. 따라서 과실에 대한 책임이 인정된다고 볼 수 있다.

착오의 회피가능성 판단기준은 일반적으로 말해 법률의 착오보다는 낮고 구성요건적 착오보다는 높다.

29. 형법상 착오의 일관된 처리기준 (1) : 회피가능성

형법의 영역에서 행위자의 표상과 실재의 불일치, 즉 착오는 다양한 양상으로 나타난다. 법률에 대한 착오, 사실적 요소에 대한 착오가 그것이다. 어느 경우든 착오를 회피할 수 있는 공정한 기회가 주어져 있다면 착오의 회피가능성이 상존한다는 점은 동일하다. 일반적으로 사실의 착오가 법률의 착오에 비해 회피하기 어렵다고 하더라도 그 가능성마저 전혀 없다고 볼 수는 없을 것이다. 오상방위가 발생하는 상황처럼 자신의 생명과 신체에 대한 현재의 부당한 침해에 긴급히 대응하는 과정에서 발생하는 착오의 경우에는 대체로 회피가 불가능하다고 평가될 수 있겠지만 이 경우에도 회피가능성이 언제나 전혀 없다고 볼 수는 없다. 다만, 긴급한 상황에서 발생하는 사실의 착오의 경우에는 행위자의 과실이 법무관심적 태도에서 비롯된 경우라고 보기 어려울 것이기 때문에 회피가능한 착오의 경우라도 과실범이 성립되는 경우가 드물 것이다.

결론적으로 회피불가능한 착오의 경우, 법률의 착오와 사실의 착오 모두 행위자에게 유리한 법적 효과가 발생한다. 법률의 착오에 대해서는 책임조각의 효과가, 사실의 착오에 대해서는, 그것이 구성요건적 착오일 경우 고의와 과실의 조각효과(특정고의범죄) 내지 책임조각의 효과(일반고의범죄)가 발생하게 되며,[78] 항변구성요건적 착오일 경우 책임조각 또는 위법성조각의 효과가 발생할 수 있다.

　회피가능한 착오의 경우, 법률의 착오에 대해서는 고의범이 성립되고 사실의 착오에 대해서는 과실범(특정고의범죄) 또는 고의범(일반고의범죄)이 성립된다. 오상방위의 경우 책임과실이 인정되면 과실범이 성립될 것이고 인정되지 않으면 무죄가 될 것이다. 피해자의 승낙 등 긴급성이 존재하지 않는 항변구성요건적 착오의 경우에는 행위자의 법무관심적 태도로서의 책임과실이 인정되어 과실범이 성립될 수 있다.

30. 형법상 착오의 일관된 처리기준 (2) : 규범추론의 존부

　끝으로 회피불가능한 착오의 경우 위법성 조각과 책임 조각의 법적 효과를 결정짓는 기준을 제시해 본다면 그것은 규범추론의 존부라고 할 수 있다. 회피불가능한 착오의 경우 오상방위나 피해자의 승낙에 대해서는 위법성조각, 즉 정당화의 효과를 부여할 수도 있지만, 법률의 착오나 사실의 착오에 대해서는 책임조각의 효과는 인정가능하지만 위법성조각의 효과는 부여할 수 없다. 그 이유는 오상방위나 피해자의 승낙의 경우에는 행위자에게 행위 당시에 인식한 사실을 토대로 올바른 규범추론을 하고 있다는 점에서 정당화의 효과를 부여할 수 있지만(22.2.3), 법률의 착오나 구성요건적 사실의 착오의 경우에는 그러한 규범추론 과정이 존재하지 않는다. 이 두 유형의 착오의 경우 행위자에게 자신의 행위가 구성요건에 해당하지만 특수한 사정에 의해 정당화된다고 판단하는 규범추론의 과정

---

78) 우리나라의 경우 구성요건적 착오의 법적 효과는 특정고의범죄에 대한 법적 효과와 대체로 동일할 것이다.

이 존재하지 않기 때문이다.79)

　　요컨대, 착오가 회피불가능한 경우 행위자가 그 착오로 인해 올바른 규범추론을 하고 있는지 여부가 정당화와 면책의 법적 효과를 구분하는 기준이 된다.

---

79) 정당화와 면책의 구분에 대한 심도 있는 논의로는 John Gardner, Justifications and Reasons, in: A.P. Simester & A.T.H. Smith, eds., Harm and Culpability (Oxford: Clarendon Press, 1996) 참조. 조셉 라즈(Joseph Raz)의 영향을 받은 가드너의 입장을 분석 및 비평하면서 그와 다른 관점에서 정당화의 조건을 제시하고 있는 글로는 Hamish Stewart, The Role of Reasonableness in Self-Defence, Canadian Journal of Law & Jurisprudence, Vol.16, No.2 (2003) 참조. 필자에게 동 문헌을 소개해 주었고, 오상방위와 관련된 법리와 이론에 관해서 많은 조언을 해주신 LSE (London School of Economics & Political Science)의 Jeremy Horder 교수님께 지면을 통해 깊이 감사를 드린다.

찾아보기

안성조

현 제주대학교 법학전문대학원 교수
옥스퍼드대학교 유럽법/비교법연구소 방문학자
변호사시험·사법시험·행정고시·외무고시 출제위원
한국형사법학회·한국비교형사법학회·한국형사정책학회·한국경찰법학회·
  한국형사소송법학회·한국법철학회 상임이사
형사법연구·형사정책·서울대학교 법학·JKL(The Journal of Korean Law) 편집위원

주요저서
형법상 법률의 착오론(경인문화사, 2006)
기업범죄연구 제1권(경인문화사, 2009, 공저)
기초법 연구 제1권(경인문화사, 2009)
현대 형법학 제1권(경인문화사, 2011)
현대 형법학 제2권(경인문화사, 2015)
법과 진화론(법문사, 2016, 공저)
법학에서 위험한 생각들(법문사, 2018, 공저)
현대 형법학 제3권(경인문화사, 2019)
법의 딜레마(법문사, 2020, 공저)
형법개론(정독, 2022, 공저)
형법학(경인문화사, 2022)
법의 미래(법문사, 2022, 공저)
현대 형법학 제4권(경인문화사, 2024)
A Theory of Criminal Law Vol.1(Springer, 2025)

형법상 착오론

초판 인쇄 ｜ 2025년 09월 05일
초판 발행 ｜ 2025년 09월 12일

지은이 ｜ 안성조
펴낸이 ｜ 한정희
펴낸곳 ｜ 경인문화사
편집부 ｜ 김지선 한주연 김한별 양은경
마케팅 ｜ 하재일 유인순
주 소 ｜ 파주시 회동길 445-1 경인빌딩 B동 4층
전 화 ｜ 031)955-9300   팩 스 ｜ 031)955-9310
출판신고 ｜ 제406-1973-000003호
홈페이지 ｜ http://www.kyunginp.co.kr
이 메 일 ｜ kyungin@kyunginp.co.kr

ISBN 978-89-499-6881-0 93360
값 21,000원